심볼릭 연산을 활용한

MATLAB

김경중 저

북스힐

THIS WORK WAS SUPPORTED BY 2014 KOREA AEROSPACE UNIVERSITY FACULTY RESEARCH GRANT.

머 리 말

본 저서는 매틀랩(Matlab) 영역의 심볼릭 연산을 다루었다. 과연 이 책을 읽고 이해할 수 있을지 걱정하는 독자를 위해 답변하자면 다음과 같다.

매틀랩에 대한 기초적인 내용을 어느 정도 알고 있는 독자뿐만 아니라 매틀랩에 대한 기초가 없는 과학도라도 본 저서를 처음부터 꼼꼼히 읽어나간다면 적어도 심볼릭 연산과 관련된 매틀랩의 성질은 이해할 수 있으리라 생각한다.

매틀랩이 이학과 공학의 다양한 영역에서 사용되고 있는 만큼 그 활용은 상당히 전문화되어 있다. 과연 매틀랩의 모든 기능을 아는 사람이 지구상에 존재할 수 있을까 싶을 정도로 그 기능이 다양하며, 과학 이론과 밀접한 관계를 가지는 많은 명령어들이 매틀랩에 의해 수행될 수 있다. 매틀랩은 정체되어 있는 프로그램이 아니며, 새로운 과학적 이론을 수용할 수 있는 구조를 가지고 있다. 예를 들어, (과거에 알려지지 않았던 새로운 이론 정립으로 인하여) 올해까지는 존재하지 않았던 명령어 또는 구조가 내년에는 매틀랩에 등장할 수도 있는 것이다. 이러한 흐름으로부터 뒤쳐지지 않기 위해서는 개개인의 부단한 노력이 필요하다.

매틀랩에 대해 다양한 주제를 가진 책들이 출판되고 있기 때문에 매틀랩을 시작하는 과학도가 적당한 책을 결정하기란 쉽지 않다. 자신의 전공에 따라 부분적으로 매틀랩을 공부하는 과학도가 매틀랩을 지도하는 것은 그 시작조차 어려운 일일 수 있다. 본 저서는 매틀랩의 다양한 영역 중에서 심볼릭 연산과 관련된 내용에 초점을 맞추었다. 유한소수로 표현할 수 없는 수들로 구성된 수식을 계산할 때 매틀랩은 기본적으로 근삿값을 가지고 계산하는데, 보통 이 근삿값들은 유효숫자 15~16자리 연산을 바탕으로 한다. 대부분의 경우에는 프로그램에 특별한 문제가 없다면 원하는 결과를 얻을 수 있지만, 근삿값이 아닌 좀 더 정확한 계산 결과가 필요하다면 기본 매틀랩 연산이 아닌 심볼릭 객체를 이용한 심볼릭 연산을 수행하여야 한다. 이론으로만 알고 있는 미분, 적분 그리고 선형대수와 관련된 방대한 내용을 매틀랩의 명령어로 구현할 수 있다는 점에 독자들이 주목하길 바란다. 본 저서에 심도 있게 다루고 있는 심볼릭 연산에 관한 내용은 다음과 같다.

1장 매틀랩에서 명령어 또는 프로그램을 실행하기 위하여 알아야 하는 기본 매틀랩의 기초에 대하여 배운다.

2장 심볼릭 개체를 이용하여 연산을 할 때 이용할 수 있는, 매틀랩이 제공하는 Symbolic Math의 기초에 대하여 알아본다.

3장 앞 장의 내용을 기초로 Symbolic Math의 다른 기능을 배운다.

4장 선형대수 이론에서 배우는, 행렬과 관련된 내용을 심볼릭 연산으로 접근하는 방법과 그 이론의 결과를 매틀랩으로 구현하는 명령어를 배운다.

5장 심볼릭 연산과 관련된 매틀랩 명령어를 추가적으로 소개한다.

6장 심볼릭 연산과 명령어를 이용하여 보간법과 관련된 이론적 내용에 접근하여 본다. 이러한 연습을 통해 다른 이론 영역에 심볼릭 연산을 적용할 수 있는 능력을 기른다.

위의 내용을 가장 효과적으로 학습하기 위해서는 실제로 컴퓨터를 이용하여 매틀랩을 실행하면서 책을 따라 실습해 보고 그 결과를 직접 확인하는 것이다. 궁금한 점이 있을 때는 책의 내용에 기초를 두고 변형하여 그 결과를 해석하는 것이 도움이 된다. 이를 통해 자신의 실력 또한 향상시킬 수 있다. 매틀랩 프로그램을 실행할 수 없는 환경에서도 독자가 쉽게 이해할 수 있도록 각 실행문에 대한 결과도 함께 수록하였다. 한 권의 책을 완성하면서 저자로서의 바람이 있다면, 이 책을 통해 독자가 심볼릭 연산에 좀 더 가까이

다가가는 것이다. 본 저서의 내용을 기초로, 자신이 관심을 두는 전공 분야에서 세련되고 능숙하게 프로그램을 수행할 수 있게 된다면 그보다 더 큰 기쁨이 없으리라 생각한다.

본 저서와 관련된 조언이나 의견이 있다면 출판사로 전하길 바란다. 교육 현장에서 겪은 어려움과 그 어려움을 해결해 나갔던 강의 경험을 통하여, 가능한 쉽게 풀어 쓰고자 하였다. 이러한 노력이 독자에게도 전달되리라 믿으며, 본 저서가 여러분의 지적 탐구에 보탬이 되길 바란다.

저자 김경중

차 례

1장 매틀랩 구조와 기초

매틀랩에서 심볼릭 연산(Symbolic Operation)을 수행하기 위해서는 기본적인 매틀랩 환경과 구조 그리고 명령문 형식과 실행 방법에 대해서 알아야 한다. 그러므로 심볼릭 연산과 응용내용에 앞서 기본 매틀랩(Basic Matlab)에 대해서 알아본다.

1.1 화면 구성

매틀랩 아이콘 을 선택하여 매틀랩을 시작한다. 매틀랩을 처음 시작하면 사용자는 세 개의 박스(또는 창)으로 분할된 화면(버전에 따라 네 개의 박스로 분할되기도 한다)을 볼 수 있다. 이러한 구성은 매틀랩이 지원하는 화면의 초기(기본)모양이다. 세 개의 박스, 각각 윗부분을 보면 현재 폴더(Current Folder), 명령창(Command Window), 작업 공간(Workspace)이라는 이름을 확인할 수 있다. 화면 초기모양이 네 개의 박스로 분할되었을 경우 작업 공간 박스 아래에 명령 내역(Command History) 박스를 볼 수 있다. 사실, 이러한 박스들의 위치는 고정된 것이 아니고 그 위치를 조절할 수 있다. 즉, 화면 상단에 있는 메뉴에서 레이아웃(Layout)을 열면 박스의 다양한 위치 배열(마우스를 이용하여 사용자가 박스들의 위치도 직접 변경 가능)을 지정할 수 있는 항목들이 있는데 그 중 하나를 선택하여 박스 위치를 조절하면 된다. 사용자가 매틀랩 명령어를 이용하여 프로그램을 수행하는 공간은 명령창 박스이다. 이곳이 사용자들의 실질적인 작업 장소이다. 각각의 박스에 관한 세부 사항은 나중에 좀 더 설명한다. 각각의 박스 우측 상단에 보면, 내부에 역삼각형이 있는 원(=▼)을 볼 수 있는데 이 원을 마우스로 클릭하면 몇 가지 선택항목이 나열된다. 나열된 항목 중 아래쪽에 있는 도킹 해제(Undock)를 마우스로 클릭하면 해당되는 박스가 개별적으로 분리된다. 세 개 또는 네 개의 박스 중에 어떤 박스를 크게 하여 사용하고 싶은 경우 이런 방법을 통해 분리하여 사용하면 된다. 분리된 박스에서 다시 원래대로 복귀하고 싶으면 분리된 박스의 우측 상단에서 원(=▼)을 마우스로 클릭하여 나열되는 항목 중 도킹(Dock)을 선택하면 원래의 자리로 되돌아간다. 매틀랩 버전에 따라 ▼ 대신에 화살표 기호 ↗ 또는 ↘ 을 이용할 수 있다. 즉, 화면에서 화살표 기호 ↗ 또는 ↘ 을 가진 박스는 기본모양에서 개별적으로 분리 또는 다시 기본모양으로 통합될 수 있다. 박스를 닫고 싶은 경우에는 엑스표시(×)를 선택하거나 엑스표시가 있는 항목을 선택하면 된다. 모든 작업을 끝내고 매틀랩을 종료하고 싶을 때에도 매틀랩 전체 화면 오른쪽 위에 있는 엑스표시(×)를 선택하면 된다. 다음 절은 명령창에 관한 내용이다.

1.2 명령창

명령창은 이 책에서 다루는 모든 명령어 또는 프로그램을 실행하는 장소이다. 명령창에서 명령문을 수행하는 기본 형식은 다음과 같다:

```
variable = expression
```

위의 식에서 오른쪽에 있는 expression의 자리에는 문자열, 명령어, 함수명 등을 포함하는 실행이 될 수 있는 수식을 쓰고 그 결과가 왼쪽에 있는 변수명 variable에 저장이 된다. 변수명 variable은 사용자가 마음대로 정할 수 있다. 매틀랩은 입력 받을 준비가 되면 명령창에 기호 >>를 출력하고 커서가 깜박인다(준비완료 상태). 이러한 준비완료 상태가 되기까지 개개인의 컴퓨터에 따라서 시간차가 발생할 수 있다. 준비상태가 된 후 expression의 내용이 결정되었으면

```
>> variable = expression
```

와 같이 입력하고 키보드에 있는 Enter 키를 선택한다. 오른쪽 expression의 내용이 수행되고 그 결과는 사용자가 정한 변수명 variable에 저장된다. 이때, variable과 기호 '='는 생략가능하다. 즉, 단순히

```
>> expression
```

와 같이 실행할 수 있는데 그 결과는 변수명 ans에 저장된다. 이 변수명 ans는 매틀랩이 자동적으로 생성한다. 다음과 같이 명령창에서 입력한 뒤에 실행(키보드에서 Enter 선택) 하여 보자.

```
>> 1+2+3
ans =
      6
```

변수명이 생략되어 매틀랩은 변수명 ans를 자동으로 생성하였고 그 변수명 ans에는 수식의 결과인 6이라는 수가 저장되었다. 이번에는 실행의 결과를 변수명 a에 아래와 같이 대응시켜 본다.

```
>> a = 1+2+3
a =
      6
```

사용자가 정한 변수명 a에 수식의 결과인 6이 저장되었다. 이후, a는 수식에서 사용할 수 있고 그 값은 6이다. 이러한 내용은 아래에 출력된 변수명 b의 값으로서 확인할 수 있다.

```
>> a
a =
      6
>> b = a+4
```

```
b =

    10
```

다음 절에서는 실행과 출력의 관계를 알아본다.

1.3 명령문 형식과 결과

아래의 형식에서 expression의 내용을 한 줄 이상으로 쓰고 싶은 경우 다음 줄로 넘어가기 전에 기호 '...'을 사용한다.

```
>> variable = expression
```

한 줄로도 충분한 expression의 내용을 굳이 두 줄로 표현할 필요는 없지만 기호 '...'의 설명을 위하여 다음과 같이 실행하여 본다.

```
>> s1 = 1 + 2 + 3 ...
      + 4 + 5 + 6
s1 =

    21
```

변수명 s1에는

$$1 + 2 + 3 + 4 + 5 + 6 = 21$$

의 값이 저장되었다. 이와 같이, expression의 내용이 여러 줄이 될 경우, 각 행의 뒤에 기호 '...'을 쓰면 그 다음 줄까지 수식의 내용이 연장된다. 이번에는 행의 끝에 semicolon 기호 ';'을 첨가하여 보자.

```
>> s2 = 1 + 2 + 3 + 4 + 5 + 6;
>> s2
s2 =

    21
```

위의 출력에서 보듯이 변수명 s2에는 앞서 구한 s1의 값 21이 저장되어 있다. 기호 ';'의 역할은 수식의 결과를 화면에 출력하지 않았을 뿐 s2에 그 결과를 저장하게 한다. 그러면

언제 기호 ';'을 사용해야 할까?

명령어를 실행한 후 그 결과를 바로 볼 수 있다는 사실은 다른 언어들과 대비되는 매틀랩의 큰 장점이다. 그러나 어떤 명령문(또는 프로그램)을 실행하였을 때 많은 계산이 있고 각 단계마다 그 결과를 볼 필요가 없는데 화면에 모든 결과가 출력이 된다면 최종 결과가 나오기까지 시간낭비가 크다. 이런 경우 기호 ';'을 이용하면 시간을 상당히 절약할 수 있다.

매틀랩에서는 수(Number)를 출력할 때 소수점 이하 4째 자리까지 보여준다. 예를 들어, 수 1/3은 나누어지지 않고 소수로 다음과 같이 표현된다.

```
>> 1/3
ans =
    0.3333
```

예상대로 소수점 이하 4째 자리까지 출력되었지만 이것은 화면상의 출력이고 내부적으로는 15~16개 정도의 유효숫자 연산을 한다. 실제적으로 계산된 값을 보기 위하여 아래와 같이 실행하여 본다.

```
>> format long
>> 1/3
ans =
   0.333333333333333
```

명령어 format과 이 명령어의 추가 옵션 중에 하나인 long을 선택하여 1/3의 실제적 값을 위와 같이 볼 수 있다. 수를 출력할 때, 자릿수와 관련하여 초기환경(Default)으로 다시 돌아가기 위하여

```
>> format short
>> 1/3
ans =
    0.3333
```

와 같이 실행하면 된다. 수 출력과 관련하여 유용한 몇 가지 옵션을 소개하여 보자.

지수 표기법을 이용한 수의 출력을 보려면 다음과 같이 실행하여 본다.

```
>> format long e
>> 1/3
ans =
     3.333333333333333e-01

>> format short e
>> 1/3
ans =
   3.3333e-01
```

또한, 출력의 결과를 분수의 형태로 볼 수 있는데 아래와 같이 실행하여 보자.

```
>> format short
>> a1 = 1/3
a1 =
    0.3333

>> format rat
>> a1
a1 =
       1/3
```

위와 같이 실행문 'format rat'에 의하여 출력의 결과를 분수의 형태로 변경할 수

있다. 또한, 은행 등의 금융기관에서 사용하면 유용할 수 있는 수의 출력옵션으로 bank가 있는데

```
>> format bank
>> 1/3
ans =
         0.33
```

와 같이 소수점 2째 자리까지 출력된다. 출력 공간의 조절을 위하여

```
>> format compact  (또는 >> format loose)
```

을 이용할 수 있다. 좀 더 정밀한 계산을 위해서는 Variable Precision Arithmetic(명령어: vpa)의 내용이 필요하다(3.1절 내용 참조).

이미 수행했던 실행문에 다시 쉽게 접근할 수 있는데 키보드에 있는 화살표 키 ⬆을 이용하면 된다. 화살표 키 ⬆을 계속 선택하면 앞서 수행했던 명령문을 볼 수 있고 그 중에 원하는 실행문이 다시 나오면 키보드에 있는 Enter를 선택한다. 화살표 키 ⬆을 계속 선택하다가 다시 반대방향의 화살표 키 ⬇을 선택(실행하려고 했던 명령문을 지나간 경우)하면 거꾸로 되돌아갈 수 있다. 앞서 수행했던 실행문의 내용이 길었다면 화살표 키의 유용함을 크게 느낄 수 있다. 명령어, 변수명, 파일명을 완전히 타이핑하기 전에 키보드에 있는 Tab 키를 선택하면 관련된 내용의 리스트를 볼 수 있고 선택할 수 있다. Tab 키 사용에 관하여 예를 들어보자. 다음과 같이 입력만 하고

```
>> for
```

키보드에 있는 Enter 키를 선택하지 않은 상태에서 Tab 키를 선택하면 〈그림1〉과 같이 for와 관련된 명령어 리스트를 볼 수 있고 리스트 중에 하나를 선택하여 사용하면 된다.

```
>>          for
>>          forecastOptions
>>          format
>>          formatDispStr
>>          formgx
>>          formloop
>>          formwb
>>          formx
>>
>> for
```

〈그림1〉

여러 가지 종류의 명령문을 수행하면 그에 따른 다양한 출력이 생기게 되어 화면이 어수선하게 보일 수 있다. 이러한 경우에 명령창의 화면 정리를 위하여 명령어

```
>> clc
```

를 사용한다. 이 명령어는 화면에 출력된 내용만 지우는 역할을 할 뿐 작업 공간의 내용까지 지우는 것은 아니다. 작업 공간의 내용(double형 변수명, char형 변수명 등의 나열된 항목들)을 지우고 싶으면

```
>> clear all
```

을 실행하면 된다. 실행 후 작업 공간을 보면 모든 변수가 사라진 것을 확인할 수 있다. 명령문이 짧아서 한 줄에 여러 개의 명령문을 함께 수행할 수 있는데 다음과 같이 콤마(Commas) 또는 세미콜론(Semicolons)를 이용하여 실행하면 된다.

```
>> format short
>> a=5, b=5+15, c= a+b
a =
     5
b =
    20
```

```
c =

    25

>> clear all
>> a=5; b=5+15; c= a+b;
```

위의 결과에서 보듯이 콤마를 이용하면 결과가 화면에 출력이 되고 세미콜론을 이용하면 결과가 화면에 출력되지 않고 내부적으로 결과를 가지고 있게 된다.

변수명을 쓸 때 대문자와 소문자는 구분하여 쓴다. 예를 들어, 아래의 내용을 실행하면 두 개의 서로 다른 변수명 d와 D가 생성된다. 첫 번째 변수명는 소문자 d이고 두 번째 변수명은 대문자 D이기 때문에 매틀랩은 서로 다른 것으로 판단한다.

```
>> d = 1; D = 2;
>> d
d =

    1

>> D
D =

    2
```

변수명의 첫 자는 알파벳의 대문자 또는 소문자를 선택하고 이것을 시작으로 알파벳, 수 또는 밑줄 표시(Underscore : '_')의 조합으로 정할 수 있다. 예를 들어, 다음의 내용을 보면 변수명이 올바르게 선택되었기 때문에 에러가 발생하지 않았다.

```
>> b1 = 'Aerospace'
b1 =
Aerospace

>> a_1 = 2013
a_1 =

     2013
```

그러나 아래의 내용을 실행하면 에러 메시지 출력을 보게 될 것이다(변수명의 첫 자가 수이기 때문에).

```
>> 2a = 30
```

매틀랩에서 행렬과 관련된 연산은 다른 컴퓨터 언어와 비교 시 그 사용 방법이 쉽고 좀 더 효율적이다. 행렬 연산에 앞서 행렬이 정의되어야 하는데 그 규칙은 다음과 같다. 행렬의 행에 있는 성분을 콤마 또는 공백(Blank)으로 구분한다. 행의 끝을 알리기 위해 세미콜론을 사용한다.

```
>> M1 = [ 1 2 ; 3 4 ]
M1 =
     1     2
     3     4

>> M2 = [ 1 0 ; -1 0 ]
M2 =
     1     0
    -1     0
```

공백과 세미콜론을 이용하여 위와 같이 2×2 행렬 M1과 M2를 생성하였다. 두 행렬 M1과 M2의 덧셈과 뺄셈은 아래와 같이 '+'와 '-' 기호를 이용하여 구한다.

```
>> Mp = M1 + M2
Mp =
     2     2
     2     4

>> Mm = M1 - M2
Mm =
     0     2
     4     4
```

참고로, 2×2 행렬 A와 B의 합과 차는 다음과 같이 정의된다:

$$A + B = \begin{bmatrix} a_{11} & a_{12} \\ a_{21} & a_{22} \end{bmatrix} + \begin{bmatrix} b_{11} & b_{12} \\ b_{21} & b_{22} \end{bmatrix} = \begin{bmatrix} a_{11}+b_{11} & a_{12}+b_{12} \\ a_{21}+b_{21} & a_{22}+b_{22} \end{bmatrix}$$

$$A - B = \begin{bmatrix} a_{11} & a_{12} \\ a_{21} & a_{22} \end{bmatrix} - \begin{bmatrix} b_{11} & b_{12} \\ b_{21} & b_{22} \end{bmatrix} = \begin{bmatrix} a_{11}-b_{11} & a_{12}-b_{12} \\ a_{21}-b_{21} & a_{22}-b_{22} \end{bmatrix}$$

두 행렬 M1과 M2의 곱하기는 '*' 기호를 이용하며 그 결과를 다음과 같이 변수명 Mmul에 저장하였다.

```
>> Mmul = M1*M2
Mmul =
    -1     0
    -1     0
```

참고로, 2×2 행렬 A와 B의 곱은 다음과 같이 정의된다:

$$A * B = \begin{bmatrix} a_{11} & a_{12} \\ a_{21} & a_{22} \end{bmatrix} * \begin{bmatrix} b_{11} & b_{12} \\ b_{21} & b_{22} \end{bmatrix} = \begin{bmatrix} a_{11}b_{11}+a_{12}b_{21} & a_{11}b_{12}+a_{12}b_{22} \\ a_{21}b_{11}+a_{22}b_{21} & a_{21}b_{12}+a_{22}b_{22} \end{bmatrix}$$

일반적으로, $m \times n$ 행렬 $A = [a_{ij}]$와 $B = [b_{ij}]$가 주어지고 이 두 행렬의 합 $C(=A+B)$와 차 $D(=A-B)$는

$$C = [\,c_{ij}\,] = [\,a_{ij}+b_{ij}\,] \text{와 } D = [\,d_{ij}\,] = [\,a_{ij}-b_{ij}\,]$$

로 정의된다. 그러므로 C와 D도 $m \times n$ 행렬이 된다.

만약에 $S = [s_{ij}]$가 $m \times n$ 행렬이고 $T = [t_{ij}]$가 $n \times p$ 행렬일 때, 두 행렬 S와 T의 곱 $M(=S*T)$은 다음과 같이 $m \times p$ 행렬

$$M = [m_{ij}] = \left[\, \sum_{k=1}^{n} s_{ik}\, t_{kj} \,\right]$$

로 정의된다. 선형대수학에서 행렬의 곱하기를 배운 학생들은 익히 알고 있는 내용이다. 앞의 내용 서술에서 '$m \times n$ 행렬 $A = [a_{ij}]$'와 같은 표현은 다음과 같이 풀어서 이해하면

된다: 행렬 A의 i행, j열의 위치에 성분 a_{ij}가 주어지고 행의 첨자 i와 열의 첨자 j의 범위는 $1 \le i \le m$ 이고 $1 \le j \le n$ 이다. 즉,

$$A = \begin{bmatrix} a_{11} & a_{12} & \dots & a_{1n} \\ a_{21} & a_{22} & \dots & a_{2n} \\ \vdots & \vdots & & \vdots \\ a_{m1} & a_{m2} & \dots & a_{mn} \end{bmatrix}$$

어떤 행렬 M의 나누기는 역행렬 M^{-1}을 구하는 문제와 관련되고 이러한 내용은 4.2절에서 자세히 다룬다.

1.4 명령 내역

매틀랩 초기화면에서 분할된 창이 네 개 있는 경우(만약에 분할된 창이 세 개 있는 경우에는 1.5절로 이동) 명령 내역은 오른쪽 아래에 위치하고 있는 창(박스)이다. 그러나, 1.1절에서 설명하였 듯이 레이아웃이나 마우스를 이용하여 박스 위치를 조정할 수 있다. 지금까지 사용한 명령어의 리스트를 볼 수 있고 그 중에 어떤 항목(또는 실행문)을 다시 수행하고 싶으면 선택하여 실행하면 된다. 실행하는 방법으로

(i) 필요한 실행문을 두 번 클릭(Double-Clicking)하거나

(ii) 선택한 실행문을 명령창으로 드래그(마우스로 선택한 상태에서 이동)하여 다시 실행시킬 수 있다.

박스 우측 위쪽에 있는 ▼를 선택하면 여러 가지 옵션이 나온다.

1.5 현재 폴더

현재 폴더는 매틀랩 초기화면에서 왼쪽에 위치하고 있는 박스이다. 현재 폴더에 파일이 있으면 이 창에서 파일의 리스트를 볼 수 있다. 명령창에서 새로운 파일을 만들면 현재

폴더에 저장된다(다른 폴더를 특별히 지정하지 않았다면). 그렇다면,

현재 폴더는 내 컴퓨터 어디에 있을까?

매틀랩 초기화면에서 명령창 박스 바로 위에

(1)   C: ▶ Users ▶ …   (또는 C:₩Users₩ …)

와 같은 내용을 가진 작은 박스를 볼 수 있을 것이다. 그 박스에 적혀 있는 위치가 현재 폴더에 연결되어 있다. 이 현재 폴더의 위치를 변경하고 싶으면 (1)의 내용 왼쪽에서(매틀랩 초기화면에서)

을 선택하여 변경하면 된다. 명령창에서 실행문이나 프로그램을 실행할 때, 관련된 M-파일이나 확장자가 mat인 파일 등을 매틀랩은 현재 폴더, Path 순으로 찾는다. 그러므로, 사용자가 만든 후 사용하고자 하는 M-파일이 Path에서 지정하는 폴더에 있지 않으면 현재 폴더에 갖다 놓아야 한다.

1.6 유용한 명령어

알아 두면 유용할 수 있는 명령어 몇 가지를 소개한다. 명령창에서 현재 어느 폴더에 있는지 알고 싶으면 아래와 같이 실행한다.

```
>> pwd
ans =
C:₩Users₩Documents₩MATLAB
```

현재의 위치가 위와 같이 출력되었다고 가정하자(사용자의 PC 환경에 따라 다를 수

있다). 바로 위의 폴더로 가고 싶으면 아래와 같이 명령어 cd을 사용하여

```
>> cd ..
>> pwd
ans =
C:₩Users₩Documents
```

와 같이 바로 위의(상위) 폴더로 이동된 것을 볼 수 있다. 또한, 명령어 cd을 이용하여 현재의 위치를 변경할 수 있는데

```
>> cd MATLAB
>> pwd
ans =
C:₩Users₩Documents₩MATLAB
```

와 같이 다시 원래의 위치로 복귀된 사실을 볼 수 있다.

어떤 실험이나 관측에 의하여 수(number)가 성분이 되는 행렬 형태의 파일(numdata.txt)이 있다고 가정하자. 사용자는 이 파일에 있는 내용을 매틀랩에서 이용하려고 한다. 그러기 위해서는 먼저 numdata.txt에 있는 데이터를 매틀랩에 전달해야 한다. 그 후에 이 데이터를 가지고 계산이나 그래프를 그릴 수 있을 것이다. 그렇다면,

어떻게 매틀랩에 전달할 수 있을까?

가장 직접적이고 단순한 방법은 직접 명령창에서 변수를 만들어 그 변수에 데이터를 입력하는 것이다. 그러나, numdata.txt에 있는 데이터의 양이 A4 용지크기로 500페이지 분량이라면 타이핑하여 직접 입력하는 것은 쉽지 않은 일이다.

이런 문제를 이렇게 해결하여 보자.

예를 들어, numdata.txt의 내용이 〈표1〉에 있는 박스와 같이 주어졌고

〈표1〉 numdata.txt

1	11	22	33
5	50	235	345
23	3	45	77

파일 numdata.txt가 현재 폴더에 저장되어 있다고 하자. 명령어 load를 이용하여 명령창에서 다음과 같이 실행한다.

```
>> load numdata.txt
>> numdata
numdata =
   1    11    22    33
   5    50   235   345
  23     3    45    77
```

위의 결과와 같이 매틀랩 변수명 numdata로 파일 numdata.txt에 있던 내용이 똑같이 전달되었다. 이후로는 3×4 행렬 numdata를 이용하여 필요한 계산과 결과를 얻게 된다. 앞에서 언급하였지만 입력 데이터의 양이 많은 경우 유용하게 이용될 수 있는 방법이다. 주의할 점으로 파일명(위의 예: numdata.txt)을 정할 때 확장자로 mat를 사용해서는 안 된다(위의 예 numdata.txt에서 확장자는 txt이다). 예를 들어, 〈표1〉의 내용을 numdata.mat로 저장한 뒤에

```
>> load numdata.mat
```

와 같이 수행하면 위와 같은 3×4 행렬 numdata를 생성할 수 없다(에러 메시지 발생). 확장자 mat는 매틀랩 명령어 save와 load 사용 시 매틀랩에서 사용하는 확장자이다. 1.8절에서 설명하는 명령어 doc를 이용하여 다음과 같이

```
>> doc save  (또는 >> doc load)
```

실행하면 확장자 mat와 관련하여 좀 더 상세히 알 수 있다(명령어 save와 load는 1.7절에서도 다룬다).

현재의 위치가

C:₩Users₩Documents₩MATLAB

이고 이 위치에 위의 내용에서 소개한 파일 numdata.txt가 있다고 가정하자. 정말로 이 파일이 있는지 보기 위하여

```
>> pwd
ans =
C:₩Users₩Documents₩MATLAB

>> dir
.              numdata.txt
..
```

와 같이 명령어 dir을 사용하면 된다. 현재 폴더에 파일이 numdata.txt만 있는 것을 볼 수 있다. 파일의 내용을 보기 위하여 명령어 type을 이용하면

```
>> type numdata.txt

  1    11    22    33
  5    50   235   345
 23     3    45    77
```

와 같이 위의 〈표1〉의 내용이 다시 출력되었다. 파일을 지우기 위하여

```
>> delete 파일명
```

와 같이 명령어 delete를 사용하면 된다.

매틀랩 관련 파일(명)만을 화면에 출력하고자 하면

```
>> what
```

와 같이 하면 된다. 지금, 현재 폴더에는 텍스트 파일 numdata.txt만 있기 때문에 출력의

결과가 없다. 추가적으로 명령어 what에 관하여 좀 더 설명하면, 어떤 폴더에 2개의 파일(확장자 '*.m'을 가진 파일 myxnodes.m과 확장자 '*.txt'을 가진 numdata.txt)이 있을 때

```
>> what
```

을 실행하면 매틀랩 관련 파일인 myxnodes.m의 파일명 myxnodes만 화면에 출력될 것이다.

명령어

more on과 more off

을 이용하여 화면 출력 내용의 길이를 조절할 수 있다. 어떤 실행문의 결과로 그 출력 내용이 너무 길어서, 출력 내용 전체를 모니터 화면에 모두 출력할 수 없으면 사용자는 항상 결과의 마지막 출력 내용만을 보게 된다. 결과의 앞부분이 어떤 내용인지 안다면 다행이지만 앞부분을 꼭 봐야 한다면

```
>> more on
```

을 실행해야 한다. 이후에 문제의 실행문(또는 프로그램)을 다시 실행하면 출력화면의 첫 번째 페이지를 볼 수 있다. 이후, 다음 페이지를 보기 위하여 키보드 아래쪽에 있는 Space 키를 계속 선택하면 되고 한 줄씩 보기 위해서는 Enter 키를 선택하면 된다. 보는 것을 멈추고 싶으면 Ctrl+C의 키 조합(Ctrl 키를 누른 상태에서 C를 선택)을 이용한다. 원래의 초기 상태로 복귀는

```
>> more off
```

와 같이 입력 후 실행하면 된다.

이번에는 매틀랩이 지원하는 편집기(Editor)를 이용하여 간단한 M-파일을 만들어 보자. 매틀랩 초기화면 왼쪽 상단에 있는 홈(HOME)을 선택하면 여러 가지 항목이 나오는데 첫 번째 새 스크립트(New Script)를 선택한다. 매틀랩이 지원하는 편집기 화면이

출력된다. 이 편집기를 이용하여 M-파일을 작성할 수 있다. 이 편집기 화면에 〈표2〉와 같은 내용을 입력한다.

〈표2〉

```
for icount = 1:30
    icount
end
```

위와 같이 입력 후에 이 파일을 moreOnOff.m으로 저장한다. 저장하면 왼쪽 현재 폴더에 파일 moreOnOff.m이 생성된 것을 볼 수 있다(아래 〈그림3〉 참조).

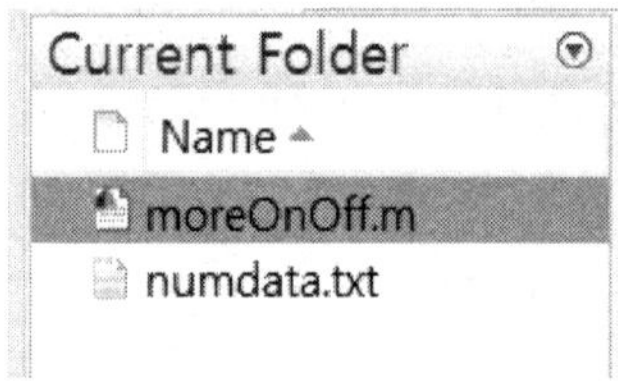

〈그림3〉

이제 매틀랩 화면 상단에 있는 편집기-실행(EDITOR-Run)을 선택하면 moreOnOff.m이 실행된다. 예상한 대로 출력의 마지막 화면만 보게 된다. 위에서 설명한 명령어

```
>> more on
```

을 실행한 후에 moreOnOff.m을 다시 실행하여 보자. 이번에는 출력의 첫 번째 화면을 볼 수 있을 것이다. Enter 키와 Space 키를 이용하여 출력을 더 볼 수 있고 Ctrl+C 키조합을 이용하여 화면 출력을 중지할 수 있다. 위에서 설명한 M-파일을 만드는 절차가 어색한 독자는 〈표2〉의 내용을 명령창에서 직접 입력하고 실행한 뒤에 위에서 설명한 내용을 연습하면 된다.

파일을 압축하고자 하는 경우에 zip-파일을 생성할 수 있다. 예를 들어, 현재 폴더에 있는 파일 moreOnOff.m을 마우스 오른쪽 버튼으로 클릭(Right-Click)하여 'Zip 파일로

압축(Create Zip File)'을 선택하면 압축 폴더 moreOnOff.zip이 생성된다(〈그림4〉 참조). 압축 폴더 moreOnOff.zip를 다시 풀고 싶으면 이 압축 폴더를 마우스로 두 번 클릭한다. 그러면 폴더명 moreOnOff가 새롭게 생성되고(〈그림4〉 참조) 이 폴더 아래에 원래의 파일 moreOnOff.m가 재생되어(Extract) 있으니 전과 동일하게 사용하면 된다.

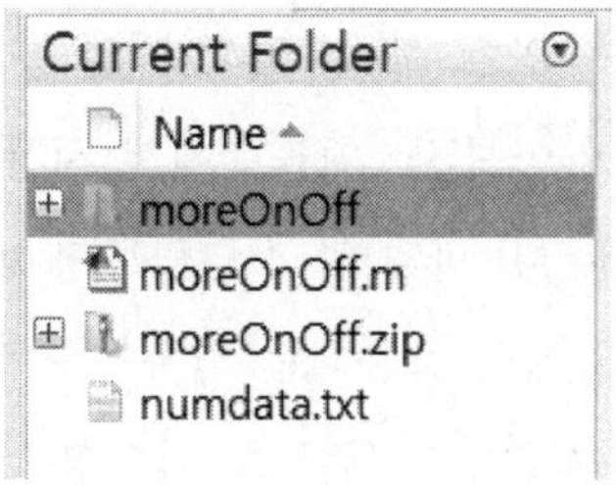

〈그림4〉

여러 개의 파일을 선택하여 하나의 zip-파일로 만들 수도 있다. 예를 들어, 현재 폴더에 두 개의 M-파일(A1.m와 A2.m)이 있다고 가정하고 이 두 개의 파일을 하나의 zip-파일로 만들어 보자. 우선, 마우스를 이용하여 이 두 개의 파일을 함께 선택한다. 함께 선택된 상태에서 마우스 오른쪽 버튼으로 클릭하고 전과 같이 'Zip 파일로 압축' 항목을 선택한다. 이렇게 하면 zip-파일명을 입력하라고 커서가 깜박인다. 이때, 하나의 보기로서 A1A2를 입력하면 현재 폴더에 압축폴더 A1A2.zip이 생성된다(다른 명칭을 입력하여도 된다). 위에서 설명한 것과 마찬가지로 압축 폴더 A1A2.zip을 다시 풀고 싶으면 이 압축 폴더를 마우스 왼쪽 버튼으로 두 번 클릭한다. 결과로서, 폴더 A1A2 내부에 A1.m과 A2.m이 다시 생성된 것을 확인할 수 있다. 추가적으로 명령어 demo를 실행하여

```
>> demo
```

원하는 항목을 지정하면 매틀랩의 특징을 빠르게 살펴볼 수 있는데 영어를 어느 정도 들을 수 있는 학생에게는 큰 도움이 될 것이다.

1.7 작업 공간

매틀랩 초기화면 오른쪽에 작업 공간 박스가 있다. 만약에 작업 공간 박스를 화면 오른쪽에서 볼 수 없는 경우에는 레이아웃에서 Default를 선택하거나 작업 공간 박스가 화면에 출력되도록 선택할 수 있다. 명령창에서 실행된 변수들의 변수명과 대응되는 변수값을 이 작업 공간에서 구체적으로 볼 수 있다. 작업 공간 관련 내용을 좀 더 진행하기 전에 잠시 M-파일에 대하여 알아보자. 매틀랩에서 사용하는 M-파일의 종류는 크게 함수형 M-파일(Function Mode M-파일)과 스크립트형 M-파일(Script Mode M-파일)로 나누어진다. 함수형 M-파일에서 사용되는 변수는 지역(Local) 변수이기 때문에 이 지역변수는 작업 공간에서 볼 수 없다. 그러므로 함수형 M-파일 내에 있는 변수의 값을 참조하기 위해서 가장 빠르고 수월한 방법은 함수형 M-파일이 실행되는 과정에서 알고자 하는 값을 화면에 출력시키는 것이다. 좀 더 향상된 방법으로는 함수의 입력과 출력 변수명을 사용하거나 전역 변수를 사용할 수 있다. 반면에, 스크립트형 M-파일에서 사용하는 변수와 그 대응값은 작업 공간에서 볼 수 있다. 요약하면, 함수형 M-파일 내부에서 사용하는 변수를 제외한 행렬과 변수들을 작업 공간에서 볼 수 있다.

작업 공간에 있는 변수(또는 배열)를 두 번 클릭하면 또 다른 하나의 변수 편집기 창이 생성되는데 선택한 변수에 저장되어 있는 값을 하나하나 확인할 수 있고 직접 성분값을 변경할 수도 있다. 다음과 같이 배열명 myarray에 대하여 명령어 openvar을 실행(두 번 클릭 대신에)하여 보자.

```
>> myarray = 15:20
myarray =
    15    16    17    18    19    20

>> openvar('myarray')
```

위의 결과로 〈그림1〉과 같이 변수 편집기 창으로 직접 이동하여 myarray에 저장되어 있는 성분값을 볼 수 있다.

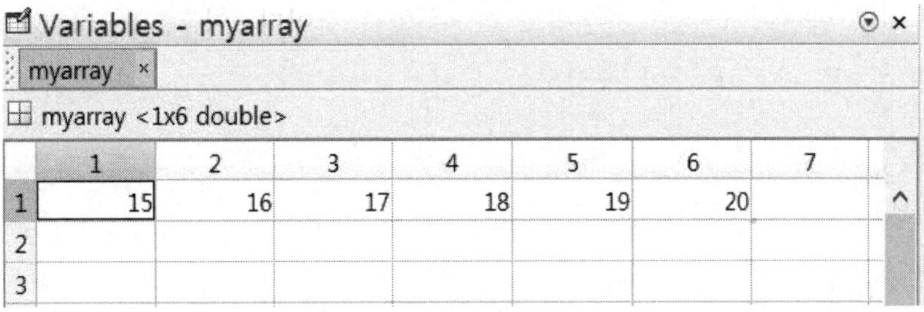

〈그림1〉

명령어 whos는 현재 작업 공간에 있는 변수를 보여준다. 결과로 얻어진 변수 리스트에서 지우고 싶은 변수명이 있으면(예를 들어, 그 변수명이 variablename인 경우)

```
>> clear variablename
```

와 같이 하여 작업 공간에 있는 변수나 함수를 제거할 수 있다. 작업 공간에서 변수를 직접 마우스 오른쪽 버튼으로 클릭한 뒤 삭제(Delete)를 선택하여도 제거된다.

매틀랩을 종료하면 작업 공간에 있던 모든 변수는 사라진다. 그러나 끝내기 전(또는 >> clear all 실행 전)에

```
>> save 파일명
```

을 실행하면 binary 파일 '파일명.mat'을 현재 폴더에 만든다. 이 파일은 종료 전까지(또는 >> clear all 실행 전까지) 존재해 있던 작업 공간의 모든 변수를 저장하고 있다. 나중에 매틀랩 실행 후 (또는 >> clear all 실행 후) 다음과 같이

```
>> load 파일명
```

하면 명령어 load에 의하여 작업 공간을 전 상태(변수가 사라지기 전의 상태)로 복원시킨다. 예를 들어, 다음과 같이 실행하여 보자. 명령어 'clear all'의 결과로 모든 변수가 작업 공간에서 사라진다. 명령어 whos도 함께 실행하여 보자.

```
>> clear all
>> whos
```

예상한 대로 화면에서 어떤 변수명도 볼 수 없을 것이다. 이후, double형 변수 a와 문자열 변수 b를 다음과 같이 생성하여 본다.

```
>> a = 2013
a =
        2013

>> b = 'Summer'
b =
Summer
```

계속해서, 명령어 whos을 실행하여

```
>> whos
  Name      Size            Bytes   Class     Attributes

  a         1x1               8     double
  b         1x6              12     char
```

와 같이 작업 공간에 변수 a와 b가 존재하는 것을 확인한다.

```
>> save ab
```

위의 명령문에 의하여 현재 폴더에 ab.mat이라는 파일이 생성될 것이다.

```
>> clear all
>> whos
```

위의 실행으로, 모든 변수가 작업 공간에서 지워진 것을 볼 수 있다. 다음과 같이 명령어 load의 실행으로

```
>> load ab
```

사라졌던 변수 a와 b를 다시 작업 공간에 불러올 수 있다. 그 결과로

```
>> a
a =
        2013
>> b
b =
Summer
```

와 같은 출력을 할 수 있다. 참고로, 파일명 ab.mat에서 보듯이 명령어 save에 의하여 확장자 mat가 자동으로 생성되었다. 명령어 load를 사용 시, 확장자 mat는 생략하고 파일명 ab만 입력한 것을 기억하자. 종료 전, 명령어 save 사용 시 파일명을 생략하면 즉, 실행문

```
>> save
```

는 현재 폴더에 matlab.mat을 생성한다. 파일명을 사용자가 구체적으로 지정하지 않았기 때문에 매틀랩이 자동적으로 matlab이라는 파일명을 지정하였다. 저장된 변수들을 다시 불러오기 위하여 명령어 load 사용은

```
>> load matlab
```

와 같이 하면 된다.

1.8 lookfor와 help(또는 doc)

명령어 사용방법에 관한 내용을 보기 위해 명령어 help 또는 doc를 이용할 수 있다. 앞에서 연습하였지만 명령어 format에 대하여 좀 더 알고 싶으면

```
>> help format
 format Set output format.
    format with no inputs sets the output format to the default appropriate
```

```
for the class of the variable. For float variables, the default is
format SHORT.
    ⋮
```

와 같이 명령어 help를 이용할 수 있다. 명령어 help의 출력 내용과 비교하여 좀 더 정돈이 잘된 출력 내용을 보고 싶으면 명령어 doc를 이용하면 된다. 즉,

```
>> doc format
```

의 실행문으로 또 다른 창(Help)이 새로이 생성되어 그 내용을 일목요연하게 보여주고 있다. 매틀랩을 배우는 초기 단계에서는 help보다는 doc가 접근하기 쉬운 환경을 제공한다. 그러나 이렇게 help와 doc를 이용할 때에는 이미 사용자가 관련된 매틀랩 명령어를 알고 있어야 한다. 매틀랩을 처음 배우는 학생은 무슨 종류의 매틀랩 명령어가 있는지 알 수 없다. 심지어 이론적으로 알고 있는 내용이라 해도 그 내용과 관련된 매틀랩 명령어를 찾기는 쉽지 않다.

어떻게 이런 문제를 해결할 수 있을까?

정답은 명령어 lookfor이다. 만약에 interpolation과 관련된 매틀랩 명령어를 알고 싶으면

```
>> lookfor interpolation
scatteredInterpolant          - Scattered data interpolation
griddedInterpolantDemo        - Grid-based Interpolation
interp1                       - 1-D interpolation (table lookup)
interp1q                      - Quick 1-D linear interpolation.
interp2                       - 2-D interpolation (table lookup).
   ⋮                                ⋮
```

와 같이 첫 번째 열에는 interpolation과 관련된 명령어, 두 번째 열에는 각 명령어에 대응하는 간략한 설명이 출력된다. 예를 들어, 1차원 interpolation에 관한 명령어를 찾고 있었다면 interp1을 마우스로 선택하여 직접 접근할 수 있고 앞에서 언급한 doc를

사용할 수 있다. 이후, 명령어 형식을 분석한 후 사용하면 된다.

매틀랩이 지원하는 내용의 전체적인 윤곽을 보기 위하여 다음과 같이 하여 본다. 명령창에서 단순히 명령어 doc를 실행한다.

```
>> doc
```

위 실행문의 결과로 나타나는 Help 창에는 매틀랩에서 지원하는 기초적인 내용에서 전문적인 사용법까지 주제별로 접근할 수 있는 항목들이 있다. 예를 들어, 매틀랩의 기초가 부족한 독자는 첫 번째 항목인 MATLAB을 선택한 뒤에 그 하부 구조에서 계속 선택하여 필요한 내용이 나올 때까지 접근할 수 있다. 우리가 나중에 다루는 심볼릭 연산 내용은 바로 위에서 생성한 Help 창에 있는 Symbolic Math Toolbox와 관련된다.

1장 연습문제

01. 매틀랩을 처음 실행하면 출력되는 초기화면에서 세 개(또는 네 개)의 창(박스)의 제목은? 그중 명령어를 실행하고 그 결과를 볼 수 있는 박스는?

02. 매틀랩에서 명령을 실행할 때 기본 형식은

〉〉 변수명 = 실행문

와 같다. 만약에 변수명을 생략하고 단지

〉〉 실행문

와 같이 실행하면 매틀랩이 자동으로 생성하는 변수명은?

03. 매틀랩에서 명령문을 실행하고 그 결과를 화면에 출력하지 않는 방법은?

04. 화면에서 계산의 결과를 분수의 형태로 출력하려면?

05. 다음과 같이 실행 후 얻어지는 수(Number)의 출력 형식은?

〉〉 format bank

06. 명령창의 화면정리를 위하여 사용하는 명령어는?

07. 명령창에서 명령문 또는 프로그램을 실행하면 변수가 생성되고 작업 공간에서 볼 수 있다. 작업 공간에 있는 내용을 삭제하기 위하여 사용하는 명령어는?

08. 다음 중 변수명으로 잘못 사용한 예는?

(a) abc1 (b) ab_c (c) 1ab (d) Abc

09. 행렬 M을 생성할 때 행의 구분을 위하여 쓰는 기호는?

10. $M1 = \begin{bmatrix} 1 & 2 & 3 \\ 4 & 5 & 6 \end{bmatrix}$, $M2 = \begin{bmatrix} -2 & 1 \\ 0 & -1 \\ 1 & 1 \end{bmatrix}$일 때, 명령창에서 M1과 M2를 생성하고 그것들의 곱 M3=M1*M2의 값을 구하시오.

11. 현재 명령창이 어느 폴더(사용자가 특정한 폴더를 지정하지 않았을 때, 명령창에서 생성되는 파일이 자동적으로 저장되는 공간)에 연결되어 있는지 알고자 할 때 명령창에서 사용하는 명령어는?

12. 현재 폴더에 수(Number)로 구성된 텍스트 파일 abc.txt이 있다고 가정한다. 이 파일에 있는 데이터를 명령창에 전달하기 위한 방법은?

13. 현재 폴더에 텍스트 파일 abc.txt가 있을 때 명령창에서 이 파일 내용을 화면 출력하기 위하여 사용하는 명령어와 사용법은?

14. 함수형 M-파일(예를 들어 파일명이 ftone.m이라고 가정)에서 사용하는 변수를 지역변수라고 부른다. 이 파일을 명령창에서 실행 후 지역변수명과 그 대응하는 값을 작업 공간에서 볼 수 있는가? 그 이유는?

15. 매틀랩에서 fourier 급수와 관련된 매틀랩 명령어를 찾고 싶을 때 사용할 수 있는 명령어는? 그리고 그 사용법은?

2장 Symbolic Math 기초

매틀랩에서 Symbolic Math Toolbox는 문자를 이용한 대수적 계산을 가능하게 해주는 함수를 제공한다. 문자 계산은 심볼릭 객체(Symbolic Object)를 이용하여 할 수 있다. 이때, 심볼릭 객체를 이용한 연산 또는 심볼릭 관련 명령어로 실행된 연산은 MuPAD 엔진(과거에는 Maple 엔진)에 의하여 수행된다. 반면, 심볼릭 객체의 사용 없이 실행되는 수치적 연산은 기본 매틀랩(Basic Matlab)에 의하여 수행되는 것으로 보면 된다. 그러므로 매틀랩의 명령어에는 심볼릭 객체에 적용되는 명령어(간단히, 심볼릭 명령어)와 기본 매틀랩에서 사용하는 명령어(간단히, 기본 명령어)가 있다. 즉, 이 책에서 설명하는 명령어는 두 가지 종류로 분류할 수 있고 그중 하나는 '심볼릭 명령어'이고 다른 하나는 '기본 명령어'이다. 심볼릭 명령어에 대한 설명은 명령어가 나올 때마다 자세히 다룰 것이고 그 이해를 돕기 위하여 기본 명령어를 언급하게 될 것이다. 참고로, 1장에서 다룬 명령어들이 기본 명령어에 포함된다. 심볼릭 연산과 수치적 연산을 함께 명령창에서 실행할 수 있고 그 결과도 명령창에서 확인하게 된다. 이때, '심볼릭 연산'이라는 용어는

(i) 심볼릭 객체
(ii) 심볼릭 객체에 의하여 표현된 수식
(iii) 심볼릭 명령어

와 관련된 연산을 말하고 '수치적 연산'이라는 용어는 기본 매틀랩에서의 연산을 의미한다. 명령창은 매틀랩 실행 시 초기 화면에서 가운데 부분(또는 현재 폴더 옆)에 있고(1.2절 참조) 실제적으로 이 책에서 다루는 모든 연산은 이곳에서 이루어진다. 매틀랩 초기 화면 명령창에서 '>>' 표시 뒤에 명령어를 입력하고 실행하면 된다. MuPAD Notebook 메뉴가 있는 매틀랩 버전을 가지고 있는 사용자는 이 메뉴를 클릭하여 MuPAD에서 제공하는 화면에서 심볼릭 연산을 수행할 수 있다. 그러나 심볼릭 연산을 하기 위하여 MuPAD Notebook에서 사용하는 문법은 명령창에서 사용하는 문법과 차이가 있다. 심볼릭 연산과 관련된 이 책의 내용은 명령창에서 사용하는 문법이다. 만약에 MuPAD의 사용방법이 궁금한 독자는 MuPAD Notebook 화면에서 Help 메뉴를 참조하기 바란다.

2.1 심볼릭 변수와 연산 기초

심볼릭 객체는 매틀랩에서 지원하는 하나의 데이터 형태이다. 심볼릭 객체의 실제적인 대상은 심볼릭 변수, 심볼릭 행렬과 심볼릭 수식 등이 될 수 있다. 초기 매틀랩에서 심볼릭 객체는 존재하지 않았던 데이터 형태였으나 매틀랩 버전이 바뀌면서 이 데이터 형식이 매틀랩에 추가되었다(매틀랩 6 이상 버전). 이후, 문자 또는 문자행렬(문자를 성분으로 가지는 행렬)을 이용한 계산을 할 수 있게 되었다. 참고로, 기본 매틀랩에서 자주 쓰는 데이터 형태는 char, double, cell, struct, function handle과 같은 것들이다. 기본 매틀랩에 의하면

```
>> x1=sqrt(2)
x1 =  1.4142
```

의 결과를 보여준다. 그러나

```
>> x2=sqrt(sym(2))
x2 =  2^(1/2)
```

은 숫자 2를 sym(2)로서 심볼릭 객체로 만든 후의 계산이다. 결과에서 보듯이 x2 에는 $\sqrt{2}$ 의 근사값인 1.4142 가 아닌 2^(1/2) 로서 $\sqrt{2}$ 그 자체의 값을 가지고 있다. 위와

같이 명령어 sym을 이용하면 수를 심볼릭 객체로 변화시킬 수 있다. 다음의 결과를 비교하여 보자.

(a)	(b)
>> 1/2+1/3	>> sym(1/2)+sym(1/3)
ans = 0.8333	ans = 5/6

기본 매틀랩의 수치적 연산은 최대 유효숫자 15~16자리 이내의 정확도를 가지고 수행된다. 그러므로 (a)에서 보듯이 1/2+1/3의 결과는 5/6의 근사값인 0.8333을 화면에 출력(내부적으로는 0.8333333333333333으로 저장되어 있다)하였고 명령어 sym을 이용한 (b)의 결과는 근사값이 아닌 분수의 형태인 5/6로 정확한 값을 출력하고 있다. 간단하지만 심볼릭 연산의 장점을 확실히 볼 수 있다. 기본 매틀랩에도 명령어 format을 이용하여 수의 출력 형태를 조절할 수 있다. 이것과 관련하여 자세한 내용은 1.3절을 참고하라.

참고로 명령어 sym을 사용할 때 주의할 점을 살펴보자. 우선 아래와 같이 실행하여 본다.

```
>> y2 = sqrt(sym('2'))
y2 = 2^(1/2)
```

위의 결과에서 보듯이 x2와 y2의 값은 같다. 단지 차이가 있다면 단일인용부호(' ')를 사용했느냐(또는 사용하지 않았느냐)에 있다. 즉, x2를 구하기 위하여 단일인용부호를 사용하지 않았고 y2는 단일인용부호를 사용하였다. 이 둘의 차이를 알아내기 위하여 다음의 내용을 실행하여 보자. 단, 심볼릭에 의하여 표현된 수(아래의 실행에서 a와 b의 경우)는 명령어 double을 이용하여 기본 매틀랩에서의 출력형태(아래의 실행에서 double(a)와 double(b))를 얻을 수 있다.

```
>> a = sym(1+sqrt(2))
a = 2718162824974067/1125899906842624

>> b = sym('1+sqrt(2)')
```

```
b = 2^(1/2) + 1

>> format long
>> doublea = double(a)

doublea =    2.414213562373095

>> doubleb = double(b)
doubleb =    2.414213562373095
```

위의 결과를 토대로 doublea와 doubleb의 값을 비교하면 a와 b의 결과는 같은 것으로 보여진다. 그러나 좀 더 자세히 보면, b는 수식 1+sqrt(2)을 정확히 표현하고 있고 a는 무리수가 아닌 유리수(1+sqrt(2)의 근사값)이다. 그러므로, 명령어 sym을 사용할 때 그 대상이 하나의 수가 아닌 수식이면, 그 수식을 정확하게 대응시키기 위하여 단일인용부호를 반드시 사용하도록 한다.

일반적으로, 심볼릭 변수 x를 선언하기 위하여 다음과 같이 명령어 syms를 사용하면 된다:

```
>> syms x
```

두 개의 심볼릭 변수 x1, x2를 선언하려면

```
>> syms x1 x2
```

와 같이 하면 된다. 위와 같은 방법으로 여러 개의 심볼릭 변수를 선언할 수 있다. 이번에는 심볼릭 변수를 이용하여 식을 만들어 보자.

```
>> syms x
>> f = 2*x^3 + x^2 - 3
f =   2*x^3 + x^2 - 3
```

심볼릭 변수 x에 의하여 위와 같이 f가 정의되었고 변수 x에 명령어 subs를 이용하여 수를 대입할 수 있다. 즉, x=1일 때 f의 값은

```
>> subs(f,1)
ans =0
```

에 의하여 계산되었고 x=2일 때 f의 값은

```
>> subs(f,2)
ans =17
```

으로 구해질 수 있다. 참고로, 수식을 표현할 때 사용할 수 있는 수학함수는 〈부록2〉를 참고하라.

〈Remark 1〉

위에서 구한 subs(f, 1)의 값을 다음과 같은 방법으로도 구할 수 있다.

```
>> clear all
>> clc
>> syms f(x)
```

위의 실행으로 심볼릭 변수 x와 심볼릭 함수 f가 생성된다(작업 공간 박스에서 확인하여 본다). 계속해서,

```
>> f(x) = 2*x^3 + x^2 - 3
f(x) = 2*x^3 + x^2 - 3

>> fval = f(1)
fval = 0
```

을 실행하면 위에서 구했던 subs(f,1)의 값 0를 f(1)로서 구할 수 있다.

이번에는, 2개의 심볼릭 변수 x와 y로 〈표2〉와 같이 g를 선언한다.

〈표2〉 g 생성

```
>> syms x y
>> g = sqrt(x)*y/2 - x^3*y^2
g =       (x^(1/2)*y)/2 - x^3*y^2
```

선언된 g에 x=4를 대입하고자 하면

```
>> subs(g, x, 4)
ans = - 64*y^2 + y
```

와 같이 하면 되고 이미 생성되어 있는 g에 y=2를 대입하고자 하면

```
>> subs(g, y, 2)
ans = x^(1/2) - 4*x^3
```

와 같이 할 수 있다. 한편, g에 x=4, y=2를 대입한 값 gval을 구하려면,

```
>> g1 = subs(g, x, 4)
g1 =  - 64*y^2 + y

>> gval = subs(g1, y, 2)
gval =  -254
```

와 같이 하여 gval = -254를 얻는다.

위의 gval의 결과를 얻기 위하여 다음과 같이 셀 배열(Cell Array)을 이용해 구할 수도 있다. gval과 gvalother의 값이 똑같이 -254인 것을 확인한다.

```
>> gvalother = subs(g,{x, y},{4, 2})
gvalother = -254
```

위의 실행에서 g는 〈표2〉에서 생성되었다.

〈Remark 3〉

> 위에서 구한 subs(g,{x, y},{4, 2})의 값(= −254)을 〈Remark 1〉에서와 같은 방식으로 구하여 보자.
>
> ```
> >> clear all
> >> clc
> >> syms g(x,y)
> >> g(x,y) = sqrt(x)*y/2 - x^3*y^2
> g(x, y) = (x^(1/2)*y)/2 - x^3*y^2
>
> >> gval = g(4, 2)
> gval = -254
> ```
>
> 위와 같이 실행하여, 2변수에 대한 심볼릭 함수 g(x,y)를 생성한다. 또한, g(4,2)의 값이 앞서 구한 subs(g,{x, y},{4, 2})의 값과 같은 것을 알 수 있다.

그런데, 변수 지정 없이 단순히

subs(g,4)를 실행하면 어떻게 될까?

```
>> subs(g, 4)
ans =- 64*y^2 + y
```

위의 결과는 앞에서 수행한 subs(g, x, 4)의 결과와 같다. 이미 알고 있듯이 g는 심볼릭 변수 x, y에 의하여 선언(위의 〈표2〉 내용 참고)되었고, 실행문 subs(g, 4)는 어떤 변수에 4를 대입해야 할지 알려주지 않고 있다. 그럼에도 subs(g, x, 4)의 결과와 같았다.

왜 그럴까?

매틀랩은 〈표4〉의 내용과 같이 심볼릭 변수를 선택하는 규칙을 가지고 있다.

〈표4〉 변수 우선순위 규칙 I

x와 y 같이 문자로 선언된 심볼릭 변수들이 있고 매트랩이 변수를 선택해야 할 경우에는, 알파벳순으로 x와 가장 가까운 변수가 우선순위를 가지게 되고 매트랩은 그 우선순위에 있는 변수를 선택한다.

그러므로 매트랩은 subs(g, 4)를 실행할 때, g를 선언하는 심볼릭 변수 중의 하나인 x를 선택(변수 x 그 자체는 x에 가장 가까운 변수가 된다)하여 subs(g, x, 4)와 같은 명령문을 수행한다.

심볼릭 변수로 v와 z를 가지는 다음과 같은 g2에 대해서 명령어 subs는

```
>> syms v z
>> g2 = 2*v + z^3
g2 =  z^3 + 2*v

>> g2v = subs(g2, 2)
g2v  = 2*v + 8
```

와 같이 실행된다. 심볼릭 변수 v와 z에 '변수 우선순위 규칙 I'을 적용하여 보자. 그런데 문제가 있다. x에서 알파벳순으로 판단하면 v와 z는 같은 거리에 있다:

v, w, x, y, z

따라서 '변수 우선순위 규칙 I'에 의하면 v와 z은 같은 우선순위를 갖는다.

이런 경우에는 무엇이 우선순위를 갖는가?

매트랩은 v와 z 중에 우선순위를 갖는 변수로 z를 선택한다. 이유인즉, 〈표5〉의 내용과 같은 변수 선택 규칙이 추가로 적용되었다.

〈표5〉 변수 우선순위 규칙 II

x에서 같은 거리(알파벳순 정렬에서)에 있는 2개의 심볼릭 변수가 있는 경우, 매틀랩이 변수를 선택해야 할 때에는 알파벳순으로 보아 뒤쪽에 있는 변수가 우선순위를 갖는다.

이러한 규칙이 적용되어 위의 경우에 z이 v보다 변수 우선순위를 갖게 되었고 subs(g2, 2)의 결과는 subs(g2, z, 2)의 결과와 같게 된다.

이번에는 두 개의 변수 va와 vb에 의하여 정의된 g3의 경우를 다루어 보자. 먼저 g3를 다음과 같이 생성한다.

```
>> syms va vb
>> g3 = va + vb
g3 =  va + vb
```

이때,

subs(g3, 2)의 실행 결과는 어떻게 될까?

첫 자가 똑같이 v로 시작하는 두 변수명 va와 vb에서 매틀랩은 변수명 va에 우선순위를 둔다. 즉, '변수 우선순위 규칙 I'과 '변수 우선순위 규칙 II'를 적용한 뒤에 여전히 순위를 결정하여야 할 때, 매틀랩은 알파벳순으로 그 우선순위를 결정한다. 그러므로 실행문 subs(g3, 2)의 결과는 실행문 subs(g3, va, 2)의 결과와 같게 된다. 아래와 같이 실행하여 이러한 논리를 확인하자. 단, 실행문

```
symvar(g3)   %  또는 findsym(g3)
```

은 g3와 관련된 심볼릭 변수 전체를 출력하고 실행문

```
symvar(g3,1)  % 또는 findsym(g3,1)
```

은 g3와 관련된 심볼릭 변수들 중에서 우선순위가 가장 높은 심볼릭 변수 하나를 출력한다.

참고로, 명령어 findsym에 의한 출력은 문자열의 형태를 갖고 명령어 symvar에 의한 출력은 심볼릭 변수를 성분으로 하는 배열의 형태를 갖는다. 최신 버전의 매틀랩은 명령어 symvar을 권장하고 있다.

```
>> subs(g3,2)
ans = vb + 2

>> subs(g3, va, 2)
ans = vb + 2

>> symvar(g3)
ans = [ va, vb ]

>> symvar(g3,1)
ans = va
```

추가적으로, 심볼릭 변수 va와 zb에 의하여 정의된 g4에 대하여 알아보자.

```
>> syms va zb
>> g4 = va + zb
g4 =  va + zb

>> subs(g4, 3)
ans = va + 3
```

위의 결과에서 보듯이 subs(g4, 3)의 계산 결과는 subs(g4, zb, 3)와 일치한다. 이유는 '변수 우선순위 규칙 II'에 의하여 zb가 우선적으로 선택되었다. 내부적으로 결정된, g4에 대한 변수 우선순위를 아래의 실행으로 확인할 수 있다.

```
>> symvar(g4)
ans = [ va, zb ]

>> symvar(g4, 1)
ans = zb
```

변수 우선순위와 관련하여 정리하여 보자. 즉, 여러 개의 변수명이 관련되고 그 중에 우선순위를 가지는 변수명을 알아내기 위하여 다음과 같은 순서를 따른다.

- 첫째: '변수 우선순위 규칙 I'과 '변수 우선순위 규칙 II'를 변수명에 적용한다.
- 둘째: 위의 규칙을 적용하여도 여전히 우선순위가 결정되지 못하는 경우, 알파벳순으로 앞쪽에 있는 변수명에 그 우선순위를 둔다.

다음 절부터 이어지는 내용은 심볼릭 변수와 심볼릭 명령어를 이용한 수식 계산 방법을 설명한다.

2.2 미분

심볼릭 변수 x에 의해서 표현된 수식 f를 미분할 수 있는데 미분은 명령어 diff에 의하여 수행된다. 아래와 같이 실행하여 보자.

```
>> syms x
>> f = sin(2*x + 1)
f =   sin(2*x + 1)

>> fd = diff(f)
fd =  2*cos(2*x + 1)
```

명령어 diff는 기본 명령어(기본 매틀랩에서 실행되는)이기도 하지만 위에서는 f가 심볼릭 객체이므로 diff가 심볼릭 명령어로 수행이 되어 f를 미분하게 된다. 위의 실행과정에서 보듯이 f와 관련된 심볼릭 변수가 x 하나이기 때문에, diff(f)는 x에 관한 미분을 보여준다. 즉, 위의 경우 diff(f)와 diff(f, x)는 같은 결과를 보여주는데 이 내용을 〈표1〉로 정리하였다.

〈표1〉

심볼릭 명령어	수식
diff(f) or diff(f,x)	$\frac{df}{dx}$

〈Remark〉

> 심볼릭 변수와 관련된 연산(심볼릭 연산)에서 사용하는 명령어 중에는 기본 매틀랩에서 사용하는 기본 명령어와 일치하는 경우도 있다. 이때, 매틀랩은 입력되는 데이터의 종류로 판단하여 심볼릭 연산을 할지 기본 매틀랩에 의한 수치적 연산을 할지를 결정한다. 즉, 입력되는 데이터가 심볼릭 객체인 경우 심볼릭 연산을 하고 심볼릭 객체가 아닌 경우 기본 매틀랩에 의한 수치적 연산을 한다.

실행문 diff(f, x)에 의하여 f의 1계 도함수가 구해지고 f의 2계, 3계 등의 고계 도함수는 다음과 같이 비슷한 형식으로 구한다. 위의 결과에 이어서,

```
>> f2d = diff(f,2)
f2d = -4*sin(2*x + 1)
```

와 같이 실행하면 f의 2계 도함수가 구해진다. 또한, 3계 도함수도 쉽게 구해진다.

```
>> f3d = diff(f,3)
f3d = -8*cos(2*x + 1)
```

미분에 관한 명령어 형식을 일반화하면 〈표2〉와 같이 정리된다. 〈표2〉에서 n은 자연수 (= 1, 2, 3, …)를 의미한다.

〈표2〉

심볼릭 명령어	수식
diff(f, x, 2)	$\frac{d^2f}{dx^2}$
diff(f, x, n)	$\frac{d^nf}{dx^n}$

상수를 미분하면 그 결과는 0이다. 이러한 사실을 보이기 위해서 다음과 같이 명령어 sym을 사용한다.

```
>> const = sym('10')
const =         10
>> diff(const)
ans = 0
```

위의 경우, 숫자 10을 심볼릭 객체로 변경하여 명령어 diff를 실행하였고 아래의 경우 심볼릭으로 변경하지 않고 실행하여 보았다.

```
>> diff(10)
ans = []
```

숫자 10은 심볼릭이 아니므로 diff가 기본 매틀랩의 명령어(기본 명령어)로 실행된다. diff(x)가 기본 명령어로 실행될 경우 x는 벡터 또는 행렬이어야 하는데 숫자 10이 입력되어 정상적인 출력을 하지 못한 경우이다. 예를 들어, x가 4개의 성분을 가진 벡터라고 하면 diff(x)는

[x(2)−x(1)   x(3)−x(2)   x(4)−x(3)]

의 결과를 준다. 자세한 내용은 〈표3〉을 참고한다.

〈표3〉

• 기본 명령어 diff 참조 방법 >> doc diff	• 심볼릭 명령어 diff 참조 방법 >> doc sym/diff

2개의 심볼릭 변수 x, y에 의하여 정의된 심볼릭 객체 f에 대한 편미분은 다음과 같다. 먼저 f를 다음과 같이 생성한다.

```
>> syms x y
>> f = sin(x)*cos(y)
```

```
f =    cos(y)*sin(x)
```

매틀랩에서 편미분의 결과가 필요한 경우, 무슨 변수에 대하여 미분을 하는지를 매틀랩에 알려주기만 하면 된다. 아래의 내용으로, x와 y에 관한 f의 편미분이 각각 구해진다.

〉〉 fdx = diff(f, x) % $\frac{\partial f}{\partial x}$을 계산한다.

fdx = cos(x)*cos(y)

〉〉 fdy = diff(f,y) % $\frac{\partial f}{\partial y}$을 계산한다.

fdy = -sin(x)*sin(y)

참고로 설명하면, 실행문 뒤에 기호 %가 나오면 기호 % 이하의 내용은 설명일 뿐 실행되지 않는다. 기호 % 이하에 매틀랩 명령문이 있다고 해도 그것들은 모두 비실행문이 된다. 아래의 출력 fx2는 심볼릭 변수 x에 대한 f의 2계 편도함수 결과이다. 이와 같은 방법으로 각각의 변수에 대한 고계 편도함수 결과를 구할 수 있다.

```
〉〉 fx2 = diff(f, x, 2)
fx2 = -cos(y)*sin(x)
```

계속하여, f = cos(y)*sin(x)일 때 즉, f가 심볼릭 객체인 이변수 함수일 때 변수 설정 없이

diff(f)를 실행하면 어떻게 될까?

실행하면,

```
〉〉 df = diff(f)
df =  cos(x)*cos(y)
```

와 같은 결과를 얻는다. 위 df의 결과에서 보듯이 2.1절에서 설명한 '변수 우선순위 규칙 I'이 적용된 것을 알 수 있다. 즉, diff(f)를 실행하기 위하여 매틀랩은 x와 가장 가까운 심볼릭 변수(위의 예에서 x 자신이 된다)를 먼저 선택한다. 다음으로, f를 선택된 변수

x로 미분한다. 심볼릭 객체를 성분으로 가지는 벡터 fv도 다음과 같이 x, y로 각각 미분할 수 있다.

```
>> syms x y
>> fv = [ sin(2*x) cos(x*y) ]
fv =  [ sin(2*x), cos(x*y)]

>> diff(fv, x)
ans =[ 2*cos(2*x), -y*sin(x*y)]

>> diff(fv, y)
ans =[ 0, -x*sin(x*y)]
```

위의 diff(fv, x)와 diff(fv, y)의 결과는 다음과 같이 적용된 편미분에 의하여 얻어졌다:

$$\text{diff(fv, x)} = \left[\frac{\partial}{\partial x}\sin(2x),\ \frac{\partial}{\partial x}\cos(xy)\right]$$

$$\text{diff(fv, y)} = \left[\frac{\partial}{\partial y}\sin(2x),\ \frac{\partial}{\partial y}\cos(xy)\right]$$

계속하여 심볼릭 객체를 성분으로 하는 행렬 M의 미분(심볼릭 변수 x에 관한)에 대하여 알아보자.

```
>> M = [ sin(2*x*y) cos(3*x); x^2*y 3*x ]
M =
[ sin(2*x*y), cos(3*x)]
[       x^2*y,       3*x]

>> dM = diff(M, x)
dM =
[ 2*y*cos(2*x*y), -3*sin(3*x)]
[           2*x*y,            3]
```

위에서 보듯이 실행문 diff(M, x)에 의하여 행렬의 각 성분이 x에 대하여 미분된 것을 알 수 있다. 행렬의 모든 성분을 미분하기 위하여 행렬의 각 성분을 미분해야 한다면 행렬의 크기가 큰 경우 대응하는 작업량이 많아질 수 있다. 그러나, 매틀랩은 행렬의 크기와 무관하게 실행문 diff(M, x)으로 모든 성분의 미분을 동시에 구할 수 있다.

참고로, 명령어 symfun을 이용하여 심볼릭 함수를 정의한 후 그 함수의 미분을 구할 수도 있다. 먼저 일변수 함수에 대한 다음 내용을 실행하여 본다.

```
>> clear all
>> syms x
>> f = symfun(2*x^2-3*x+1,x)          % 심볼릭 함수 f(x) 정의
f(x) = 2*x^2 - 3*x + 1
```

```
>> diff(f(x))                % df(x)/dx 을 계산
ans = 4*x - 3
```

다음은 이변수 함수에 대한 내용이다.

```
>> syms x y
>> fxy = symfun(2*x + 3*y,[x y])     % 심볼릭 함수 fxy(x, y) 정의
fxy(x, y) = 2*x + 3*y
```

```
>> diff(fxy(x,y))                 % diff(fxy(x,y),x)의 결과와 동일
ans =  2
>> diff(fxy(x,y),x)               % ∂fxy(x,y)/∂x 을 계산
ans =  2
>> diff(fxy(x,y),y)               % ∂fxy(x,y)/∂y 을 계산
ans = 3
```

다음 절에서는 적분에 관하여 알아본다.

2.3 적분

심볼릭 객체의 적분은 심볼릭 명령어 int를 사용한다. 심볼릭 변수 x에 의한 수식 2*x의 적분은 다음과 같이 한다.

```
>> syms x
>> int(2*x, x)
ans = x^2
```

위의 결과는 〈표1〉과 같이 정리될 수 있다. 또한 결과에서 보듯이, 매틀랩은 명령어 int를 실행한 후 출력되는 내용에서 적분 상수를 생략한다.

〈표1〉

심볼릭 명령어	수식
int(2*x, x)	$\int 2x\,dx$

다음으로 두 개의 심볼릭 변수를 가지는 수식을 적분하여 보자.

```
>> syms x y
>> Fx = int(cos(2*x*y+x),x)   %
Fx = sin(x + 2*x*y)/(2*y + 1)
```

$\int \cos(2xy+x)\,dx$을 계산한다.

```
>> Fy = int(cos(2*x*y+x),y)   %
Fy = sin(x + 2*x*y)/(2*x)
```

$\int \cos(2xy+x)\,dy$을 계산한다.

심볼릭 변수 x, y를 가지는 심볼릭 수식 cos(2*x*y+x)를 변수 x로 적분한 결과가 Fx에 저장되었고 변수 y로 적분한 결과는 Fy에 저장되었다. 무슨 변수에 관하여 적분할지를 명시하지 않은 경우인

```
>> Fz = int(cos(2*x*y+x))
Fz = sin(x + 2*x*y)/(2*y + 1)
```

의 결과 Fz를 보면 Fz은 Fx의 결과와 같음을 알 수 있다. 즉, 다음과 같이 요약된다.

> 심볼릭 변수에 의하여 생성된 심볼릭 수식을 적분할 때, 위의 Fz 결과에서 보듯이 무슨 변수에 대하여 적분할지 명시하지 않은 경우 2.1절에서 설명한 변수 우선순위 규칙이 적용된다.

심볼릭 수식을 적분할 때 적분 변수를 명시하지 않은 몇 가지 예를 실행하여 보자.

```
>> syms vx vy
>> f1 = int(sin(vx*vy))
f1 =  -cos(vx*vy)/vy

>> syms vx vxy
>> f2 = int(sin(vx*vxy))
f2 =  -cos(vx*vxy)/vxy

>> syms u v wx
>> f3 = int(sin(u*wx + v))
f3 =  -cos(v + u*wx)/u
```

위의 f1, f2, f3와 같은 결과에서 보듯이, 알파벳 순서를 기초로 하여 변수 길이에 관계없이 x에서 가장 가까운 변수를 선택하는 것을 알 수 있다. 좀 더 자세히 설명하여 보자. 위의 f1의 경우, 심볼릭 변수 vx와 vy의 첫 자가 v로 같지만 각 변수의 두 번째 글자에서 알파벳순으로 보면 x가 y보다 순서가 앞에 있으므로 변수 vx가 선택된 것을 알 수 있다. 명령어 symvar을 이용하여 결과를 보면

```
>> symvar(sin(vx*vy))
ans =[ vx, vy ]

>> symvar(sin(vx*vy),1)
ans =vx
```

와 같이 확인할 수 있다. 위 f2의 경우, 심볼릭 변수 vx와 vxy의 첫 번째, 두 번째 문자가 서로 같다. 그러나 변수 vxy는 세 번째 문자 y가 있다. 따라서 변수 vx가 vxy보다 우선순위를 갖게 되므로 변수 vx가 선택되었다. 마지막 f3의 경우에서 관련된 심볼릭 변수는 u, v, wx인데, 변수 길이와 무관하게 x에서 가장 가까운 첫 번째 문자를 가지는 변수 wx가 그 우선순위를 갖는다. 다음은 적분의 결과가 역삼각함수가 되는 예이다.

```
>> syms x
>> g = int(1/(1+x^2))
g =   atan(x)
```

명령어 int를 이용하여 모든 수식(어떤 심볼릭 변수(들)에 관하여 표현된)을 적분할 수 있는 것은 아니다. 매틀랩이 어떤 심볼릭 수식 f에 대한 적분을 할 수 없는 경우에는 다음과 같이 입력의 내용을 다시 출력(아래 ans에 저장된 내용같이)한다.

```
>> syms x
>> f = exp(sin(x))
f =   exp(sin(x))

>> int(f)
ans = int(exp(sin(x)), x)
```

또한, 적분의 결과가 error 함수인 erf(x)로 표현될 수 있으면 다음과 같이 erf(x)를 사용하여 출력된다.

```
>> syms x
>> int(exp(-x^2))        %
ans =  (pi^(1/2)*erf(x))/2
```

($\int e^{-x^2}dx$ 을 계산한다.)

단, error 함수(= erf(x))에 대해서는

```
>> doc erf
```

와 같이 실행하여 좀 더 알아볼 수 있고 다음과 같이 정의된다:

$$erf(x) = \frac{2}{\sqrt{\pi}} \int_0^x e^{-t^2} dt$$

매틀랩은 적분 변수의 구간이 주어지는 정적분의 값을 출력할 수 있다. 다음 두 가지 경우의 정적분을 매틀랩으로 구하여 보자:

$$\int_0^1 x\, dx \ \text{와} \ \int_0^1 \frac{1}{1+x^2}\, dx$$

```
>> syms x
>> f1 = int(x,0,1)        %
```
$\int_0^1 x\, dx$ 을 계산한다.

```
f1 =  1/2

>> f2 = int(1/(1+x^2),0,1)        %
```
$\int_0^1 \frac{1}{1+x^2}\, dx$ 을 계산한다.

```
f2 =  pi/4
```

위의 결과는 〈표2〉의 내용으로 일반화된다.

〈표2〉

심볼릭 명령어	수식
int(f, a, b)	$\int_a^b f\, dx$

〈Remark〉

앞의 내용에서 피적분 함수가 exp(−x^2)인 경우 int(exp(−x^2))의 결과가 erf(x)에 의하여 표현되었지만

$$\int_0^\infty e^{-x^2} dx$$

의 값은 pi^(1/2)/2으로 정확히 구해진다. 즉,

```
>> int(exp(-x^2),0,inf)
ans =  pi^(1/2)/2
```

또한, 두 개 이상의 심볼릭 변수를 가지는 수식에 대하여 적분 변수와 적분 구간을 함께 선택할 수 있다. 다음은 두 개의 심볼릭 변수를 가지는 수식에 대한 적분 결과이다.

```
>> syms x y
>> fy = int(cos(2*x*y+x),x,0,1/2)        % ∫_0^{1/2} cos(2xy+x)dx 을 계산한다.
fy =  sin(y + 1/2)/(2*y + 1)

>> fx = int(cos(2*x*y+x),y,0,1/2)        % ∫_0^{1/2} cos(2xy+x)dy 을 계산한다.
fx =  (sin(2*x) - sin(x))/(2*x)
```

이번 절에서 설명한 내용을 바탕으로 두 개 이상의 변수를 가지는 함수에 대해서도 비슷한 방식으로 적분할 수 있다. 다음 절은 극한에 관한 내용이다.

2.4 극한

심볼릭 변수로 정의된 수식에 대한 극한값은 명령어 limit를 이용하여 구할 수 있다. 다음과 같은 극한값

$$\lim_{x \to 0} (x^2 + 1) = 1$$

을 아래와 같이 명령어 limit를 이용하여 f1으로 구할 수 있다. 예상한대로 f1에는 1이 저장되어 있다.

```
>> syms x
>> f1 = limit(x^2+1,x,0)
f1 =  1
```

명령어 limit에서 'right'와 'left'를 이용하여 우방 극한값과 좌방 극한값을 아래와 같이 구한다.

```
>> f2 = limit(1/x,x,0,'right')   %
```
$\lim_{x \to 0^+} \frac{1}{x}$ 을 계산한다.

```
f2 =  Inf

>> f3 = limit(1/x,x,0,'left')    %
```
$\lim_{x \to 0^-} \frac{1}{x}$ 을 계산한다.

```
f3 =  -Inf

>> f4 = limit(1/x,x,0) %
```
$\lim_{x \to 0} \frac{1}{x}$ 을 계산한다.

```
f4 =  NaN
```

위의 결과에서 Inf는 ∞ 을, -Inf는 $-\infty$ 을 의미한다. 수식 1/x의 그래프를 생각하면 f2와 f3의 결과는 당연하다. 또한, NaN는 'Not a Number'를 의미하고 이러한 출력은 수치적 결과가 정의되지 않는 경우에 나타난다. 이 같은 결과는 수식 1/x이 x=0에서 정의되지 않기 때문이다.

삼각함수 sin(x)를 미분하면 cos(x)가 된다. 이러한 결과는 앞서 배운 명령어 diff 을 이용하여 확인할 수 있지만,

$$\lim_{h \to 0} \frac{\sin(x+h) - \sin(x)}{h}$$

와 같은 미분의 정의를 이용하여 다음과 같이 명령어 limit로 sin(x)의 도함수인 cos(x)을 구할 수도 있다.

```
>> syms x h
>> f1 = limit((sin(x+h)-sin(x))/h,h,0)
f1 =  cos(x)
```

다른 함수의 미분도 명령어 limit를 이용하여 구할 수 있다.

2.5 급수

중심 $x=a$에 대하여 함수 f의 Taylor 급수는 다음과 같이 정의된다.

(1) $$\sum_{k=0}^{\infty} \frac{f^{(k)}(a)}{k!}(x-a)^k$$

위 (1)식에서 $a=0$의 경우 Maclaurin 급수로도 알려져 있다. 이 때, 중심 $x=a$에 대한 n차 Taylor 다항식 T_n은 다음과 같이 정의된다.

(2) $$T_n = \sum_{k=0}^{n} \frac{f^{(k)}(a)}{k!}(x-a)^k$$

위 (2)식에서 주어진 Taylor 다항식 T_n을 매틀랩으로 구할 수 있다. 심볼릭 변수로 표현된 함수

$$e^x,\ \sin(x),\ \cos(x)$$

에 대하여 명령어 taylor는 최대 5차 Taylor 다항식을 각각 출력하여 준다. 매틀랩에서 사용하는 수학 함수에 대해서는 〈부록2〉를 참고한다. 명령어 taylor 사용 시 중심 $x=a$의 값을 특별히 지정하지 않으면 출력의 결과가 $x=a=0$의 경우에 대응하므로, '최대 5차 Taylor 다항식' 대신에 '최대 5차 Maclaurin 다항식'이라고 할 수도 있으나 오해의 여지가 없으면 '최대 5차 Taylor 다항식'의 명칭을 따르도록 하자. 다항식의 차수가 최대 5차까지로 제한된 것은 명령어 taylor의 기본설정이다.

```
>> syms x
>> f1 = taylor(exp(x))
f1 =  x^5/120 + x^4/24 + x^3/6 + x^2/2 + x + 1

>> f2 = taylor(sin(x))
f2 =  x^5/120 - x^3/6 + x

>> f3 = taylor(cos(x))
```

```
f3 =  x^4/24 - x^2/2 + 1
```

위의 f3의 출력의 경우 4차까지 구해졌는데 이유인즉, cos(x)의 Taylor 급수를 구해보면 지수가 5인 항(= x^5)이 사라지기 때문이다. 명령어 taylor에서 옵션 Order를 사용하여 Taylor 다항식의 차수를 조절할 수 있다. 계속하여, 다음의 출력을 보자.

```
>> f4 = taylor(exp(x),'Order',5)
f4 =  x^4/24 + x^3/6 + x^2/2 + x + 1

>> f5 = taylor(exp(x),'Order',4)
f5 =  x^3/6 + x^2/2 + x + 1
```

위의 결과로 〈표1〉의 내용과 같은 규칙을 알 수 있다.

〈표1〉

심볼릭 명령어	설명
S = taylor(f(x), 'Order', n)	함수 f(x)의 (n−1)차 Taylor 다항식 S(중심 x=0에 대한)를 구한다.

명령어 taylor를 이용하여 Taylor 다항식을 구할 때, 중심 $x = a$의 값을 사용자가 정할 수 있는데 옵션 ExpansionPoint를 이용한다. 다음 f6의 결과는 함수 exp(x)를 중심 x=1에 대하여 3차 Taylor 다항식을 보여준다(위의 (2)식에서 $a = 1$의 경우).

```
>> f6 = taylor(exp(x),'ExpansionPoint',1,'Order',4)
f6 =
exp(1) + exp(1)*(x - 1) + (exp(1)*(x - 1)^2)/2 + (exp(1)*(x - 1)^3)/6
```

위의 f6와 똑같은 결과를 다음과 같은 방법으로 구할 수도 있다.

```
>> f7 = taylor(exp(x),x,1,'Order',4)
f7 =
exp(1) + exp(1)*(x - 1) + (exp(1)*(x - 1)^2)/2 + (exp(1)*(x - 1)^3)/6
```

옵션 ExpansionPoint와 관련된 내용이 〈표2〉로 정리된다.

〈표2〉

심볼릭 명령어	taylor(f(x), 'ExpansionPoint', a, 'Order', $n+1$)
설명	함수 f(x)의 n차 Taylor 다항식 $\sum_{k=0}^{n} \frac{f^{(k)}(a)}{k!}(x-a)^k$을 구한다.

계속하여 출력된 변수 f7에 명령어 pretty를 사용하면,

```
>> pretty(f7)

                                  exp(1) (x - 1) 2    exp(1) (x - 1) 3
 exp(1) + exp(1) (x - 1) + ----------- + --------------
                                        2                     6
```

와 같이 좀 더 수식에 가까운 형태로 다시 출력하여 준다. 매틀랩의 명령창에서 아래한글이나 MS워드에서처럼 수식을 정교하게 출력할 수는 없다. 단지 계산된 결과를 출력하여 주되 명령어 pretty를 이용하면 정교하지는 않지만 수식에 더 적합한 형태를 보여준다.

급수와 관련된 심볼릭 명령어 symsum에 대하여 알아보자. 다음과 같이 결과가 잘 알려진 무한급수 S가 있다.

(3) $|r| < 1$일 때, $S = 1 + r + r^2 + r^3 \ldots = \frac{1}{1-r}$

명령어 symsum을 이용하여 위의 내용을 확인하여 보자.

```
>> syms r k
>> S1 = symsum(r^k,k,0,inf)
S1 = piecewise([1 <= r, Inf], [abs(r) < 1, -1/(r - 1)])
```

위의 S1의 결과는 다음과 같은 두 가지 내용을 보여주고 있다.

$1 \le r$이면 $S = 1 + r + r^2 + r^3 \ldots = \infty$

$$|r| < 1 \text{이면} \quad S = 1 + r + r^2 + r^3 \ldots = -\frac{1}{r-1}$$

즉, (3)식에서 주어진 결과를 명령어 symsum을 이용하여 확인하여 보았다.

〈Remark〉

Leonhard Euler(1707~1783, 스위스)에 의하여 알려진

$$\frac{1}{1^2} + \frac{1}{2^2} + \frac{1}{3^2} + \frac{1}{4^2} + \ldots = \frac{\pi^2}{6}$$

와 같은 결과를 다음과 같이 구할 수 있다.

```
>> syms k
>> symsum(1/(k^2),k,1,inf)
ans = pi^2/6
```

2.6 행렬과 기본연산

기본 매틀랩에서 다음과 같이 행렬 M1과 M2를 만든다.

```
>> M1 = [ 2 3 ; 1 4 ], M2 = [-2 -3 ; 6 1 ]
M1 =
     2     3
     1     4
M2 =
    -2    -3
     6     1
```

다음은 명령어 sym을 이용하여 수치성분을 가진 행렬 M1과 M2를 심볼릭 행렬 SM1과 SM2로 바꾼다.

```
>> SM1 = sym(M1), SM2 = sym(M2)
SM1 =
[ 2, 3]
[ 1, 4]
SM2 =
[ -2, -3]
[  6,  1]
```

앞의 내용 중 1.3절에서 수치 행렬에 대한 더하기와 빼기를 설명하였고 그 때와 같은 방법으로 심볼릭 행렬 SM1과 SM2의 더하기와 빼기를 하면 된다. 아래 〈표1〉의 내용을 참고한다.

〈표1〉

>> Msum = SM1+SM2 Msum = [0, 0] [7, 5]	>> Msub = SM1-SM2 Msub = [4, 6] [-5, 3]

또한, 심볼릭 행렬 SM1과 SM2의 곱하기도 수치 행렬의 경우와 동일하게 연산 기호 '*'을 이용한다. 행렬의 곱하기에 관해서는 1.3절의 내용을 참조한다.

```
>> Mmul = SM1*SM2
Mmul =
[ 14, -3]
[ 22,  1]
```

이번에는 연산기호

₩, / 과 명령어 inv

의 관계를 알아보자. 심볼릭 행렬 A에 대하여 명령어 inv(A)는 A의 역행렬을 구하는데 〈표2〉에 있는 두 종류의 실행문은 같은 결과를 준다.

〈표2〉

>> SM1₩SM2 ans = [-26/5, -3] [14/5, 1]	>> inv(SM1)*SM2 ans = [-26/5, -3] [14/5, 1]

아래 〈표3〉에서 주어진 두 개의 실행문 역시 같은 결과를 준다. 역행렬에 관한 자세한 내용은 4.2절에서 다룬다.

〈표3〉

>> SM1/SM2 ans = [-1, 0] [-23/16, -5/16]	>> SM1*inv(SM2) ans = [-1, 0] [-23/16, -5/16]

또한, 〈표4〉의 내용을 보면 양쪽이 같은 결과를 출력하고 있는데 이와 같이 지수를 이용하여 행렬의 곱을 구할 수 있다.

〈표4〉

>> SM1*SM1 ans = [7, 18] [6, 19]	>> SM1^2 ans = [7, 18] [6, 19]

일반적으로, 심볼릭 성분을 가지는 행렬(간단히, 심볼릭 행렬) M을 n번 곱하려면 명령창에서

```
>> M*M* … *M                % M을 n번 곱하기
>> M^n
```

와 같이 위의 두 가지 경우 중에 하나를 실행하면 된다. 〈표5〉에서와 같이 행렬 SM1에 기호 ' 을 이용하면 SM1의 전치행렬(Transpose) T를 구할 수 있다. 비교를 위하여 앞에서 생성된 SM1을 〈표5〉의 오른쪽 박스에 다시 출력하였다.

〈표5〉

>> T = SM1' T = [2, 1] [3, 4]	>> SM1 SM1 = [2, 3] [1, 4]

지금까지 이번 절에서는 행렬연산의 쉬운 이해를 위해, 수를 성분으로 하는 심볼릭 행렬을 다루었는데 심볼릭 변수(문자)에 의하여 표현된 성분(또는 수식)을 가진 행렬들의 연산도 할 수 있다. 앞에서 실행한 행렬 연산 중 두 행렬 곱의 경우를 다시 보자. 즉, 아래의 내용은 심볼릭 변수 x에 의하여 생성된 심볼릭 행렬 M1과 M2의 곱인 M3가 구해지는 과정이다.

```
>> clear all
>> syms x
>> M1 = [ x 2*x; x/3 x^2 ]
M1 =
[   x, 2*x]
[ x/3, x^2]

>> M2 = [ sqrt(2)*x x; 3*x sqrt(x) ]
M2 =
[ 2^(1/2)*x,          x]
[       3*x,  x^(1/2)]

>> M3 = M1*M2
M3 =
```

```
[     2^(1/2)*x^2 + 6*x^2, x^2 + 2*x^(3/2)]
[ 3*x^3 + (2^(1/2)*x^2)/3, x^2/3 + x^(5/2)]
```

위의 결과에서 볼 수 있듯이 심볼릭 변수 x에 의하여 표현된 수식을 성분으로 하는 행렬 M3가 출력되었다. 행렬 M3의 각 성분에 있는 변수 x에 어떤 수를 대입하고자 하면 명령어 subs를 이용할 수 있다. 다음은 x=1의 경우에 실행된 결과이다.

```
>> M4 = subs(M3, x, 1)
M4 =
[   2^(1/2) + 6,   3]
[ 2^(1/2)/3 + 3, 4/3]
```

기본 매틀랩에서 지원하는 돗 연산(Dot Operation)을 심볼릭 연산에서도 할 수 있다. 행렬의 돗 연산으로, 같은 행과 열에 있는 성분끼리의(두 행렬의 같은 위치에 있는 성분끼리의) 연산 결과를 얻을 수 있다. 그 종류는 〈표6〉에 주어졌고 연산의 우선순위는 〈부록 1〉에 주어진다.

〈표6〉

돗 연산 관련 연산자				
.*	./	.₩	.^	.'

아래 〈표7〉의 결과에서 보듯이 세 번째 칸에 있는 M5의 각 성분은 M1과 M2의 같은 위치의 성분끼리의 곱임을 알 수 있다. 예를 들어, 행렬 M5의 2행 1열의 성분 x^2은 행렬 M1의 2행 1열의 성분 x/3과 행렬 M2의 2행 1열의 성분 3*x의 곱에 의하여 얻어졌다.

〈표7〉

M1 = [x, 2*x] [x/3, x^2]	M2 = [2^(1/2)*x, x] [3*x, x^(1/2)]	>> M5 = M1.*M2 M5 = [2^(1/2)*x^2, 2*x^2] [x^2, x^(5/2)]

위의 [.*] 연산자와 같은 방식으로 똣 연산자 [./ | .₩]을 이용할 수 있다. 다음은 연산자 ./ 의 일반적 결과이다.

$$A./B = \begin{bmatrix} a\,b \\ c\,d \end{bmatrix} ./ \begin{bmatrix} x\,y \\ u\,v \end{bmatrix} = \begin{bmatrix} a/x & b/y \\ c/u & d/v \end{bmatrix}$$

연산자 .₩의 경우에도 위와 같이 생각하면 된다. 연산자 [.^ | .']의 사용법은 〈표8〉의 내용으로 설명된다.

〈표8〉

>> A1 = M1.^2 A1 = [x^2, 4*x^2] [x^2/9, x^4]	>> A2 = M1.' A2 = [x, x/3] [2*x, x^2]

위 〈표8〉에서 행렬 A1은 행렬 M1의 각 성분의 제곱으로 구해지고 행렬 A2는 행렬 M1의 전치행렬이다. 한편,

연산자 [']와 [.']의 차이는 무엇일까?

〈표5〉에서 구한 T와 〈표8〉에서 구한 A2를 보면 각각 전치행렬을 구했음을 볼 수 있다. 차이가 없어 보인다. 그러나 행렬의 성분이 복소수인 경우 다음과 같이 다른 결과를 보여준다.

```
>> M6 = sym([ 1+i 2-i; 3 3+2*i])
M6 =
[ 1 + i,    2 - i]
[      3, 3 + 2*i]

>> M6.'
ans =
[ 1 + i,        3]
```

```
[ 2 - i, 3 + 2*i]

>> M6'
ans =
[ 1 - i,       3]
[ 2 + i, 3 - 2*i]
```

어떤 행렬에 연산자 `'` 와 `.'` 을 수행하면 두 경우 모두 전치행렬을 구한다. 그러나 첫 번째 연산자의 경우, 결과로 얻어지는 전치행렬의 성분이 원래의 행렬 성분의 공액복소수(Complex Conjugate)인 것을 주의한다. 부연 설명하면, 행렬 M6의 1행은

[1 + i,   2 - i]

인데 이것의 공액복소수에 해당하는

[1 - i,   2 + i]

가 전치행렬 M6'의 1열이 된 것을 볼 수 있다. 그러므로 행렬의 성분에 복소수를 포함하는 수식이 없는 경우 두 연산자 `'` 와 `.'` 의 결과는 같게 된다.

이번 절에서는 단순하고 쉬운 설명을 위해서 심볼릭 행렬의 연산을 2×2 크기의 행렬로 여러 가지 예를 보였으나 다른 크기의 행렬 연산도 같은 방식으로 적용하면 된다.

2.7 방정식 풀기

방정식

(1) $$2x - a = 0$$

을 매틀랩을 이용하여 풀어 보자. 위 (1)식에서 주어진 방정식에는 두 개의 변수 a와 x가 있다. 이 방정식의 해를 x에 관하여 풀면

(2) $$x = \frac{a}{2}$$

인데 이러한 결과를 매틀랩에서 출력하기 위해 명령어 solve를 사용할 수 있고 그 실행 방법은 다음과 같다. 실행의 결과로서 (2)식에 주어진 방정식의 해가 변수명 v1에 저장되었다.

```
>> clear all
>> v1 = solve('2*x - a','x')
v1 =  a/2
```

위 (1)식에 있는 방정식을 다음과 같이 두 가지 방법으로 구할 수도 있다.

```
>> v2 = solve('2*x - a = 0','x')
v2 =  a/2

>> w2 = solve('2*x = a','x')
w2 = a/2
```

위의 결과에서 v1, v2, w2의 출력값이 같은 것을 볼 수 있다. 또한, 명령어 solve 실행 시 두 번째 성분 위치에서 지정하는 변수명을 x로 선택하는 대신에 a로 선택하면

```
>> v3 = solve('2*x - a','a')
v3 =  2*x
```

와 같은 결과를 보여준다. 즉, (1)식에 주어진 방정식이 변수 a에 관한 방정식으로 간주되었다. (1)식과 같이 방정식에 2개 이상의 변수가 있고, 위에서 설명하였듯이 x나 a와 같이 하나의 변수명을 선택하면 그 변수에 대하여 방정식을 풀게 된다. 결과로서 선택한 변수의 값을 구할 수 있다. 명령어 solve의 사용법에 관해서는 〈표1〉과 같이 요약할 수 있다.

〈표1〉

- 사용법: eqsol = solve('방정식', '변수명')
- 설명: 명령어 solve의 첫 번째 성분에 의하여 방정식이 주어지고 이 방정식을 무슨 변수에 대하여 풀지 결정해야 하는데 그 결정은 두 번째 성분에서 정한다. 선택한 변수에 대하여 방정식의 해를 구한 뒤 출력변수 eqsol에 저장한다.

위의 사용법에서는 명령어 solve 사용 시 단일인용부호(기호로 ' ')를 사용하였는데 단일인용부호를 사용하지 않고

```
>> syms x a
>> f = 2*x - a;
>> w4 = solve(f, x)
w4 = a/2
```

와 같이 심볼릭 변수 x와 a를 생성한 후 x에 관하여 방정식

2*x - a = 0

을 풀 수 있다. 또한, 명령어 solve에서 '변수명'을 생략할 수 있는데 생략하면

```
>> w5 = solve(f)
w5 = a/2
```

와 같이 방정식 f를 변수 x에 관하여 푼 것을 볼 수 있다. 명령어 solve도 2.1절에서 설명한 변수 우선순위 규칙을 따르는 것을 알 수 있다. 실제로 매틀랩이 선택한 변수가 x라는 것을 확인하기 위하여 f에 명령어 symvar(또는 findsym)을 실행하면

```
>> symvar(f, 1)
ans = x
```

와 같이 예상한 결과를 보여준다. 심볼릭 변수를 이용할 경우 연산자 '=='을 사용하여 방정식을 표현할 수 있다. 예를 들어, 다음과 같이 실행하면 앞에서 구한 w4와 똑같은 결과를 구할 수 있다. 즉, w4, p1, p2에 저장된 결과는 같다.

```
>> syms x a
>> p1 = solve(2*x-a == 0, x)
p1 = a/2

>> p2 = solve(2*x == a, x)
p2 = a/2
```

이번에는 다음과 같은 2차 방정식

(3) $$2x^2 + 3x - 4 = 0$$

의 해(근)를 구하여 보자.

```
>> v4 = solve('2*x^2 + 3*x - 4','x')
v4 =
   41^(1/2)/4 - 3/4
 - 41^(1/2)/4 - 3/4
```

위 (3)식에 주어진 2차 방정식의 해는 두 개이고 변수 v4에 저장되었다. 그러므로 첫 번째 해는 배열의 첫 번째 성분인

```
>> v4(1)
ans = 41^(1/2)/4 - 3/4
```

와 같이 접근이 가능하고 두 번째 해도

```
>> v4(2)
ans = - 41^(1/2)/4 - 3/4
```

로 접근할 수 있다. 아래의 결과에서 보듯이 v4는 심볼릭 배열이다. 즉, v4의 크기는 2×1이고 v4의 각 성분은 심볼릭 객체이다.

```
>> class(v4)
ans = sym

>> class(v4(1))
ans = sym

>> size(v4)
ans =
     2     1
```

다음으로 (4)식에 주어진 3차, 4차 방정식의 해를 구하여 본다.

$$x^3 - 1 = 0, \quad x^4 - 2 = 0 \tag{4}$$

```
>> v5 = solve('x^3 - 1','x')
v5 =
                        1
   (3^(1/2)*i)/2 - 1/2
 - (3^(1/2)*i)/2 - 1/2

>> v6 = solve('x^4 - 2','x')
v6 =
    2^(1/4)
   -2^(1/4)
  2^(1/4)*i
 -2^(1/4)*i
```

차수가 3차 이상인 고차 방정식의 근을 구할 때, 구해진 해가 상당히 길게 표현될 수 있다. 이런 경우에는 명령어 double을 이용하면 해를 좀 더 단순한 형태(근사값으로)로 표현할 수 있다. 위에서 v5의 결과를 보면 명령어 double을 이용할 만큼 길지는 않지만 v5에 double을 적용하면

```
>> double(v5)
ans =
   1.0000
  -0.5000 + 0.8660i
  -0.5000 - 0.8660i
```

와 같이 근사값으로 표현된 세 개의 근을 얻는다. 위와 같이 소수점 이하 4자리까지 표기되는 방식은 기본 매틀랩의 기본출력 형태이다(1.3절 참조).

명령어 solve를 이용하여 (5)식에 주어진 연립 방정식의 해를 구하여 보자.

(5) $$2x+3y=5, \qquad x+4y=10$$

```
>> sol = solve('2*x + 3*y = 5','x + 4*y = 10')
sol =
    x: [1x1 sym]
    y: [1x1 sym]
```

명령어 solve에 의하여 구한 해가 심볼릭 변수 sol로 구해졌고 출력결과에서 보듯이 sol은 struct 형식의 배열 변수이므로 방정식의 해 x, y는 다음과 같이 접근한다.

```
>> x = sol.x
x =   -2

>> y = sol.y
y =   3
```

명령어 solve 수행 시, 출력변수의 순서를 사용자가 정할 수 있는데 (5)식에 있는 연립방정식의 해 x와 y를 구한 뒤,

해 y의 값 → 첫 번째 출력 변수: soly
해 x의 값 → 두 번째 출력 변수: solx

와 같이 대응되도록 하기 위하여 다음과 같이 실행하면 된다.

```
>> [soly, solx] = solve('2*x + 3*y = 5','x + 4*y = 10','y','x')
soly =   3
solx =  -2
```

위의 (5)식에서 주어진 연립 방정식은 다음과 같은 행렬 방정식

(6) $$\begin{bmatrix} 2 & 3 \\ 1 & 4 \end{bmatrix}\begin{bmatrix} x \\ y \end{bmatrix} = \begin{bmatrix} 5 \\ 10 \end{bmatrix}$$

으로 표현되므로 아래와 같이 실행하여 보자.

```
>> M = sym([ 2 3; 1 4])
M =
[ 2, 3]
[ 1, 4]

>> b = sym([ 5 10 ]')
b =
  5
 10

>> SOL = M₩b
SOL =
 -2
  3
```

위의 출력에서 변수 SOL에 저장되어 있는 결과를 보면, 명령어 solve를 이용하여 구한 근(= sol.x 와 sol.y)의 값과 같음을 알 수 있다.

이번에는 (7)식에 주어진 세 개의 미지수 x, y, z를 가지는 연립방정식의 근을 구하여 보자:

(7)
$$\begin{aligned} x + y - 3z &= -1 \\ -x + 2y &= 1 \\ x - y + z &= 2 \end{aligned}$$

위 (7)식에 있는 연립방정식의 근(해)을 구하기 위하여 아래와 같이 실행한다.

```
>> E1 = 'x + y - 3*z = -1'
E1 = x + y - 3*z = -1

>> E2 = '-x + 2*y = 1'
E2 = -x + 2*y = 1
```

```
>> E3 = 'x - y + z = 2'
E3 = x - y + z = 2

>> S3 = solve(E1,E2,E3)
S3 =
    x: [1x1 sym]
    y: [1x1 sym]
    z: [1x1 sym]

>> x = S3.x
x =   2
>> y = S3.y
y =   3/2
>> z = S3.z
z =   3/2
```

앞서 (6)식에서 한 것과 같이, (7)식에 주어진 연립방정식을 아래와 같은 행렬 방정식

$$\begin{bmatrix} 1 & 1 & -3 \\ -1 & 2 & 0 \\ 1 & -1 & 1 \end{bmatrix} \begin{bmatrix} x \\ y \\ z \end{bmatrix} = \begin{bmatrix} -1 \\ 1 \\ 2 \end{bmatrix}$$

으로 만들어 근을 구하여 보자. 즉,

```
>> M3 = sym([ 1 1 -3; -1 2 0; 1 -1 1])
M3 =
[  1,   1, -3]
[ -1,   2,  0]
[  1,  -1,  1]

>> b3 = sym([-1 1 2]')
b3 =
 -1
```

```
  1
  2

>> X3 = inv(M3)*b3
X3 =
   2
  3/2
  3/2
```

변수 S3와 X3에 저장된 값을 비교하여 같은 결과를 확인할 수 있다. 다른 형태의 연립 방정식도 이번 절에서 사용한 방법에 의하여 해를 구할 수 있다. 즉, (1)식에 주어진 방정식을 풀기 위하여 사용했던 몇 가지 방법 중 하나를 선택하여 구하면 된다. 명령어 solve를 사용할 때, 단일인용부호를 사용할 수도 있고 사용하지 않을 수도 있다. 단일인용부호를 사용하지 않을 경우에는 심볼릭 변수를 사용한다. 독자(사용자)가 편한 형식을 선택하면 된다. '행렬 나누기'의 의미를 가지는 역행렬에 대해서는 선형대수의 내용과 함께 4.2절에서 자세히 다룬다.

2장 연습문제

01. 다음과 같이 실행하였을 때 hv의 값을 각각 구하고 그 이유를 쓰시오.

(a)
```
>> syms x y
>> h = 2*x^2*y^3 + sqrt(y)*x
>> hv = subs(h,-1)
```

(b)
```
>> syms ya yb
>> h = 3*ya^2*yb
>> hv = subs(h,9)
```

02. 이변수 함수 $f(x,y)=e^{5xy^3}$가 주어졌을 때, 매틀랩 명령어를 이용하여 다음을 구하시오.

(a) $\dfrac{\partial f}{\partial y}$의 값은?

(b) $\dfrac{\partial}{\partial y}\left(\dfrac{\partial f}{\partial x}\right)$의 값은?

03. 다음과 같은 실행 과정을 명령어 symvar(f)와 symvar(f,1)의 결과를 이용하여 설명하시오.

```
>> syms u v w
>> f = 2*u*sqrt(v)*cos(w)
>> int(f)
ans =
2*u*v^(1/2)*sin(w)
```

04. 매틀랩 명령어를 이용하여 다음 정적분의 값을 구하시오.

$$\int_0^{\pi/2}\int_0^{\pi/2}\sin(x)\cos(y)\,dx\,dy$$

05. 매틀랩 명령어를 이용하여 다음 극한값을 구하시오:

$$\lim_{n\to\infty}(1+\frac{x}{n})^n$$

06. 매틀랩 명령어를 이용하여 함수 sin(x)에 대한 최대 4차까지의 Taylor 다항식을 구하시오 (단, 중심 x=3).

07. 다음과 같은 결과를 매틀랩 명령어를 이용하여 보이시오.

$$1+\frac{1}{2^2}+\frac{1}{3^2}+\frac{1}{4^2}+\ldots\ =\frac{\pi^2}{6}$$

08. 돗 연산에서 사용하는 연산자의 종류를 쓰시오.

09. 명령어 solve를 이용하여 각 조건에 따라 다음 방정식의 해를 구하시오.

$$xy+yz+zx=0$$

(a) x의 값을 구하시오(심볼릭 변수 생성 없이 단일인용부호를 사용).

(b) y의 값을 구하시오(단일인용부호를 사용하지 않고 심볼릭 변수를 생성).

10. 다음과 같이 주어진 행렬 방정식의 해를 명령어 solve를 이용하여 구하시오.

$$\begin{bmatrix} 1 & 1 & -3 \\ -1 & 2 & 0 \\ 1 & -1 & 1 \end{bmatrix}\begin{bmatrix} x \\ y \\ z \end{bmatrix}=\begin{bmatrix} -1 \\ 1 \\ 2 \end{bmatrix}$$

3장 Symbolic Math 심화

3.1 수 표기법

명령어 format을 이용한 출력형식은 1.3절을 참고하고 이번 절에서는 명령어 vpa (Variable Precision Arithmetic)에 대하여 알아보자. 명령어 vpa를 사용하면 수식의 결과를 얻을 때 그 유효숫자의 길이를 조절할 수 있다. 먼저 명령어 format long을 이용하면 기본 매틀랩은 다음과 같이 수식 sqrt(2)*exp(3)의 결과를 보여준다(〈표1〉 참조).

```
>> format long
>> v1 = sqrt(2)*exp(3)
v1 =  28.405238724317570
```

〈표1〉

|→ 10자리 ←|

2	8	.	4	0	5	2	3	8	7	2	4	3	1	7	5	7	0

변수 v1에 저장된 값은 기본 매틀랩의 연산 결과이므로 대략 유효숫자 15~16자리의 정확도를 가지고 있다. 참고로 〈표1〉에서 소수점 이하 10자리의 범위를 강조한 것은 수의 10자리에 대한 단순한 표시이지 별다른 의미는 없다. 명령어 sym을 이용하여 수식 sqrt(2)*exp(3)을 sqrt(sym(2))*exp(sym(3))로 변경하여 다음과 같이 실행하여 보자.

```
>> v2 = vpa(sqrt(sym(2))*exp(sym(3)))
v2 = 28.405238724317566368935852790056
```

〈표2〉

|→ 10자리 ←|→ 10자리 ←|

2	8	.	4	0	5	2	3	8	7	2	4	3	1	7	5	6	6	3	6	8	9	3

|→ 10자리 ←|

5	8	5	2	7	9	0	0	5	6

명령어 vpa의 결과인 v2는 유효숫자 32자리까지 보여주고 있다(〈표2〉 참조). 유효숫자 32자리까지의 출력은 초기 설정이며 명령어 digits로 다음과 같이 확인할 수 있다.

```
>> digits
 Digits = 32
```

또한, 명령어 digits를 이용하여 출력되는 유효숫자 자리수의 변경이 가능하다(〈표3〉 참고).

〈표3〉 명령어 digits

- digits : 현재 설정되어 있는 유효숫자 자리수를 출력한다.
- digits(n) : 출력되는 유효숫자 자리수를 n으로 설정한다.

예를 들어, 아래와 같이 실행하여 v3의 결과를 출력하여 본다.

```
>> digits(8)
>> v3 = vpa(sqrt(sym(2))*exp(sym(3)))
v3 = 28.405239
```

2	8	.	4	0	5	2	3	9

위의 v3에 저장된 결과를 보면 유효숫자 8자리까지 출력된 것을 확인할 수 있다. v2의 결과와 비교하면 v3의 마지막 자리에 있는 수는 반올림 연산의 결과인 것을 알 수 있다. 현재 유효숫자 자리수 설정이 8이므로 다시 32로 바꾸어 초기 설정으로 돌아가자.

```
>> digits
Digits = 8
>> digits(32)
>> digits
Digits = 32
```

아래의 결과를 v2와 비교하여 본다.

```
>> v4 = vpa('sqrt(2)*exp(3)')
v4 = 28.405238724317566368935852790056
```

구해진 v2와 v4의 출력 값이 같다는 것을 알 수 있다. 즉, 명령어 vpa 실행 시 명령어 sym을 이용하여도 되고 v4의 결과를 보듯이 단일인용부호(' ')를 이용할 수도 있다.

만약에 두 가지 모두 사용하지 않는 경우 어떻게 될까?

다음의 결과를 보자.

```
>> v5 = vpa(sqrt(2)*exp(3))          % <표4> 참고
v5 = 28.405238724317570131461252458394
```

〈**표4**〉 v5에 저장된 값

|→ 10자리 ←|→ 10자리 ←|

2	8	.	4	0	5	2	3	8	7	2	4	3	1	7	5	7	0	1	3	1	4	6

|→ 10자리 ←|

1	2	5	2	4	5	8	3	9	4

위의 v2와 v5를 비교하여 보면 15자리의 유효숫자까지만 일치하는 것을 알 수 있다(〈표2〉와 〈표4〉를 비교). 주의하지 않으면 v5의 결과 역시 문제가 없어 보인다. 32자리의 출력 형식을 취하고 있기 때문이다. 그러나 면밀히 비교하여 보면 v5의 결과는 유효숫자 15번째까지만 정확한 것을 알 수 있다. 즉, v5의 결과는 기본 매틀랩의 결과와 같다고 볼 수 있다. 원하는 정확도를 얻기 위해 명령어 vpa를 사용 시, 위에서 실행한 바와 같이 명령어 sym 또는 단일인용부호를 반드시 사용하도록 하자. 다른 수식

$$\frac{1}{3} + \sqrt{2}$$

의 경우에도 다음과 같이 출력된 r1과 r2의 값을 비교하면 서로 다른 것을 볼 수 있다.

```
>> digits
Digits = 32

>> r1 = vpa(1/3 + sqrt(2))
r1 =
1.7475468957064284047930868837284

>> r2 = vpa('1/3 + sqrt(2)')
r2 =
1.747546895706428382135022057543
```

심볼릭 수식이 어떤 변수(아래 식에서 tt에 해당)에 저장되어 있는

$$tt = \sqrt{2}\ e^3$$

와 같은 경우에 그 수식의 값을 구체적으로 보기 위하여 다음과 같이 하면 된다.

```
>> digits(20)
>> tt = sqrt(sym(2))*exp(sym(3))
tt =  2^(1/2)*exp(3)

>> v6 = vpa(tt)
v6 = 28.405238724317566369
```

위의 결과인 v6에서 보듯이 vpa(tt)에 의하여 tt에 대응하는 근사값(심볼릭 객체로서)을 알 수 있다. 그런데 현재 설정되어 있는 유효숫자(digits에 의하여 정해진)와 다른 출력 형식을 얻기 위하여

매번 digits를 이용하여 유효숫자의 자리수를 변경해야 하나?

다른 방법이 있다. 즉, 명령어 digits를 사용하지 않고 유효숫자의 출력자리수를 제어할 수 있다. 아래의 내용을 실행하여 보자.

```
>> digits
Digits = 32
>> v7 = vpa(sqrt(sym(2))*exp(sym(3)),15)
v7 = 28.4052387243176
```

〈표5〉

|→ 10자리 ←|

2	8	.	4	0	5	2	3	8	7	2	4	3	1	7	6

위의 v7의 결과를 보면, 유효숫자 15자리까지 출력된 것을 알 수 있다(〈표5〉 참조). v7의 결과를 얻기 전에, 유효숫자 자리수는 32로 정해져 있었다. 그러나 명령어 vpa의 두 번째 성분을 15로 설정하여 32자리가 아닌 15자리까지만 출력할 수 있었다. 참고로 명령어 vpa의 사용법은 다음과 같다.

• vpa(수식, n) : 첫 번째 성분에 있는 수식의 값을 유효숫자 n자리까지 출력한다.

기본 매틀랩에서 지원하는 출력과는 다른 형식의 출력을 vpa을 사용하여 할 수 있지만 유효숫자의 길이가 커지면서 그에 따른 시간적인 문제가 발생할 수 있으니 꼭 필요한 경우에만 유효숫자의 길이를 조절하도록 한다.

3.2 그래프 그리기

다음과 같은 내용을 실행하여 sin(x)의 그래프를 그려 보자.

```
>> syms x
>> ezplot(sin(x), [0,2*pi])
```

즉, 심볼릭 변수 x로 표현된 삼각함수 sin(x)를 정의역 [0,2*pi]에서 그리기 위하여 명령어 ezplot를 실행하면 〈그림1〉의 결과가 얻어진다.

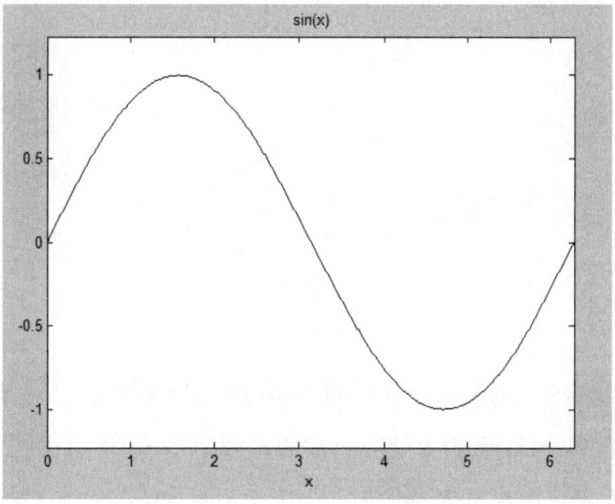

〈그림1〉

만약에 명령어 ezplot에서 정의역의 범위를 생략하면 매틀랩은 [-2*pi, 2*pi]의 정의역 범위를 선택한다.

이번에는,

$$u^3 - 3uv + v^3 = 0$$

와 같이 어떤 변수 v를 다른 변수 u에 의한 수식으로 표현하기 어렵거나 변수 u를 다른 변수 v에 의한 수식으로 표현하기 어려운(즉, $v = f(u)$ 또는 $u = f(v)$와 같은 수식으로 변경하기 어려운)방정식을 만족하는 (u, v)의 위치를 나타내 보자. 심볼릭 변수 u, v를 생성하고 다음과 같이 실행하면 〈그림2〉의 결과가 얻어진다.

```
>> syms u v
>> ezplot(u^3 + v^3 - 3*u*v, [-1 2 -2 3])
```

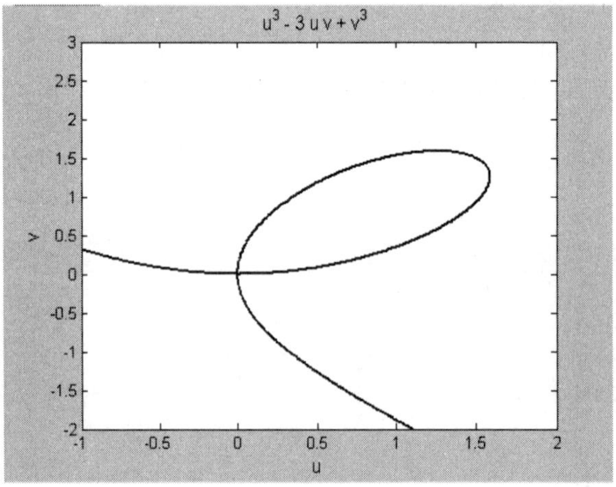

〈그림2〉

위의 실행에서 명령어 ezplot의 두 번째 성분 [-1 2 -2 3]은 u의 범위가 [-1 2]이고 v의 범위가 [-2 3]이 되도록 지정한다. 〈그림2〉에서 보듯이 지정된 u, v의 영역에서 방정식 $u^3 - 3uv + v^3 = 0$을 만족하는 (u, v)가 그려진 것을 볼 수 있다. 만약, u와 v의 범위인 두 번째 성분 [-1 2 -2 3]을 생략하면 매틀랩은

$$-2\pi \le u \le 2\pi, \quad -2\pi \le v \le 2\pi$$

의 범위를 선택한다.

곡선의 x, y 좌표가 하나의 매개변수 θ에 의하여 표현된 (1)식에 주어진 곡선을 그려 보자. 이러한 곡선을 Cycloid라고 부르며 Galileo, John Bernoulli, Huygens와 같은 과학자들에 의하여 연구되었다[STE].

(1) $$x = 2(\theta - \sin\theta), \quad y = 2(1 - \cos\theta), \ 0 \le \theta \le 4\pi$$

다음과 같은 내용을 실행하면 (1)식에 주어진 곡선이 〈그림3〉과 같이 그려진다. 아래 내용 실행 시, 명령어 ezplot에서 theta(=θ)의 범위를 생략하면 매틀랩은

$$0 \le \theta \le 2\pi$$

의 범위를 선택한다.

```
>> syms theta
>> x = 2*(theta - sin(theta));
>> y = 2*(1 - cos(theta));
>> ezplot(x,y,[0 4*pi])
```

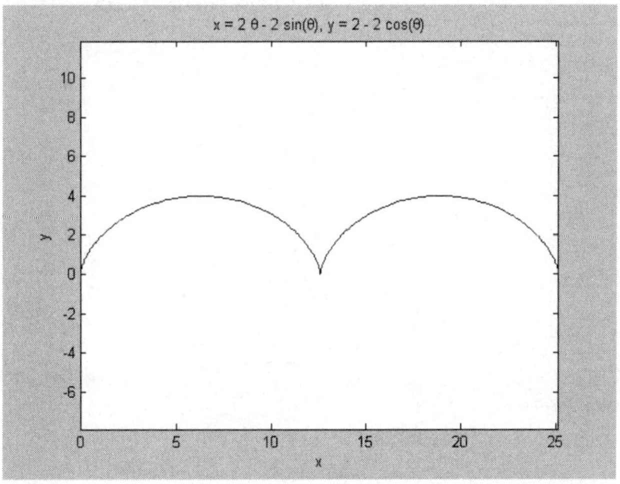

〈그림3〉

아래 (2)식과 같은 3차원 공간 속에 있는 곡선을 그려 보자. 공간에 존재하는 곡선은

하나의 매개변수를 이용하여 (x, y, z)의 좌표로 표현할 수 있다. 매개변수 t에 의하여 정의된 곡선 함수

$$(2) \quad \begin{aligned} f(t) &= (x(t), y(t), z(t)) \\ &= (\sin(t)e^{-t/10}, \cos(t)e^{-t/10}, t) \end{aligned}$$

을 그래프로 나타내기 위하여 아래와 같이 명령어 ezplot3을 이용한다.

```
>> syms t
>> x = sin(t)*exp(-t/10); y=cos(t)*exp(-t/10); z = t;
>> ezplot3(x,y,z,[2 25])   %  2 ≤ t ≤ 25
```

위의 실행으로 (2)식에 대응하는 그래프가 〈그림4〉와 같이 그려진다. 명령어 ezplot3 실행 시 매개변수 t의 범위를 생략하면 매틀랩은

$$0 \le t \le 2\pi$$

의 범위를 선택한다.

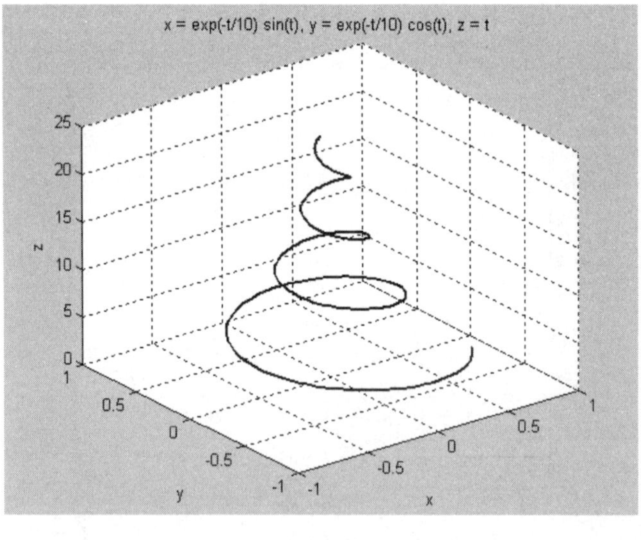

〈그림4〉

이때, 명령어 ezplot3에서 추가 옵션 'animate'를 선택할 수 있다. 즉,

```
>> ezplot3(x,y,z,[2 25],'animate')
```

을 실행하면 t가 2부터 25까지 변하면서, 얻어지는 f의 곡선을 따라서 움직이는 하나의 점을 볼 수 있다.

다음으로 2개의 변수 x와 y로 표현된 함수

(3) $$f(x,y) = \frac{\sin(x)\sin(y)}{xy}$$

을 정의역 $-8 \le x \le 8$, $-8 \le y \le 8$에서 명령어 ezsurf를 이용하여 그려 보자.

```
>> syms x y
>> f = sin(x)*sin(y)/(x*y);
>> ezsurf(f, [-8 8 -8 8])
```

이때, ezsurf의 두 번째 성분에 대한 설명은 다음과 같다.

$$[\underbrace{-8\ \ 8}_{x\text{ 범위}}\ \underbrace{-8\ \ 8}_{y\text{ 범위}}]$$

위의 내용을 실행하면 (3)식에 대응하는 그래프가 〈그림5〉와 같이 출력된다.

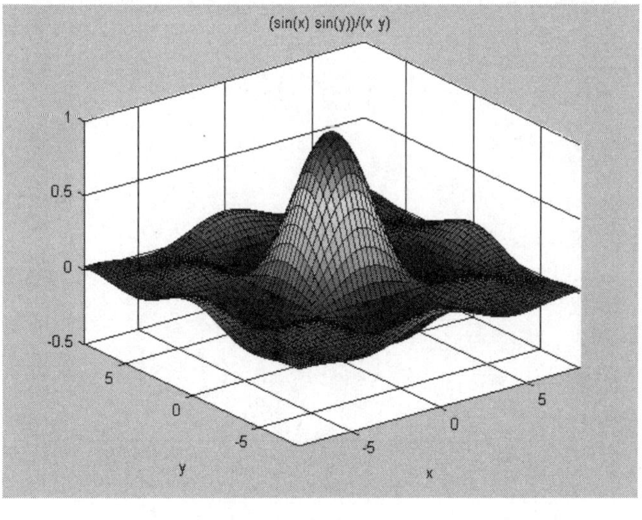

〈그림5〉

명령어 ezsurf와 비슷한 명령어 ezmesh가 있는데, 이 둘의 결과로 나타나는 그래프를 서로 비교하면 모양은 같으나 ezmesh의 결과는 ezsurf의 결과(〈그림5〉 참조)와는 달리 표면에 색을 칠하지 않는다. 실행문

```
>> ezmesh(f, [-8 8 -8 8])
```

을 수행하여 출력되는 그래프와 비교하면 그 차이를 볼 수 있다.

이번에는 그래프를 그린 후 점근선이 필요한 경우, 점근선을 추가적으로 그리는 방법에 대하여 알아보자. 예제 함수로

$$f(x) = \frac{1}{x-3} \tag{4}$$

을 택하고 이 함수를 정의역 [0, 6]에 그리기 위하여 다음의 내용을 실행한다.

```
>> syms x
>> ezplot(1/(x-3),[0 6])
```

실행의 결과로 〈그림6〉과 같은 출력을 얻는다.

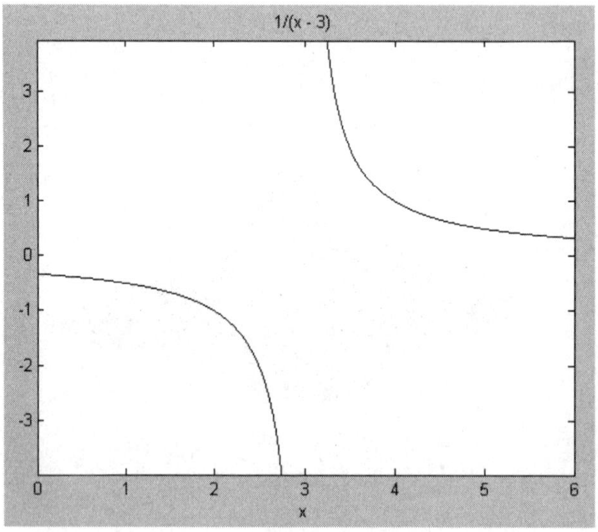

〈그림6〉

출력된 〈그림6〉의 결과에 방정식

$$x = 3$$

에 대응하는 수직 점근선을 추가 입력하여 보자. 다음의 내용을 수행하면 〈그림7〉과 같은 수직 점근선이 생성된 것을 볼 수 있다.

```
>> hold on
>> plot([3 3],[-4 4],':');
```

위의 내용에서 명령어 plot과 관련하여 실행문

(5) plot([3 3],[-4 4],':')

은 다음과 같이 문자를 이용한 일반적인 형식

(6) plot([x_1 x_2], [y_1 y_2], ':')

의 한 예이고 (6)식에 의하여 평면 위의 점(x_1, y_1)에서 점(x_2, y_2)까지 선을 그린다.

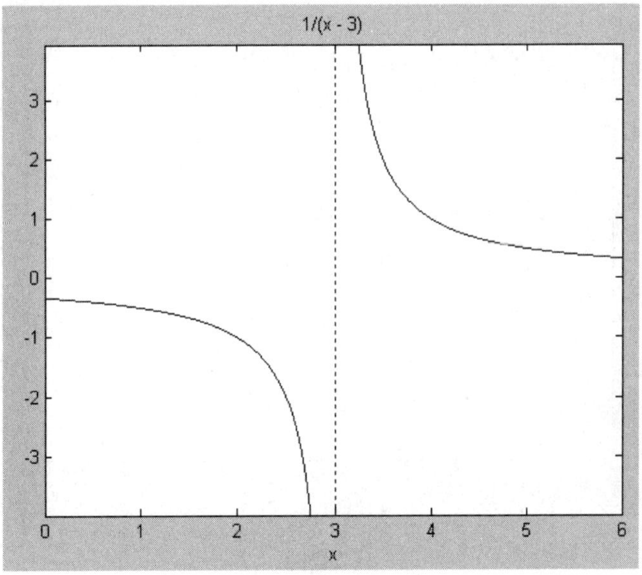

〈그림7〉

이때, 선택한 선 종류(위 (6)식에서는 점선(Dotted Line))에 따라 선의 모양이 바뀐다. 그러므로 (5)식의 실행 결과로 평면 위의 점$(x_1, y_1) = (3,-4)$에서 점$(x_2, y_2) = (3,4)$까지 점근선이 그려진다. 주어진 〈그림7〉을 다시 보면, 분수함수 (4)식과 함께 수직 점근선 $x=3$이 점선으로 표현되었다.

비슷한 방법으로 수평 점근선

$$y = 0$$

을 추가 생성할 수 있다. 즉, 다음의 내용을 수행하면 x-축($y=0$) 위치에 파선(Dashed Line)으로 〈그림7〉에서 수평 점근선이 그려지고 그 결과는 〈그림8〉에 주어진다.

```
>> plot([0 6],[0 0],'--');
```

위의 실행으로 평면 위의 점$(x_1, y_1) = (0,0)$에서 점$(x_2, y_2) = (6,0)$까지 수평 점근선 $y=0$이 그려졌다.

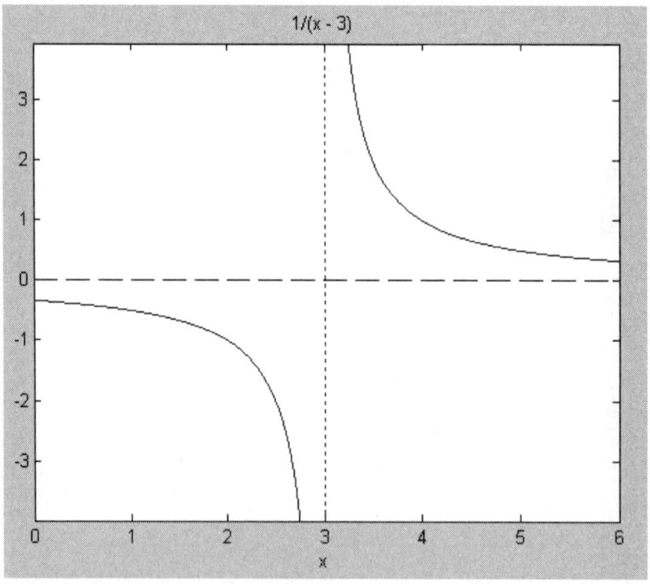

〈그림8〉

다음으로, 아래 (7)식에 주어진 함수의 그래프를 그린 후에 이 함수 극댓값과 극솟값의 위치를 표시하여 보자.

(7) $$f(x) = x^3 - 8x^2 + 17x + 5$$

먼저 (7)식에 주어진 함수의 그래프를 정의역 [0, 6]에서 그리기 위하여 다음과 같이 수행한다. 그 결과로 〈그림9〉가 출력된다.

```
>> clear all
>> syms x
>> f = x^3 - 8*x^2 + 17*x + 5;
>> ezplot(f,[0 6])
>> title('₩bf₩fontsize{12} Graph of f')
```

위의 내용 중 명령어 title에서

(8) ₩bf는 bold font, ₩fontsize{12}는 font 크기 12

을 의미하기 때문에 문자열 'Graph of f'가 (8)식의 내용으로 〈그림9〉와 같이 출력되었다.

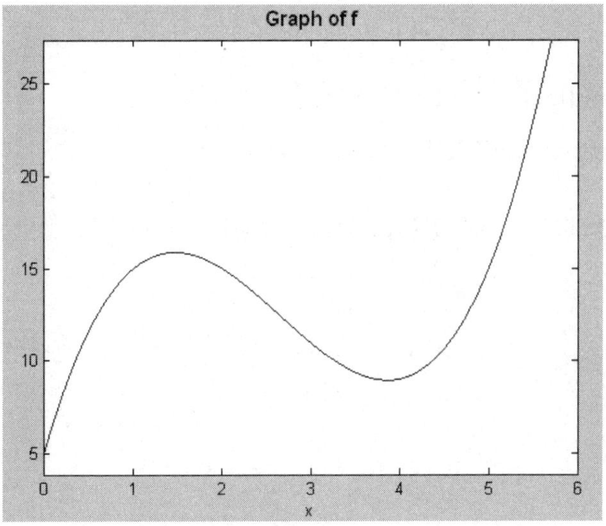

〈그림9〉

출력된 〈그림9〉의 결과에서 극댓값과 극솟값의 위치에 마커 o를 표시하여 보자. 우선,

```
>> df = diff(f)
df =  3*x^2 - 16*x + 17

>> dfsol = solve(df)
dfsol =
 13^(1/2)/3 + 8/3
 8/3 - 13^(1/2)/3
```

와 같이 실행하여 (7)식에 대응하는 심볼릭 객체 f에 대하여

df/dx = 3*x^2 - 16*x + 17 = 0

을 만족하는 해 x을 구하여 변수명 dfsol에 저장하였다. 계속하여,

```
>> fval = simplify(subs(f,dfsol))
fval =
 335/27 - (26*13^(1/2))/27
 (26*13^(1/2))/27 + 335/27

>> hold on
>> plot(double(dfsol),double(fval),'ko')
>> title('₩bf₩fontsize{12} Local max and min')
```

와 같이 실행하면 〈그림9〉에 있는 결과가 〈그림10〉의 결과로 출력된다.

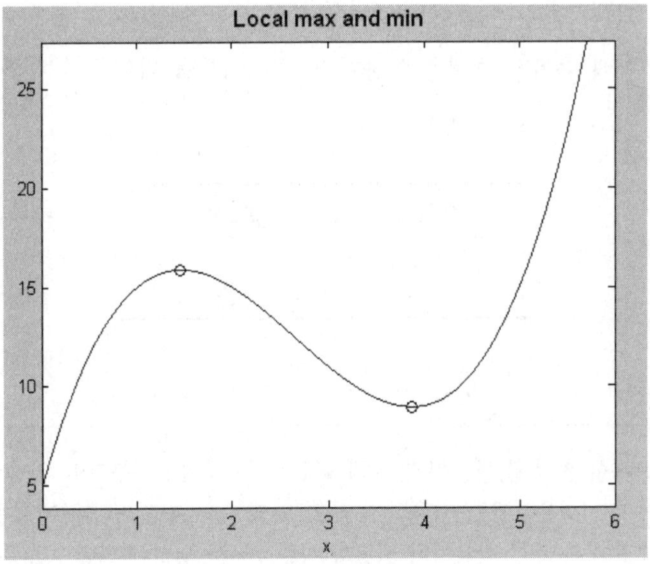

〈그림10〉

출력된 〈그림10〉에서 보듯이 (7)식에서 주어진 함수 f의 극댓값과 극솟값의 위치에 검은색의 마커 o가 출력되었다. 이와 같은 방법을 이용하여 다른 함수의 경우에도 극값의 위치를 표시할 수 있다. 다음 절은 미분방정식 해법에 관한 내용이다.

3.3 미분방정식 풀기 I

이번 절에서는 매틀랩 명령어 dsolve를 이용하여 미분방정식의 해를 구하는 방법에 대하여 알아본다. 먼저 (1)식에 주어진 1계 미분방정식의 해를 구하여 보자.

$$\frac{dy}{dt} = y + e^{2t} \tag{1}$$

다음과 같은 내용을 실행하면 (1)식의 해 y가 변수명 solone에 저장된다.

```
>> solone = dsolve('Dy = y + exp(2*t)')
solone =
exp(2*t) + C2*exp(t)
```

미분방정식의 해를 구하는 매틀랩 명령어는 위와 같이 dsolve이고 풀고자 하는 미분방정식을 입력할 때 아래 주어진 관계를 이용한다. 즉, 미분을 나타내기 위하여 대문자 D를 사용한다.

수식	명령어
$\frac{dy}{dt}$	Dy

〈Remark〉

명령어 dsolve를 이용할 때, 위의 결과 solone은 단일인용부호를 사용한 예이고 다음과 같이 단일인용부호를 사용하지 않고 위의 solone과 똑같은 결과를 구할 수 있다. 즉, 명령어 syms를 이용하여 심볼릭 함수 y(t)를 생성한 뒤에 미분을 나타내기 위하여 대문자 D를 사용하는 것 대신에 명령어 diff을 사용한다.

```
>> clear all, clc
>> syms y(t)
>> solone = dsolve(diff(y) == y + exp(2*t))
solone =
exp(2*t) + C2*exp(t)
```

미분방정식 (1)의 해는 명령어 dsolve에 의하여 미지수 C2가 있는 출력변수 solone에 저장되었다. 출력된 solone의 내용을 좀 더 수식적으로 표현하면

$$\text{solone} = e^{2t} + C_2 e^t \qquad (C_2\text{는 상수})$$

와 같이 쓸 수 있다. 이번에는 (1)에 주어진 미분방정식이 초기치 조건을 가지고 있을 때 해를 구하는 방법에 대하여 알아보자. 예를 들어, (2)식과 같은 초기치 문제의 해를 구하여 보자.

(2) $$\frac{dy}{dt} = y + e^{2t}, \quad y(0) = 1/2$$

다음과 같은 내용을 실행하면 (2)식의 해가 변수명 soltwo에 저장된다.

```
>> soltwo = dsolve('Dy = y + exp(2*t)','y(0)=1/2')
soltwo =
exp(2*t) - exp(t)/2
```

위의 (2)식에서 주어진 초기치 조건에 대응하는 식인

$$y(0) = 1/2$$

가 명령어 dsolve 두 번째 성분에 입력되었고 결과로 얻은 soltwo에는 solone에 존재하였던 상수 C2의 값이 결정된 것을 볼 수 있다. 마찬가지로, 단일인용부호를 사용하지 않고

```
>> clear all, clc
>> syms y(t)
>> soltwo = dsolve(diff(y) == y + exp(2*t), y(0)==1/2)
soltwo =
exp(2*t) - exp(t)/2
```

와 같이 (2)식에 주어진 미분방정식의 해 $y(t)$를 구할 수 있다. 아래와 같이 실행하면 soltwo에 대응하는 그래프를 정의역 $[0, 1]$에서 그릴 수 있다. 출력은 〈그림1〉에 주어졌다.

```
>> ezplot(soltwo,[0 1])
```

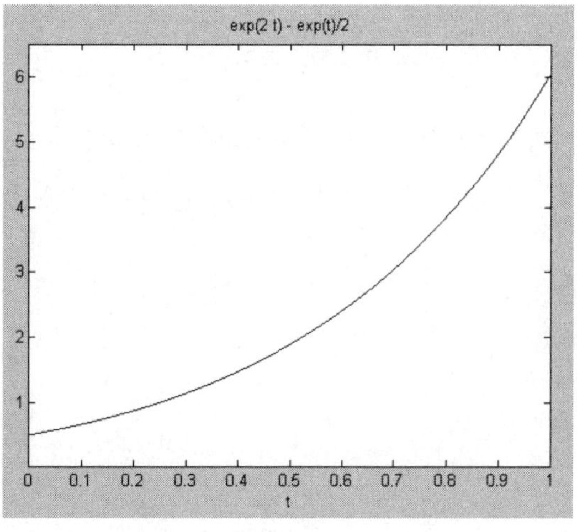

〈그림1〉

위에서 구한 solone과 soltwo에서 보았듯이 명령어 dsolve는 t를 독립변수로 생각한다. 즉, 명령어 dsolve는 실행 시 변수 t를 독립변수로 간주한다. 그러나 독립변수를 사용자가 변경할 수 있다. 명령어 dsolve 실행 시 독립변수가 t가 아니고 x인 경우 아래와 같이 초기치 조건 다음 위치에 'x'를 입력하면 된다. 그 결과 매틀랩은 변수 x에 관하여 미분방정식을 푼다.

```
>> solthr = dsolve('Dy = y + exp(2*x)','y(0)=1/2','x')
solthr =
exp(2*x) - exp(x)/2
```

위에서 얻은 soltwo와 solthr의 결과를 살펴보면 독립변수명만 차이가 있을 뿐 해의 형태는 같다는 것을 알 수 있다.

앞에서 구한 solone을 다음과 같이

```
>> clear all
>> solone = dsolve('Dy = y + exp(2*t)')
solone =
exp(2*t) + C2*exp(t)
```

로 다시 구한 뒤 〈표2〉의 내용을 명령창에서 실행하면

C2 = 1.5, 0.5, -0.5

의 값에 대응하여 세 개의 곡선(= 적분상수 C2에 대응하는 solone)이 얻어진다. 이 세 개의 곡선은 주어진 〈표2〉의 내용에서 plotsol(1), plotsol(2), plotsol(3)에 저장되었다.

〈표2〉

```
stepsize = -1;
jcount = 0
for j = 1.5:stepsize:-0.5
    jcount = jcount + 1
    plotsol(jcount) = subs(solone,'C2',j);
    ezplot(plotsol(jcount),[0 1])
    hold on
end
```

계속하여 〈표3〉의 내용을 명령창에서 실행하면, 명령어 text에 의하여 각 곡선에 대한 부연설명이 입력된다.

〈표3〉

```
text(0.2,double(subs(plotsol(1),'t',0.2)),'₩bullet₩leftarrow C2= 1.5');
text(0.3,double(subs(plotsol(2),'t',0.3)),'₩bullet₩leftarrow C2= 0.5');
text(0.4,double(subs(plotsol(3),'t',0.4)),'₩bullet₩leftarrow C2= -0.5');
title('exp(2t)+C2*exp(t) depending on C2');
```

이러한 과정의 결과로 〈그림4〉의 출력이 구해진다. 참고로, 〈그림4〉에서

$$C2 = -0.5$$

에 대응하는 해의 그래프는 〈그림1〉에서 얻은 결과와 같다는 것을 확인할 수 있다.

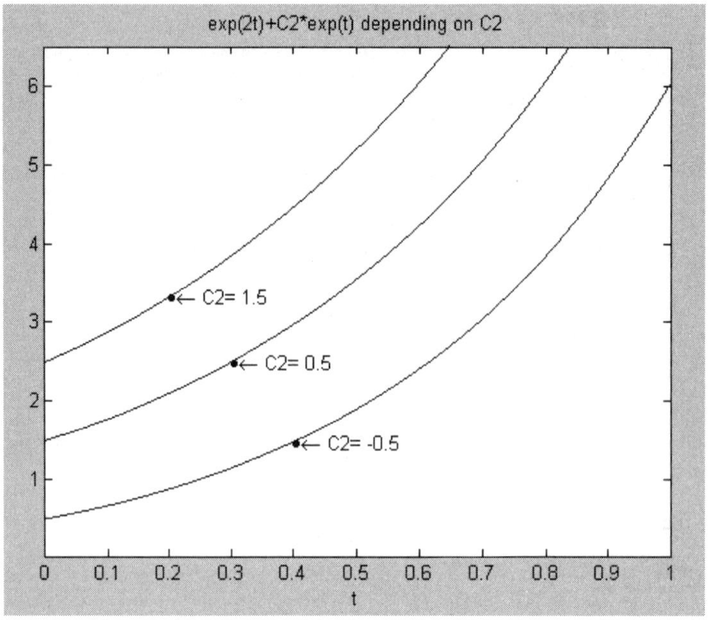

〈그림4〉

출력된 〈그림4〉에서 보듯이 명령어 ezplot에 의하여 생성된 figure에 명령어 text를 이용하여 부연설명(=간단한 수식이나 내용)을 입력할 수 있다. 입력은 기본 매틀랩에서 하는 방법과 같다. 예를 들어, 〈표3〉에서 확인할 수 있듯이

₩bullet과 ₩leftarrow

를 사용하여 〈그림4〉에서 점과 화살표를 각각 출력하였다. 매틀랩은 모든 형태의 수식을 지원하는 문서 편집기는 아니지만 단순한 형태의 여러 가지 기호를 출력할 수 있다. 참고로, 수식과 관련하여 자주 사용되는 기호에 대한 매틀랩 명령어를 〈표5〉, 〈표6〉, 〈표7〉에 제공하였다.

〈표5〉

명령어	기호
₩cap	$\cap$
₩cup	$\cup$
₩forall	$\forall$
₩int	$\int$
₩in	$\in$
₩partial	∂
₩div	$\div$

명령어	기호
₩infty	∞
₩pm	$\pm$
₩leftarrow	$\leftarrow$
₩rightarrow	$\rightarrow$
₩uparrow	$\uparrow$
₩downarrow	$\downarrow$
₩leftrightarrow	$\leftrightarrow$

〈표6〉

명령어	기호
₩alpha	α
₩beta	β
₩gamma	γ
₩delta	δ
₩epsilon	ϵ
₩zeta	ζ
₩eta	η
₩theta	θ
₩vartheta	ϑ
₩iota	ι
₩kappa	κ
₩lambda	λ

명령어	기호
₩mu	μ
₩nu	ν
₩xi	ξ
₩pi	π
₩rho	ρ
₩varsigma	ς
₩tau	τ
₩upsilon	υ
₩phi	ϕ
₩chi	χ
₩psi	ψ
₩omega	ω

〈표7〉

명령어	기호
₩Gamma	Γ
₩Delta	Δ
₩Theta	Θ
₩Lambda	Λ
₩Xi	Ξ
₩Pi	Π
₩Sigma	Σ
₩Phi	Φ
₩Psi	Ψ
₩equiv	$\equiv$
₩cong	$\cong$
₩approx	$\approx$

명령어	기호
₩neq	$\neq$
₩sim	$\sim$
₩supset	$\supset$
₩supseteq	$\supseteq$
₩subset	$\subset$
₩subseteq	$\subseteq$
₩leq	$\leq$
₩geq	$\geq$
₩oplus	$\oplus$
₩otimes	$\otimes$
₩aleph	$\aleph$
₩bullet	$\bullet$

다음으로, 두 개의 초기치 조건을 가진 2계 미분방정식의 해를 구하여 보자.

(3) $$\frac{d^2y}{dt^2} = 2\frac{dy}{dt} - y + t - e^t, \quad y(0) = 0,\ y'(0) = 0$$

위 (3)식에 주어진 미분방정식의 해 y를 구하기 위하여 명령어 dsolve를 이용하는 아래의 내용을 입력하고 실행한다.

```
>> s1 = dsolve('D2y = 2*Dy - y + t - exp(t)','y(0)=0','Dy(0)=0')
s1 =
t*exp(t) - 2*exp(t) + exp(t)*(2*exp(-t) + 2*t*exp(-t) + t^2*exp(-t) + t^2/2)
- t*exp(t)*(t + exp(-t) + t*exp(-t))
```

위의 (3)식에 주어진 미분방정식을 명령어 dsolve에 의하여 해를 구할 때, 〈표8〉의 내용이 이용된다:

〈표8〉

수식	명령어
$\frac{dy}{dt}$	Dy
$\frac{d^2y}{dt^2}$	D2y

계속하여, 다음의 내용을 수행한다.

```
>> s2 = simplify(s1)
s2 =
t - 2*exp(t) - (t^2*exp(t))/2 + t*exp(t) + 2

>> pretty(s2)
                    2
                   t  exp(t)
  t - 2 exp(t) - --------- + t exp(t) + 2
                      2
```

명령어 dsolve 실행 결과로 얻어지는 출력값이 긴 경우 위와 같이 명령어 simplify를 이용하면 단순화된 결과 s2를 얻을 수 있다. 즉, s2에 대응하는 수식이 초기치 문제 (3)식의 해가 된다. 또한, 명령어 pretty를 이용하면 좀 더 한 눈에 들어오는 수식을 볼 수 있지만 위의 결과에서 보듯이, s2에 저장된 수식의 중간에 있는 분수식

$$\frac{t^2\exp(t)}{2}$$

앞에 있는 마이너스 부호의 위치에 주의하도록 한다. 참고로, s2에 저장된 값을 가지고 〈표9〉의 내용을 명령창에서 계속 실행하면 해 s2에 대응하는 그래프를 〈그림10〉과 같이 얻는다.

〈표9〉

```
ezplot(s2,[0 1]);
title('₩bf₩fontsize{12} Graph of y(t)');
text(0.2,-0.6,'₩bf₩fontsize{12} y^{(2)} = 2y^{(1)} - y + t - exp(t)')
```

주어진 〈표9〉의 내용에서, 명령어 ₩bf은 출력되는 내용을 볼드체로 바꾸고 명령어 ₩fontsize를 이용하여 그 크기를 조절할 수 있다는 사실을 다시 한 번 확인한다.

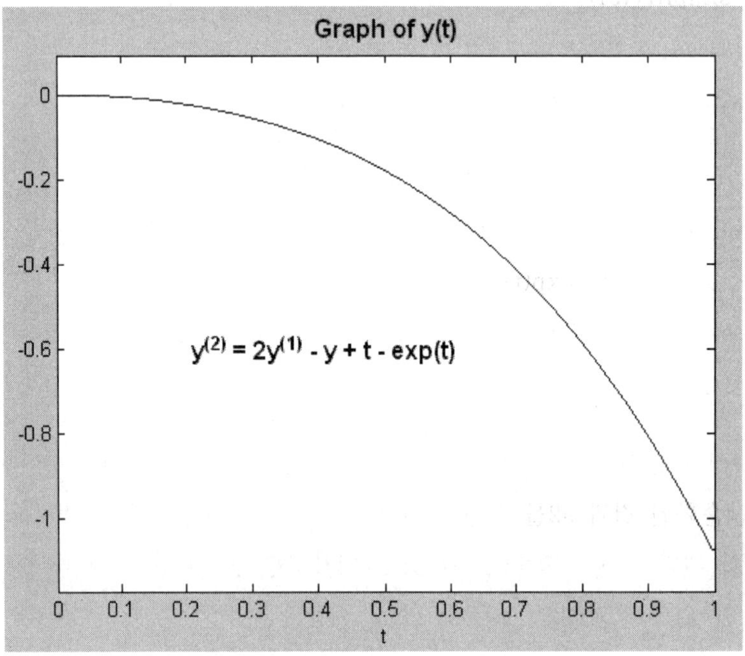

〈그림10〉

다음 절에서는 경계값 문제와 연립 미분방정식을 다룰 것이다.

3.4 미분방정식 풀기 II

다음과 같이 주어진 경계값 문제(Boundary Value Problem)의 해를 구하여 보자.

$$\frac{d^2y}{dt^2} + y = \cos(t),\ 0 \le t \le 1,\ y(0) = 0,\ y(1) = 0 \tag{1}$$

앞 절의 내용을 이해하였다면 위 (1)식의 해를 구하기 위해 아래와 같은 실행을 예측할 수 있다.

```
>> s1 = dsolve('D2y + y = cos(t)','y(0)=0, y(1)=0')
s1 =
cos(3*t)/8 - cos(t)/8 + sin(t)*(t/2 + sin(2*t)/4) - (sin(t)*(cos(3) - cos(1)
+ 4*sin(1) + 2*sin(1)*sin(2)))/(8*sin(1))

>> s2 = simplify(s1)
s2 =
(sin(t)*(t - 1))/2
```

주어진 경계값 문제의 해가 s2에 저장되었다. 출력변수 s1을 명령어 dsolve에 의하여 구할 때, 초기치 조건을 분리하여 입력하여도 같은 결과를 얻을 수 있다. 아래와 같이 실행하여 보자.

```
>> v1 = dsolve('D2y + y = cos(t)','y(0)=0', 'y(1)=0')
>> v2 = simplify(v1)
```

위의 실행으로 구해진 v2의 결과가 앞서 구했던 s2와 동일한 것임을 확인할 수 있을 것이다. 이번에는 (2)식과 같이 초기치 조건을 가진 연립 미분방정식의 해

$$x(t),\ y(t)$$

을 구하여 보자.

(2) $$\frac{dx}{dt} - 2x + y = \cos(t), \quad \frac{dy}{dt} + x - 2y = 2\sin(t),$$

$$x(0) = 1/2, \quad y(0) = 1$$

위 (2)식의 해를 구하기 위하여 다음과 같이 [선택 1]과 [선택 2]의 두 가지 경우로 실행하여 본다. 실행하면서 구해지는 출력 내용 중, 변수 sol.x, sol.y, x, y, x1, x2에 대응하는 수식이 버전에 따라 atan 함수를 이용하여 표현될 수 있다. 먼저, [선택 1]의 내용을 실행하여 본다.

선택 1

```
>> clear all
>> sol = dsolve('Dx-2*x+y = cos(t)','Dy+x-2*y = 2*sin(t)','x(0)=1/2','y(0)=1')
sol =
    y: [1x1 sym]
    x: [1x1 sym]

>> sol.x
ans =
(3*exp(t))/2 - (4*cos(t))/5 - exp(3*t)/5 + sin(t)/10

>> sol.y
ans =
exp(3*t)/5 - (7*cos(t))/10 + (3*exp(t))/2 - (3*sin(t))/5
```

다음으로 [선택 2]의 내용을 실행하여 본다.

선택 2

```
>> clear all
>> [x, y] = dsolve('Dx-2*x+y = cos(t)', ...
                   'Dy+x-2*y = 2*sin(t)','x(0)=1/2','y(0)=1')
x =
(3*exp(t))/2 - (4*cos(t))/5 - exp(3*t)/5 + sin(t)/10

y =
exp(3*t)/5 - (7*cos(t))/10 + (3*exp(t))/2 - (3*sin(t))/5
```

위의 결과에서 보듯이 같은 해(미분방정식 (2)식에 대한)를 출력한다. 부연 설명을 하면, 선택 1 에 의하여 출력된 변수 sol은 struct 형식이고 선택 2 에 의하여 구해진 해는 출력 변수 x, y에 차례로 대응된 것을 볼 수 있다. 선택 1 과 선택 2 의 출력결과를 비교하면 다음과 같은 대응관계를 알 수 있다.

선택 1		선택 2
sol.x	⇔	x
sol.y	⇔	y

위 선택 2 의 내용 중 출력 변수명을 [x, y]에서 [x1, x2]로 변경하여 아래와 같이 실행하여 보자.

```
>> [x1, x2] = dsolve('Dx-2*x+y = cos(t)', ...
                     'Dy+x-2*y = 2*sin(t)','x(0)=1/2','y(0)=1')
x1 =
(3*exp(t))/2 - (4*cos(t))/5 - exp(3*t)/5 + sin(t)/10

x2 =
exp(3*t)/5 - (7*cos(t))/10 + (3*exp(t))/2 - (3*sin(t))/5
```

위의 결과에서 보듯이 똑같은 해가 구해졌지만 이번에는 (2)식에 있는 미분방정식의 해 x, y에 대응하는 변수명이 x1과 x2로 설정되었다. 이와 같은 사실에서도 볼 수 있듯이 명령어 dsolve에 의하여 구해진 미분방정식의 해는 사전식의 순서(Lexicographic Order)로 출력된 후, 그 순서대로 출력 변수명에 저장된다. 이런 이유 때문에

```
[x1, x2] = ...
dsolve('Dx-2*x+y = cos(t)', 'Dy+x-2*y = 2*sin(t)','x(0)=1/2','y(0)=1')
```

와 같이 실행하면 구해진 해(dsolve의 실행 결과로)가 사전식의 순서인 x, y 순서로 출력되고 그 순서대로 출력변수 x1, x2에 저장되었다.

위의 [선택 2]에 의하여 출력된 해 x와 y의 그래프를 그려 보자.

```
>> ezplot(x, [0 1])
>> title('₩bf Graph of x(t)')
```

위와 같이 실행하여 해 x(t)를 보여주는 〈그림1〉을 출력한다.

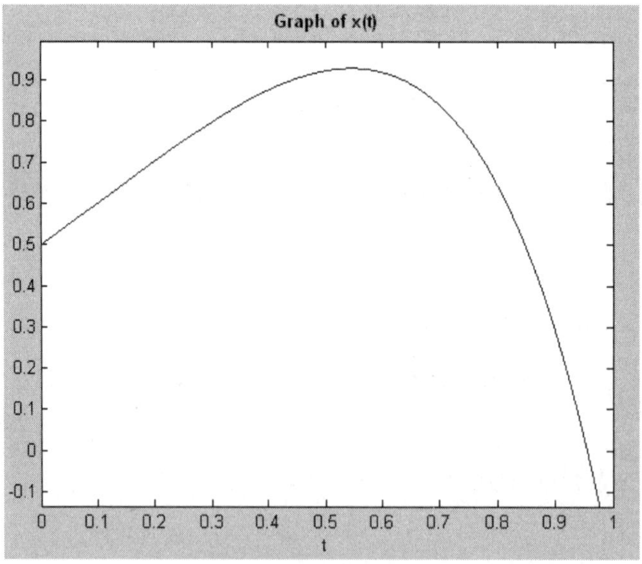

〈그림1〉

계속하여 해 y(t)를 보여주는, 〈그림2〉와 같은 출력을 얻기 위하여 아래의 내용을 실행한다. 명령어 figure를 실행하여 〈그림1〉과 다른 새로운 출력화면을 생성한다.

```
>> figure
>> ezplot(y,[0 1])
>> title('₩bf Graph of y(t)')
```

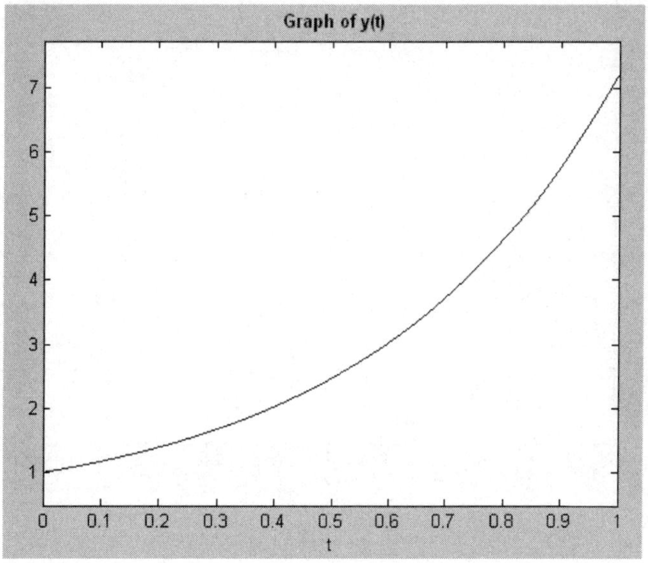

〈그림2〉

위의 〈그림1〉과 〈그림2〉에 있는 각각의 해 $x(t)$, $y(t)$을 비교하기 쉽게 하나의 figure에 함께 그려 보자. 추가적인 명령어를 실행하지 않고 단순히 명령어 ezplot을 반복적으로 사용하면 원래의 그림이 사라지고 새로운 그림이 그려진다. 그러나 다음과 같이 hold on이라는 명령문을 실행하면 이후에 그려지는 그림(ezplot에 의하여)은 하나의 figure에 동시에 나타난다(사실, 3.2절에서 이미 사용해 본 경험이 있다).

```
>> figure
>> hold on
>> ezplot(x,[0 1])
>> ezplot(y,[0 1])
```

```
>> title('\bf Graphs of x(t) and y(t)')
>> axis([0 1 -2 8])
```

위의 내용을 실행하여 해 $x(t)$와 $y(t)$를 함께 보여주는 〈그림3〉을 출력할 수 있다.

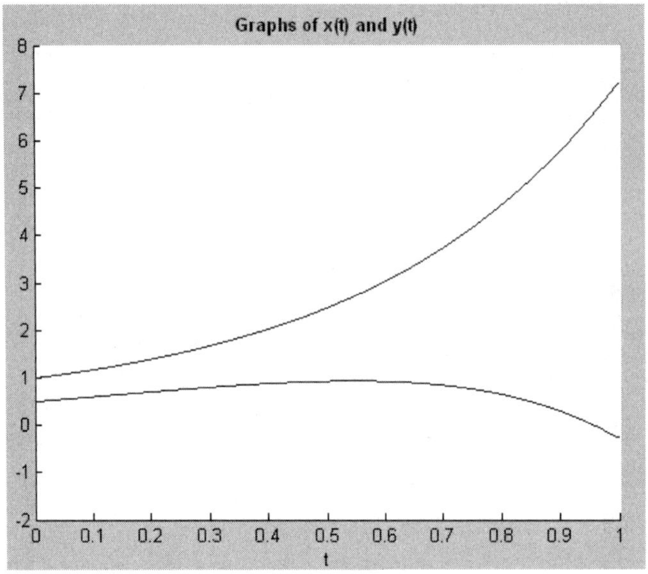

〈그림3〉

명령어 text를 이용하여 〈그림3〉에 그려진 곡선에 대한 설명을 사용자가 추가할 수 있지만, 지금은 아래와 같이 실행하여 곡선을 구별하여 보자(〈그림3〉을 출력 후 다음 내용을 실행한다).

```
>> hd = get(gca,'children');
>> set(hd(1),'linestyle',':')     % dotted line
>> set(hd(2),'linestyle','--')   % dashed line
>> legend('x(t)','y(t)',0)
```

출력변수 hd에 저장된 내용은 버전에 따라 다르다:

(i) R2014a 버전까지: 〈그림3〉에 출력된 두 곡선의 handle인 hd(1)과 hd(2)에는 수치값

(double형)이 저장되어 있다. 즉, hd의 성분은 수치 핸들(numerical handles)이다. 이때, 매틀랩이 적당한 수치값을 hd(1)과 hd(2)에 부여한다.

(ii) R2014b 버전부터: hd의 성분은 수치 핸들이 아니고 Line 객체 핸들(object handles)이다.

명령어 set을 이용하여 선의 모양이 점선과 파선으로 변경되었다. 명령어 legend에 의하여 〈그림4〉에서와 같이 곡선에 대한 구별이 가능하게 되었다. 명령어 legend를 사용할 때에 주의할 점은 그려진 순서에 따라서 내용을 입력해야 한다. 〈그림3〉이 얻어질 때, 하나의 해 x가 먼저 그려지고 그 다음에 해 y가 그려진 것을 기억하자. 이 순서에 대응하여, 첫 번째 곡선에 $x(t)$를 두 번째 곡선에 $y(t)$를 연결시키기 위해서 명령문 legend('x(t)','y(t)',0)을 실행하면 된다. 그 결과로 〈그림4〉와 같이 출력되었다. 매틀랩이 분석 능력이 있어서 각 그래프를 파악하여 곡선에 맞게 $x(t)$와 $y(t)$를 대응시킨 것이 아니다. 출력되는 곡선의 순서를 잘 파악하여 사용자가 그 순서에 맞게 연결시키고 싶은 내용을 명령어 legend 사용 시 입력해야 하는 것이다. 그리고 명령어 legend 옵션에서 0은 문자가 아닌 수(Number)인데 이 수의 값을 바꾸면 〈그림4〉에 있는 그래프 설명박스(파선이 $x(t)$이고 점선이 $y(t)$라는 것을 보여주는)를 특정한 위치에 고정시킬 수도 있다. 위에서 실행한 명령문

```
legend('x(t)','y(t)',0)
```

은 출력되는 그래프와 겹치지 않는 위치에 설명박스를 생성(가능한 한 겹치지 않게)한다. legend 옵션으로 수 대신 문자를 사용할 수도 있다. 예를 들어, 명령문 legend('x(t)', 'y(t)',0)의 실행결과를 명령문

```
legend('x(t)','y(t)','Location','Best')
```

에 의하여 구할 수도 있다. 다른 예로, 명령문

```
legend('x(t)','y(t)','Location','NorthWest')
```

은 명령문 legend('x(t)','y(t)',2)의 결과와 같고 그 결과 내용은 figure 왼쪽 상단에 설명박스를 출력하는 것이다. 자세한 내용은 doc legend를 참고하면 된다.

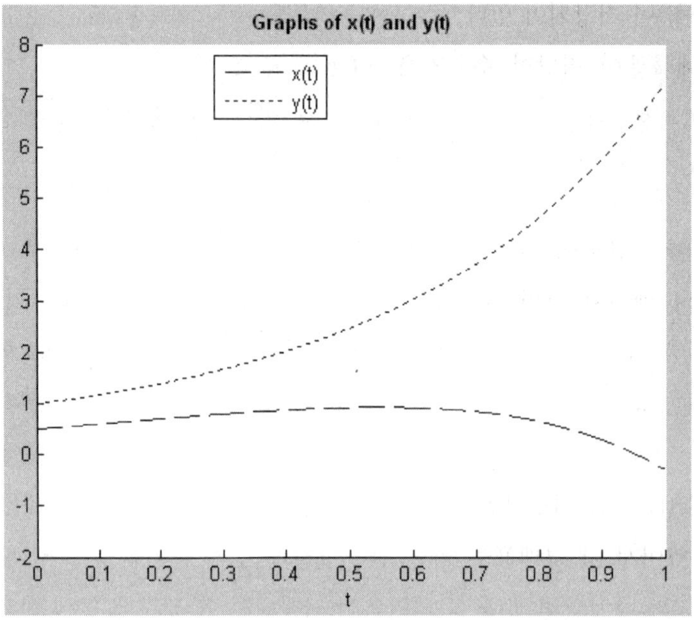

〈그림4〉

주어진 〈그림4〉에 있는 결과를 〈그림1〉과 〈그림2〉에서 구한 결과와 비교하여 보면 일치하는 것을 알 수 있다. 〈그림1〉과 〈그림4〉에 있는 $x(t)$의 그래프가 아주 다르게 보일 수 있으나 y-축 범위가 서로 다르기 때문에 일어난 현상일 뿐 같은 그래프이다.

어떤 현상을 해석하여 그 속에 숨어 있는 미분방정식을 만들어 내는 것은 쉬운 작업이 아니다. 다행스럽게도 어떤 경우에는 물리적 법칙을 이용하여 미분방정식을 유도해낼 수 있는데 그 다음으로 제기되는 질문은

이 미분방정식의 해를 구할 수 있는가?

이다. 매틀랩이 미분방정식의 해를 제공하는 명령어 dsolve가 있지만 모든 종류의 미분방정식 해를 제공하는 것은 아니다. 다음과 같은 내용을 살펴보면서 미분방정식의 이론해(Exact)를 구할 수 없을 때 어떻게 접근할 수 있는지 알아보자.

자연 속에서 살아가는 동물의 개체 수는 서로 적절한 상관관계를 가져야 공존이 가능하

다. 어떤 종은 포식자의 위치에 있고 다른 어떤 종은 먹이 관계에 놓여서 살아간다. 생태계 먹이사슬 관계에서 볼 때, 어떤 종의 갑작스런 개체 수 증가나 감소는 반드시 다른 종의 개체 수에 영향을 미치고 나아가 그 지역의 생태계 질서를 불안하게 할 수 있다. 포식자와 먹이사슬 관계에 있는 어떤 동물 개체 수는, 출생률과 사망률 관계에 의하여 표현된 미분방정식의 해를 구하여 알 수 있게 되었다. 동물 개체 수와 관련된 연구는 긴 시간이 필요하지만 동물 개체 수와 관련된 포식자-먹이 미분방정식의 해를 구한다면 현재의 개체 수를 활용하여 미래의 개체 수를 빠른 시간 내에 분석할 수 있다. 이러한 분석을 토대로 어떤 동물의 복잡한 생존 문제를 좀 더 쉽게 다루는 것이 가능하다.

다음은 포식자-먹이 미분방정식의 한 예이고 미분방정식의 해 x, y는 각 종의 개체 수를 의미한다.

$$(3) \qquad \frac{dx}{dt} = 3x - 0.002xy, \qquad \frac{dy}{dt} = 0.0006xy - 0.5y$$

위의 (3)식에 주어진 미분방정식의 해를 구하기 위하여 명령어 dsolve를 이용하여 보자.

```
>> [x, y] = dsolve('Dx = 3*x-0.002*x*y','Dy = 0.0006*x*y - 0.5*y')
```

매틀랩은 (3)식에 주어진 미분방정식의 해를 구할 수 없다는 메시지를 보여준다. 독자는 자신의 컴퓨터 화면 명령창에서 이러한 결과를 확인할 수 있다. 이와 같이, 명령어 dsolve에 의하여 미분방정식의 이론해를 구할 수 없는 경우(또는 이론적으로 미분방정식의 해를 찾아낼 수 없는 경우)가 발생할 수 있다. 이때, 다음으로 생각하여 볼 수 있는 과정은 미분방정식에 대한 수치해(또는 근사해)를 구해보는 것이다. 수치해가 어떻게 구해질 수 있는지 다음 절에서 알아보자.

3.5 상미분방정식 solver I

상미분방정식에 대한 매틀랩 solver인 ode45에 관하여 이번 절과 다음 절에서 알아보자.

사실, 명령어 ode45의 출력 결과는 심볼릭 수식이 아니다. 그렇지만 심볼릭 연산으로도 구하지 못하는 미분방정식의 해를 명령어 ode45로 접근할 수 있기 때문에 그 사용방법을 소개하고자 한다. 또한, 명령어 ode45의 사용법에 대하여 잘 알아두면 유용하게 이용될 수 있다. 다른 상미분방정식 solver와 비교 시, ode45는 상대적 정확도가 높은 수치해(또는 근사해)를 제공하여 준다. 특별히, 사용자가 독자적으로 어떤 상미분방정식의 solver를 개발하였다고 가정하자. 이런 경우, 자신이 개발한 solver를 설명할 때에도 명령어 ode45에 의한 결과와 비교 설명을 하면 설득력 있는 주장이 될 수 있다. 참고로, 명령어 ode45는 이론적으로 4차와 5차 Runge-Kutta Method를 적용한 알고리듬이다[DOR].

우선, (1)식과 같이 초기치 조건이 주어진 미분방정식

(1) $$t^2\frac{dy}{dt}+2y^2=ty,\quad y(1)=1$$

의 수치해를 구하기 위하여 명령어 ode45를 이용할 것이다. 명령어 ode45에 미분방정식을 전달하기 위하여 위의 (1)식을

(2) $$\frac{dy}{dt}=f(t,y)$$

의 형식으로 변경한다. 그 결과로 (1)식에서 주어진 미분방정식은

(3) $$\frac{dy}{dt}=\frac{y}{t}-2\left(\frac{y}{t}\right)^2$$

와 같이 변경되었고 (2)식의 $f(t,y)$에 대응하는 (3)식에서의 수식

$$\frac{y}{t}-2\left(\frac{y}{t}\right)^2$$

을 아래와 같이 anonymous 함수 ydiff로 생성하였다.

```
>> clear all
>> ydiff = @(t, y) y/t - 2*(y/t)^2
ydiff =     @(t,y)y/t-2*(y/t)^2
```

계속하여, 다음의 내용을 실행한다.

```
>> [t, y] = ode45(ydiff, [1 2], 1)
```

위의 실행으로 변수 t와 y는 각각 열벡터로 출력된다. 변수 t에는 〈표1〉의 첫 번째 열과 같이 정의역 [1 2]에서 명령어 ode45가 선택한 점(Points)의 값이 출력된다. 변수 t의 값에 대응하는 수치해(명령어 ode45에 의한)가 변수 y에 전달되고 그 결과는 〈표1〉의 두 번째 열의 내용과 같다.

〈표1〉

t	y
1.0000	1.0000
1.0250	0.9768
1.0500	0.9566
1.0750	0.9392
1.1000	0.9239
⋮	⋮
1.9500	0.8349
1.9750	0.8365
2.0000	0.8381

계속하여 아래의 내용을 실행하면 〈표1〉에서 주어진 수치해에 대응하는 그래프를 〈그림 2〉에서 볼 수 있다.

```
>> plot(t,y)
>> xlabel('₩bf x')
>> ylabel('₩bf y')
>> title('₩bf Numerical Solution of (1)')
```

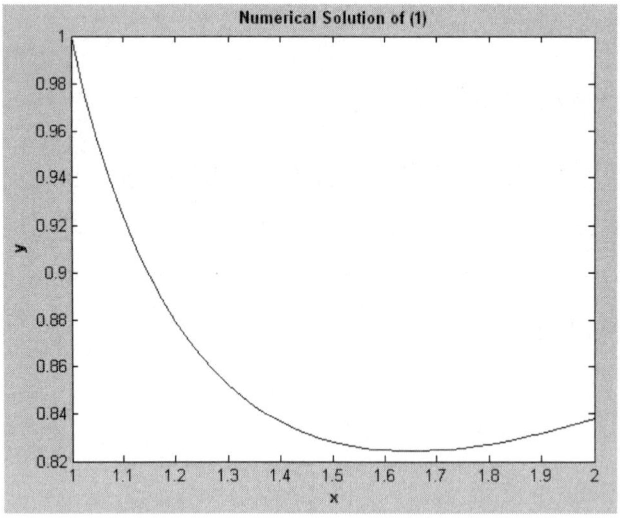

〈그림2〉

위의 (1)식에서 주어진 미분방정식의 이론해를 다음과 같이 dsolve를 이용하여 구해보자.

```
>> sol = dsolve('Dy = y/t - 2*(y/t)^2','y(1)=1')
sol =t/(2*log(t) + 1)

>> sols = simplify(sol)
sols =t/(2*log(t) + 1)

>> ezplot(sols,[1 2])
```

출력변수 sols에는 (1)식에 있는 미분방정식의 이론해가 저장되었고 이 해의 그래프가 〈그림3〉에 주어졌다(명령문 ezplot(sols,[1 2])의 결과). 〈그림2〉와 〈그림3〉에 주어진 각각의 그래프를 비교하여 보면 거의 같은 것을 볼 수 있다. 하나의 보기에 불과하지만 이러한 비교를 통해, 명령어 ode45에 의하여 구해진 수치해가 상당히 정확할 것이라는 사실을 예측할 수 있다.

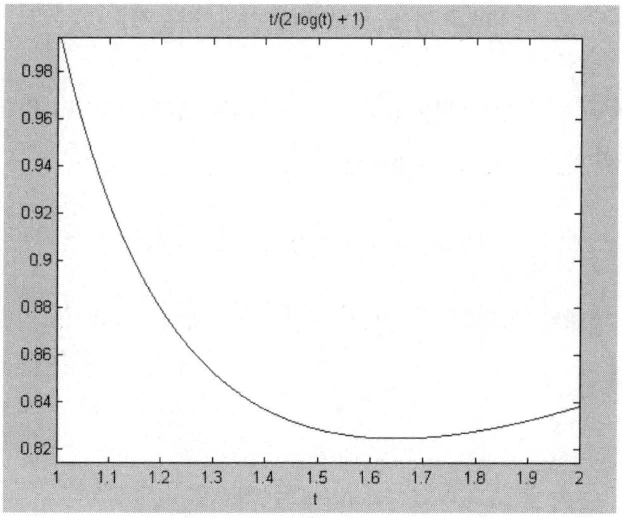

〈그림3〉

명령어 ode45의 사용법을 요약하면 다음과 같다.

- [t, y] = ode45(ODE, [tmin tmax], y(tmin))

\- ODE

미분방정식을 $\frac{dy}{dt} = f(t, y)$의 형태로 변경하고 수식 $f(t, y)$에 대응하는 함수 핸들(Function Handle)을 ODE의 위치에 입력한다.

\- [tmin tmax]

t의 범위가 $a \leq t \leq b$인 경우, [tmin tmax]=[a b]로 입력한다.

\- y(tmin)

t의 범위가 $a \leq t \leq b$인 경우에 주어진 미분방정식 해의 초기값이 입력된다. 만약에, $y(a) = k$인 경우 y(tmin)의 자리에 k를 입력한다.

정의역 $[a, b]$가 주어졌을 때 〈표1〉의 1열에서와 같이 매틀랩이 자동적으로 정의역을 분할(노드점 생성)하면 편할 것 같지만, 어떤 경우에는 사용자가 불편할 수 있다. 즉, 사용자가 원하는 위치에 노드점을 생성(정의역 $[a, b]$에서)하고 싶으면 어떻게 해야 할까?

프로그램을 새로 만들어야 하는가?

그럴 필요 없다. 이러한 경우에는 명령어 ode45의 두 번째 인자 [tmin tmax]를 조절하면 된다. 즉, 두 번째 인자 [tmin tmax]를

$$[\text{tmin tmax}] = [t_1, t_2, \ldots, t_n]$$

와 같이 벡터의 형태로 입력할 수 있고 이런 경우 명령어 ode45는 사용자가 선택한 정의역 내의 노드점

$$t = t_1, \ t_2, \ldots \ , t_n$$

에 대응하는 수치해를 출력한다. 예를 들어, 앞의 내용

```
ydiff=@(t,y)y/t - 2*(y/t)^2
```

을 이용하여 다음과 같이 배열 변수 tval을 생성한 뒤 계속 실행하여 보자.

```
>> tstep = 0.2;
>> tval = 1:tstep:2
tval =    1.0000    1.2000    1.4000    1.6000    1.8000    2.0000

>> [t1, y1] = ode45(ydiff,tval,1)
t1 =
    1.0000
    1.2000
    1.4000
    1.6000
    1.8000
    2.0000
y1 =
    1.0000
    0.8794
```

0.8368

0.8247

0.8274

0.8381

위의 결과에서 보듯이 사용자가 선택한 정의역 내의 6개 노드점

$$t = 1,\ 1.2,\ 1.4,\ 1.6,\ 1.8,\ 2.0$$

에 대응하는 수치해가 구해졌다. 이와 같이 사용자가 원하는 방식으로 두 번째 인자 [tmin tmax]를 조절(노드점의 위치와 총 개수를 조절)하여 대응하는 수치해를 출력할 수 있다.

3.6 상미분방정식 solver II

앞서 3.4절에서 소개하였지만 명령어 dsolve로 해(Exact)를 구하지 못했던 아래 (1)식과 같은 연립 미분방정식(초기치 조건 $x(0)=1000,\ y(0)=500$을 가진)을 명령어 ode45로서 x, y에 대한 수치해를 구하고 또한 그 수치해에 대응하는 그래프까지 그려 보자.

(1)
$$\frac{dx}{dt} = 2x - 0.002xy, \quad \frac{dy}{dt} = 0.0006xy - 0.8y,$$
$$x(0) = 1000, \quad y(0) = 500$$

위의 (1)식에서 변수 x, y와 수(Number)가 의미하는 것은 (2)식과 같은 미분방정식으로 대상을 바꾸어 설명할 수 있다[CHA]:

(2)
$$\frac{dx}{dt} = ax - bxy, \quad \frac{dy}{dt} = dxy - cy$$

- x = 먹이의 개체 수
- y = 포식자의 개체 수
- a = 먹이의 성장률

- b = 먹이의 사망과 관련된 상수값
  (포식자와 먹이의 개체 수의 곱에 비례하는)
- c = 포식자의 사망률
- d = 포식자의 성장률과 관련된 상수값
  (포식자와 먹이의 개체 수의 곱에 비례하는)

위의 (1)식에 주어진 미분방정식의 수치해를 구하기 위하여, 먼저 〈표1〉에서와 같이 함수형 M-파일(=fdy.m)을 만들어 저장한다. 먹이의 개체 수 x와 포식자의 개체 수 y가 M-파일 fdy.m에서 y(1)과 y(2)에 각각 대응되었다. 즉,

y(1) = 먹이의 개체 수 = x
y(2) = 포식자의 개체 수 = y

〈표1〉 fdy.m

```
function getfdy = fdy(t, y)
  getfdy = [ 2*y(1) - 0.002*y(1)*y(2); ...
           -0.8*y(2) + 0.0006*y(1)*y(2) ];
end
```

수치해를 구하기 전에 M-파일에 관한 내용을 간략히 정리하여 보자. 이 책에서는 Script Mode M-파일과 Function Mode M-파일을 각각 스크립트 M-파일, 함수형 M-파일로 부른다. 스크립트 M-파일에는 정해진 형식이 없고 실행에 필요한 명령어를 입력한 뒤에 확장자 m으로 저장(=파일명.m)하면 된다. 간단한 예로, 1.6절에서 생성한 moreOnOff.m은 하나의 스크립트 M-파일이다. 반면, 함수형 M-파일에는 지켜야 할 규칙이 있는데 다음과 같은 형식의 정의부를 파일 내용 이전에 반드시 써야 한다.

```
function [출력변수명1, ... ,출력변수명n]=함수명(입력변수명1, ... ,입력변수명m)
```

위와 같이 정의부를 적고 그 아래에 모든 내용을 입력한 뒤 파일의 끝에 end를 적는다.

함수형 M-파일의 끝에 적는 end를 경우에 따라서 생략할 수도 있는데 특별한 이유가 없는 한 end를 쓰도록 한다. 이후 1.6절에서 moreOnOff.m을 생성할 때와 비슷하게 함수형 M-파일을 만들면 된다. 즉, 매틀랩 Editor에서 함수 정의부를 포함한 필요한 내용을 입력하고 함수명.m의 형식으로 저장하면 된다. 〈표1〉에 주어진 함수형 M-파일 fdy.m의 경우 두 개의 입력 변수명 t와 y, 하나의 출력 변수명 getfdy가 선언되었다.

위 〈표1〉에 주어진 M-파일을 가지고 있는 폴더의 위치에서 다음과 같이 〈표2〉의 내용을 실행하여(명령창에서) 보자.

〈표2〉

```
>> tstep = 0.05;
>> tval = 0:tstep:4;
>> [t, y] = ode45(@fdy,tval,[1000 500]);
>> g1 = plot(t,y(:,1),'k-'); set(g1,'linewidth',2);
>> hold on
>> g2 = plot(t,y(:,2),'r:'); set(g2,'linewidth',3);
>> legend('prey','predator',0);
>> title('₩bf{Predator-Prey Eq}','fontsize',20);
```

위의 실행 내용을 보면, 연립 미분방정식 (1)의 초기치 조건

$$x(0) = 1000,\ \ y(0) = 500$$

에 해당하는 내용이 〈표2〉에서 3번째 줄에 있는 명령어 ode45의 세 번째 인자(또는 성분)로서 [1000 500]과 같이 입력되었다. 이때, 초기치 조건은

먹이의 초기 개체 수 = 1000, 포식자의 초기 개체 수 = 500

와 같은 내용으로 볼 수 있다. 〈표2〉의 모든 내용을 실행하면 그 결과로 〈그림3〉과 같은 출력을 얻는다.

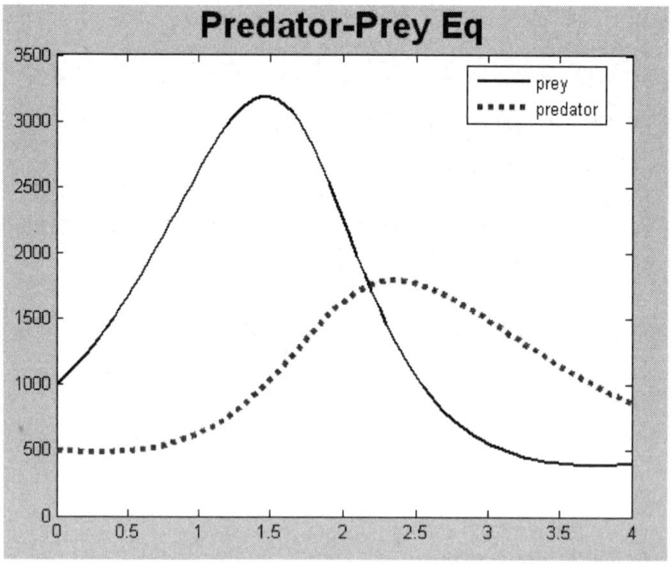

〈그림3〉

출력된 〈그림3〉에서 정의역의 단위를 year로 간주하면, 관찰을 시작한 지 4년 후 먹이와 포식자의 개체 수가 어떻게 될지를 알 수 있다. 이와 같은 결과는 수치해이므로 어느 정도의 오차를 예상하여야 한다. 그러나 dsolve에 의하여 해를 구할 수 없을 때와 비교하면 〈그림3〉의 결과와 같이 구해진 근사해(수치해)는 자연에 존재하는 먹이사슬 관계 분석에 큰 도움을 줄 수 있다.

앞 절에서는 미분방정식이 하나일 경우에 명령어 ode45를 사용하였고 이번 절에서는 앞의 (1)식과 같이 주어진 두 개의 미분방정식에 대한 수치해를 구하여 보았다. 이러한 내용은, $a \le t \le b$ 일 때 다음과 같이 n개의 초기치 조건

$$y_1(a) = k_1,\ \ y_2(a) = k_2,\ \dots\ ,\ y_n(a) = k_n$$

을 가진 n개의 미분방정식

$$\frac{dy_1(t)}{dt} = f_1(t, y_1(t), y_2(t), \dots, y_n(t)),$$

(3) $$\frac{dy_2(t)}{dt} = f_2(t, y_1(t), y_2(t), \dots, y_n(t)),$$
$$\vdots$$
$$\frac{dy_n(t)}{dt} = f_n(t, y_1(t), y_2(t), \dots, y_n(t))$$

의 수치해를 구하는 방법으로 확장될 수 있다. 아래에는 명령어 ode45의 추가 설명이 주어진다.

- 명령어 ode45의 사용법(위 (3)식과 같은 연립 미분방정식에 대한)

```
[t, y] = ode45(ODE, [tmin tmax], y(tmin))
```

- 첫 번째 인자 ODE

  위의 (3)식과 같이 n개의 연립 미분방정식이 주어진 경우로 가정한다. 이때, (3)식에 있는 각 방정식의 오른쪽에 위치한

$$f_1(t, y_1, y_2, \dots, y_n),$$
$$f_2(t, y_1, y_2, \dots, y_n),$$
$$\vdots$$
$$f_n(t, y_1, y_2, \dots, y_n)$$

  에 대응하는 수식을 위의 M-파일 fdy.m에서 한 것과 동일한 방식으로, 함수형 M-파일로 생성하여 저장(파일명 Sysfdy.m로 가정)한다. 파일 Sysfdy.m 생성 뒤에 명령어 ode45의 첫 번째 인자 ODE의 위치에 함수 핸들의 형식인 @Sysfdy로 입력한다.

- 두 번째 인자 [tmin tmax]

  [tmin tmax]의 사용방법은 앞과 동일하다. 3.5절의 내용을 참고한다.

- 세 번째 인자 y(tmin)

  y(tmin)는 해의 초기값 입력으로 (3)식의 초기치 조건

$$y_1(a)=k_1,\ \ y_2(a)=k_2,\ \dots,\ y_n(a)=k_n$$

에 입각하여

$$\begin{aligned}\text{y(tmin)} &= [y_1(tmin), y_2(tmin), \dots, y_n(tmin)] \\ &= [k_1, k_2, \dots, k_n]\end{aligned}$$

와 같은 형식으로 입력된다. 즉, n개의 수치해에 대한 n개의 초기값이다. 예를 들어, (1)식에서는 두 개의 미분방정식이 주어졌고 두 개의 초기값이 주어졌다. 〈그림3〉의 결과를 주는 〈표2〉의 내용에서 아래 실행문

```
>> [t, y] = ode45(@fdy,tval,[1000 500]);
```

의 세 번째 인자가 [1000 500]의 형식을 가지고 있는 이유를 알 수 있을 것이다.

다음 내용은 명령어 ode45를 사용 시 활용할 수 있는 옵션에 대하여 알아보자.

- 명령어 ode45의 추가인자 지정(options 관련)

```
[t, y] = ode45(ODE, [tmin tmax], y(tmin), options)
```

– 네 번째 인자 options
명령어 ode45의 네 번째 인자에 options을 사용할 수 있다. 명령창에서 다음을 수행하면

```
>> odeset
        AbsTol: [ positive scalar or vector {1e-6} ]
        RelTol: [ positive scalar {1e-3} ]
          ⋮
```

와 같이 options에서 정할 수 있는 내용이 출력된다. 출력된 내용에서 Property 이름과 대응하는 초기값(Default)을 볼 수 있다. 예를 들어, Property 이름 중에 하나인 RelTol은 상대 오류 허용오차(Relative Error Tolerance), 즉 상대오차와

관련되고 초기치가 1e-3로 설정되어 있다. 이 값을 변경하고 싶으면, 명령어 odeset를 사용하는 다음의 내용을 수행하여

```
>> options = odeset('RelTol',0.1)
 options =
              ⋮
        RelTol: 0.1000
              ⋮
```

와 같이 상대오차(RelTol)의 값을 0.1로 변경할 수 있다. 즉, 〈표2〉에서 3번째 줄에 있는 실행문

```
>> [t, y] = ode45(@fdy,tval,[1000 500]);
```

대신에 아래의 내용

```
>> options = odeset('RelTol',0.1)
>> [t, y] = ode45(@fdy,tval,[1000 500], options);
```

으로 실행되면 상대오차(RelTol)가 0.1로 변경되어 계산된다. 한편, 다른 Property 이름인 AbsTol은 절대 오류 허용오차(Absolute Error Tolerence), 즉 절대오차를 의미한다. 이때, 위에서 설명한 상대오차와 함께 명령어 ode45는 정의역의 각 노드점(또는 분할점)에서 수치해를 구하기 위하여 local error를 계산할 때 이 둘의 오차값을 이용한다. 즉, 수치해의 i-성분이 $y(i)$ 이고 대응하는 local error를 $e(i)$ 라고 할 때, ode45는 아래 (4)식이 만족될 때까지 step size(정의역에서 노드사이 간격)의 크기를 줄인다.

(4) $$|e(i)| \le \max\ (\text{RelTol} \times \text{abs}(y(i)),\ \text{AbsTol})$$

보통의 경우, 이미 설정되어 있는 상대오차와 절대오차의 초기값인

RelTol = 1e-3, AbsTol = 1e-6

을 변경없이 사용하여도 상당히 정확한 수치해가 구해진다. 경우에 따라서, 상대오차

와 절대오차의 값을 변경할 수 있다. 예를 들어, 수치해의 크기가 AbsTol의 값보다 작은

$$|y| < \text{AbsTol}$$

의 경우 수치해 y의 각 성분 $y(i)$에서 올바른 유효숫자를 갖기 위해서는 AbsTol의 값을 충분히 작게 설정해야 할 상황이 발생할 수도 있다.

이번 절 앞부분에서 주어진 (2)식에서 a,b,c,d의 값이 변하는 경우 〈표2〉의 내용을 실행하기 위해서는, 매번 fdy.m에서 a,b,c,d에 대응하는 값을 먼저 변경(이번 절 앞부분에 주어진 〈표1〉 참조)하고 M-파일 fdy.m을 다시 저장해야 한다. 이런 환경은 사용하기에 불편하고 실수도 발생하기 쉽다. 따라서 프로그램이 실행되면 a, b, c, d의 값을 화면에서 직접 입력받고 그 값에 의존하여 결과가 나오도록 작성하여 보자. 이런 목적을 위하여 〈표4〉와 같이 함수형 M-파일 fdy2.m을 작성한다. 〈표1〉에 있는 fdy.m의 기존 입력인자 t, y에 입력인자 a, b, c, d가 새로이 추가되어 fdy2.m이 생성(M-파일 fdy.m에 있던 상수값이 입력인자 a, b, c, d로 변경)된 것을 확인하시오.

〈표4〉 fdy2.m

```
function getfdy2 = fdy2(t, y, a, b, c, d)
  getfdy2 = [ a*y(1)-b*y(1)*y(2); ...
            -c*y(2) + d*y(1)*y(2) ];
end
```

매틀랩 Editor를 이용하여 M-파일 fdy2.m을 저장하고 이 파일이 존재하는 폴더(또는 디렉토리)에서 〈표5〉의 내용을 실행한다.

〈표5〉

```
clear all
myprompt = { 'Input a','Input b', 'Input c','Input d'};
mytitle = 'Input the values'
numlines = 2;
mydefault = {'2.5','0.002','0.75','0.0016'};
myanswer = inputdlg(myprompt,mytitle,numlines, mydefault);
a = str2double(myanswer{1}); b = str2double(myanswer{2});
c = str2double(myanswer{3}); d = str2double(myanswer{4});
[t, y] = ode45(@fdy2,[0 4],[1000 500],[], a, b, c, d);
g1 = plot(t,y(:,1),'k-'); set(g1,'linewidth',2);
hold on
g2 = plot(t,y(:,2),'r:'); set(g2,'linewidth',3);
legend('prey','predator',0);
title('₩bf{Predator-Prey Eq}','fontsize',20);
```

주어진 〈표5〉의 내용을 실행하면 〈그림7〉의 그래프 출력이 나오기 전에 〈그림6〉과 같은 입력창이 화면에 나타난다.

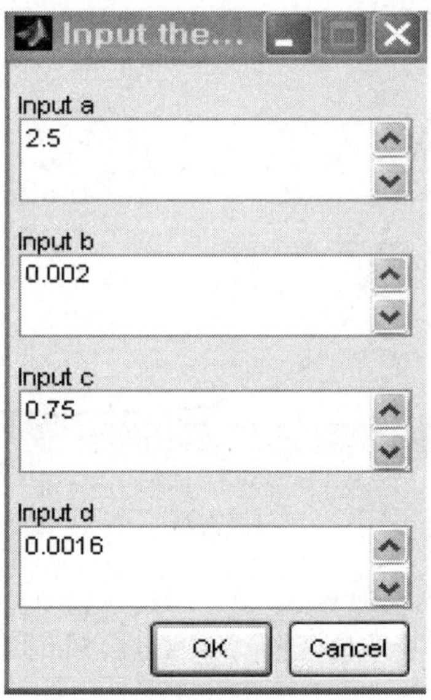

〈그림6〉

주어진 〈그림6〉의 입력창에서 a, b, c, d의 값을 변경하지 않고 OK를 선택하면 〈그림7〉의 결과를 볼 수 있다. 상수 a, b, c, d의 값을 변경하고 싶으면 〈그림6〉의 입력창이 화면에 나올 때,

(i) 변경을 원하는 항목을 마우스로 선택
(ii) 선택한 항목에 직접 입력
(iii) OK를 선택

의 순서로 하면 된다. 그 결과로 변경된 a, b, c, d의 값에 대한 다른 결과를 얻게 된다. 사실, 〈그림3〉과 〈그림7〉을 비교하여 보아도 그 출력 그래프의 모양이 다른 것을 알 수 있다. a, b, c, d의 값이 변경되었기 때문이다. 〈표5〉의 내용을 보면 명령어 inputdlg가 있는데 이 명령어에 의하여 〈그림6〉과 같은 입력창이 생성되었다.

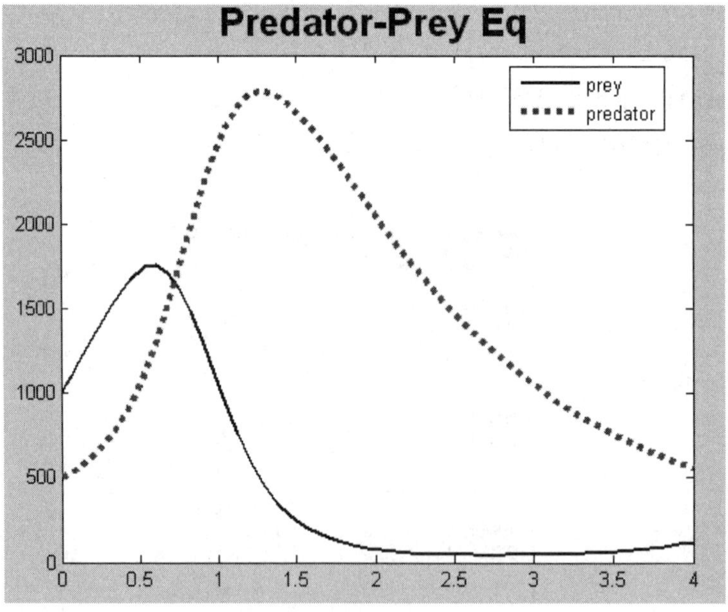

〈그림7〉

다음으로 〈그림7〉과 같은 출력을 보여주는 〈표5〉의 내용을 좀 더 자세히 알아보자.

• 〈표5〉의 내용 이해

- 명령어 inputdlg에 의하여 입력된 데이터는 모두 문자형으로 출력되기 때문에 입력 데이터가 문자가 아니고 수(Number)인 경우에는 〈표5〉에서와 같이 명령어 str2double을 이용하여 수로 변경하여야 한다. 예를 들어, 〈표5〉에 있는 다음의 실행문을 해석하여 보자.

```
a = str2double(myanswer{1});
```

- 해석: 〈그림6〉의 입력창 첫 번째 항목에서 입력된 a의 값(=2.5)이 myanswer{1}에 문자형으로 저장되므로 명령어 str2double을 이용하여 수로 변경하고 변수명 a에 저장하였다.

- 명령어 ode45를 사용할 때 네 번째 인자인 options에 대하여 어떤 변경사항이 없다면, 다음의 (5)식과 같이 options의 자리에 []를 입력하면 된다(즉, []를 입력하면 options의 초기값으로 설정됨):

(5) [t, y] = ode45(@fdy2,[0 4],[1000 500],[], a, b, c, d);

또한, 위의 실행문(주어진 〈표5〉의 9번째 줄)으로 a, b, c, d의 값이 함수형 M-파일 fdy2.m에 전달된다. 위 (5)식의 일반적 형식을

(6) [t, y] = ode45(ODE, [tmin tmax], y(tmin), options, c1, c2, ... , cn)

라고 가정하면, 함수 핸들 ODE에

(i) 두 번째 인자 [tmin tmax]와 세 번째 인자 y(tmin)에 대응하는 값
(ii) 입력인자 c1, c2, ... , cn에 대응된 값

들이 전달된다. 위의 (6)식에 주어진 명령문이 실행되기 전에 함수 핸들 ODE와 관련이 있는 함수형 M-파일은, 반드시 입력인자 c1, c2, ... , cn에 대응하는 내용이 선언되어 있어야 한다.

- 〈그림6〉과 같이 출력된 입력창에서 데이터는 〈표5〉의 다섯 번째 줄에 있는 cell 변수 mydefault에 의하여 입력되었다. 그러므로 〈그림6〉에서 보이는 초기값을 변경하고 싶으면 mydefault에 할당된 값을 변경하면 된다.

다음 절에서는 고계 미분방정식의 해법에 대하여 알아본다.

3.7 고계 미분방정식 해법

역학의 도움을 받아 물리적 또는 공학적 현상을 설명할 수 있고 수학적 모델링으로 수식화가 가능하기도 하다. 이때, 그 결과의 형태가 고계 미분방정식이 되어 심볼릭 연산으로 해를 구할 수 있는 경우가 발생하기도 있다. 그러나 심볼릭 연산을 이용하여 해를 구하지 못하는 경우 수치적 방법에 의한 해(수치해)를 생각한다.

다음과 같이, $a \le t \le b$에 대하여 초기치를 가진 n계 미분방정식

$$\frac{d^n y(t)}{dt^n} = f\left(t, y(t), \frac{dy(t)}{dt}, \frac{d^2 y(t)}{dt^2}, \ldots, \frac{d^{n-1} y(t)}{dt^{n-1}}\right) \tag{1}$$

이 주어졌다고 가정하자. 위의 (1)식에 대한 n개의 초기치 조건은

$$y(a) = k_1,\ \frac{dy(a)}{dt} = k_2,\ \ldots,\ \frac{d^{n-1} y(a)}{dt^{n-1}} = k_n \tag{2}$$

와 같다. 이때, 위 (1)식에 주어진 미분방정식의 해를 연립 1계 미분방정식의 형태로 변경하여 보자. 먼저, 다음의 (3)식과 같은 관계식을 만들어

$$y_1(t),\ y_2(t),\ y_3(t),\ \ldots\ , y_n(t)$$

을 설정한다.

$$y_1(t) = y(t),$$

$$y_2(t) = \frac{dy(t)}{dt},$$

(3) $$y_3(t) = \frac{d^2y(t)}{dt^2},$$

$$\vdots$$

$$y_n(t) = \frac{d^{n-1}y(t)}{dt^{n-1}}$$

위의 관계식으로부터 다음과 같은 연립 미분방정식을 유도할 수 있다.

$$\frac{dy_1(t)}{dt} = \frac{dy(t)}{dt} = y_2(t)$$

$$\frac{dy_2(t)}{dt} = \frac{d^2y(t)}{dt^2} = y_3(t)$$

$$\vdots$$

(4) $$\frac{dy_{n-1}(t)}{dt} = \frac{d^{n-1}y(t)}{dt^{n-1}} = y_n(t)$$

$$\frac{dy_n(t)}{dt} = \frac{d^ny(t)}{dt^n} = f(t, y(t), \frac{dy(t)}{dt}, \frac{d^2y(t)}{dt^2}, \ldots, \frac{d^{n-1}y(t)}{dt^{n-1}})$$

$$= f(t, y_1(t), y_2(t), \ldots, y_n(t))$$

위의 (2)식에 주어진 초기치 조건은

(5) $$y_1(a) = k_1,\ y_2(a) = k_2,\ \ldots,\ y_n(a) = k_n$$

와 같이 (4)식에 주어진 연립 미분방정식의 초기치 조건이 된다. 위 (1)식과 (2)식에 대응하는 구체적인 예를 가지고 설명하여 보자. 즉, 변수 t의 범위가 $0 \le t \le 1$일 때, 아래 (6)식과 같이 두 개의 초기치 조건

(6) $$y(0) = 0,\ \frac{dy(0)}{dt} = 1$$

을 가진 2계 미분방정식

(7) $$\frac{d^2y}{dt^2} - 3\frac{dy}{dt} + 2y = 3\cos t$$

의 해를 위에서 설명한 연립 미분방정식으로 변경하여 구하여 보자. 먼저 위 (3)식의 내용을 적용하여

(8)
$$y_1(t) = y(t),$$
$$y_2(t) = \frac{dy(t)}{dt}$$

와 같이 y_1과 y_2을 대응시키면

(9)
$$\frac{dy_1(t)}{dt} = \frac{dy(t)}{dt} = y_2(t)$$
$$\frac{dy_2(t)}{dt} = \frac{d^2y(t)}{dt^2} = f(t, y(t), \frac{dy(t)}{dt})$$
$$= 3\frac{dy}{dt} - 2y + 3\cos t$$
$$= 3y_2(t) - 2y_1(t) + 3\cos t$$

이 되고 초기치 조건은

(10)
$$y_1(0) = y(0) = 0,\ y_2(0) = \frac{dy(0)}{dt} = 1$$

이 된다. 위 (9)식과 (10)식으로 결정된 연립 미분방정식에 대한 수치해를 구하기 위하여, 아래 〈표1〉과 같이 함수형 M-파일 fdy3.m을 만들고 우선 저장한다. 위의 (9)식에서 주어진 연립 미분방정식 각각의 오른쪽 수식에 대응하는 내용을 M-파일 fdy3.m으로 표현하였다. 즉, 다음과 같은 대응관계가 성립한다:

$$y_1(t) \Rightarrow \text{y(1)}, \quad y_2(t) \Rightarrow \text{y(2)}$$

〈표1〉 fdy3.m

```
function getfdy3 = fdy3(t, y)
  getfdy3 = [ y(2); 3*y(2) - 2*y(1) + 3*cos(t) ];
end
```

M-파일 fdy3.m을 저장하고 계속해서 〈표2〉의 내용을 실행하면 〈그림3〉과 같은 초기치와 관련된 입력창이 화면에 생성된다. 위 (10)식에 주어진 초기치 값과 이미 일치하므로 주어진 값을 변경하지 않고 〈그림3〉에서 OK를 선택하면 〈그림4〉와 같은 그래프가 출력된다.

〈표2〉

```
clear all
myprompt = { 'Input y(a) = ','Input dy/dt(a)= '};
mytitle = 'Initial values'
numlines = 2;
mydefault = {'0','1'};
myanswer = inputdlg(myprompt,mytitle,numlines, mydefault);
y0 = str2double(myanswer{1}); dy0 = str2double(myanswer{2});
[t, y] = ode45(@fdy3,[0 1],[y0 dy0]);
g1 = plot(t,y(:,1),'k-'); set(g1,'linewidth',2);
hold on
g2 = plot(t,y(:,2),'r:'); set(g2,'linewidth',3);
legend('y(t)','dy/dt',0);
title('₩bf{Solutions for y and dy/dt}','fontsize',15);
```

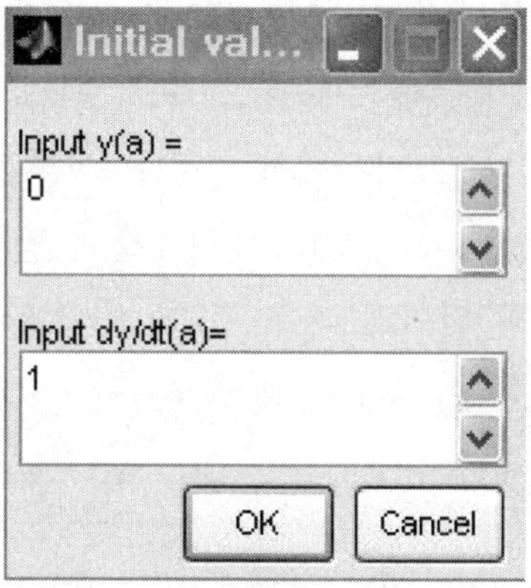

〈그림3〉

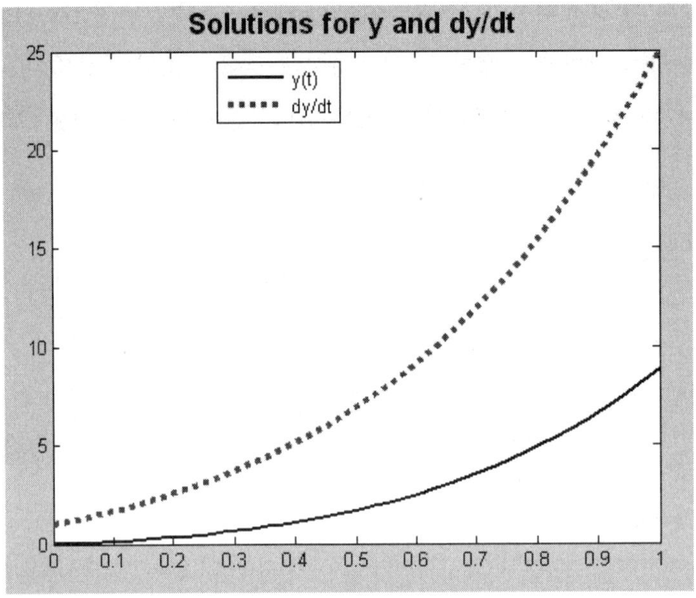

〈그림4〉

위의 (8)식에 의하여

$$y_1\text{과 } y_2\text{는 각각 } y\text{와 } dy/dt$$

에 대응되므로 미분방정식의 해와 그 해의 1계 도함수의 그래프를 동시에 〈그림4〉와 같이 구할 수 있다. 참고로, (6)식과 같은 초기치를 가진 미분방정식 (7)의 이론해는 명령어 dsolve를 이용하여 구할 수 있고 아래 〈표5〉의 내용에 의하여 그 이론해가 〈그림6〉에 출력되었다. 〈그림4〉와 〈그림6〉에서 제공된 그래프 결과를 서로 비교하여 보자. 명령어 ode45를 이용하여 구한 수치해(〈그림4〉에서 실선)는 이론해(〈그림6〉에서 실선)와 거의 같은 그래프를 보여준다(〈그림4〉의 그래프에서 y축의 범위는 대략 0과 25 사이이고 〈그림6〉의 그래프에서 y축의 범위가 대략 -1과 10 사이인 것을 고려한다).

〈표5〉

```
>> ds = dsolve('D2y-3*Dy+2*y = 3*cos(t)','y(0)=0','Dy(0)=1')
ds =    (11*exp(2*t))/5 + (3*cos(t))/10 - (5*exp(t))/2 - (9*sin(t))/10
>> ezplot(ds,[0 1])  %버전에 따라 ds가 atan 함수를 이용하여 표현될 수 있다.
```

이번 절에서 (7)식에 의하여 주어진 2계 미분방정식의 해법은 다른 고계 미분방정식에도 적용할 수 있는 일반적 내용을 포함하고 있다. 또한 수치적 방법을 이용하면 미분방정식의 해뿐만 아니라 그 해의 1계 도함수의 값까지도 추가적으로 얻게 된다는 사실을 알게 되었다.

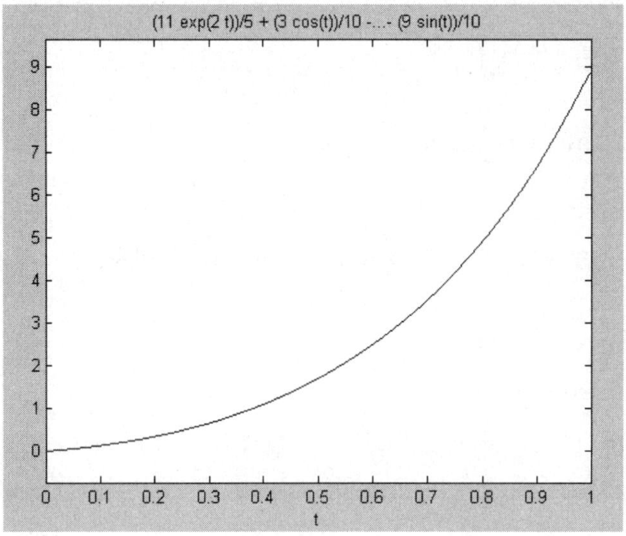

〈그림6〉

수치해가 구해졌을 경우에 다음 단계로 생각하여 볼 수 있는 내용은, 구해진 수치해를 가지고 보간 다항식(Interpolating Polynomial)을 만들어 보는 것이다. 이러한 내용은 6장에서 다룰 것이다.

3장 연습문제

01. 명령문 vpa('sqrt(2)*exp(3)')를 수행하면 이미 설정되어 있는 유효숫자 자리수만큼 출력된다. 이 자리수를 d라고 할 때,

(a) d의 값은?

(b) d의 값을 명령창에 출력하는 명령어는?

02. 아래와 같이 실행하여 얻어지는 x의 값은? 그리고 그 이유는?

```
>> digits(7)
>> x = vpa(sqrt(sym(5)))
```

03. 명령어 doc를 이용하여 ezpolar의 사용법을 알아낸 후, 극좌표계 (r, θ)를 이용하여 표현된 곡선

$$r = \cos(3\theta), \quad 0 \le \theta \le \pi$$

을 평면에서 그리시오.

04. 공간곡선(Space Curve) C가 매개변수 t에 의하여 아래와 같이 주어졌다.

$$C(t) = (x(t), y(t), z(t)) = (t^3 + 2\sin(t) + 3, t^3\cos(t) - 2t, 2t\sin(t))$$

$t \in [-3, 3]$일 때, 매틀랩 명령어를 이용하여 주어진 곡선 C를 공간(=R^3)에서 그리시오.

05. 다음과 같이 〈보기1〉에 주어진 출력은 3.2절 〈그림10〉의 결과이다. 명령어를 사용하여 〈보기1〉의 출력 대신 〈보기2〉의 출력이 되도록 변경하시오. 단, 〈보기2〉에서 새로이 생성되는 수평점선 x의 범위는 $1 \le x \le 2$이고 수직점선 y의 범위는 $13 \le y \le 18$이다.

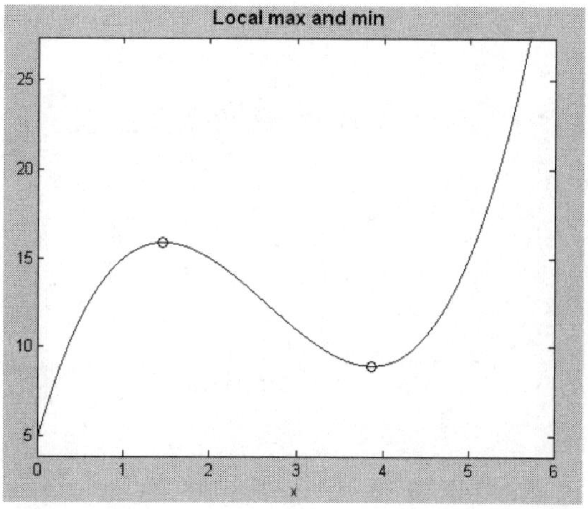

〈보기1〉

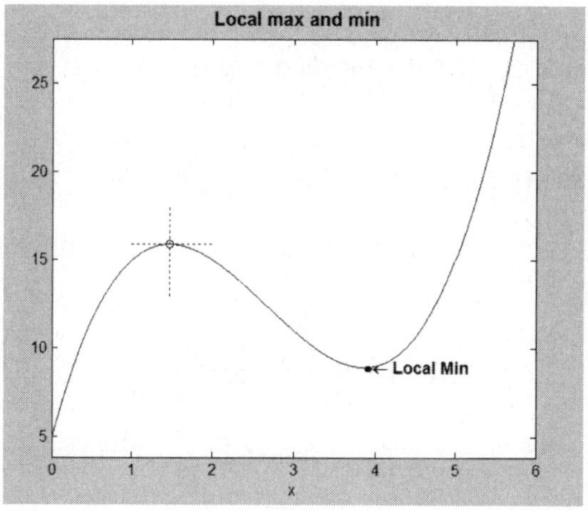

〈보기2〉

06. 명령어 dsolve를 이용하여 아래 주어진 미분방정식의 해 $y(t)$를 구하시오.

$$\frac{d^2y(t)}{dt^2} = \frac{2t\frac{dy(t)}{dt} - 2y(t) + \ln(t) + 1}{t^2},$$

$$y(1) = 0, \; \left[\frac{dy(t)}{dt}\right]_{t=1} = 1$$

07. 위의 〈문제 6〉에서 구한 해(Solution)를 아래와 같이 출력하시오.

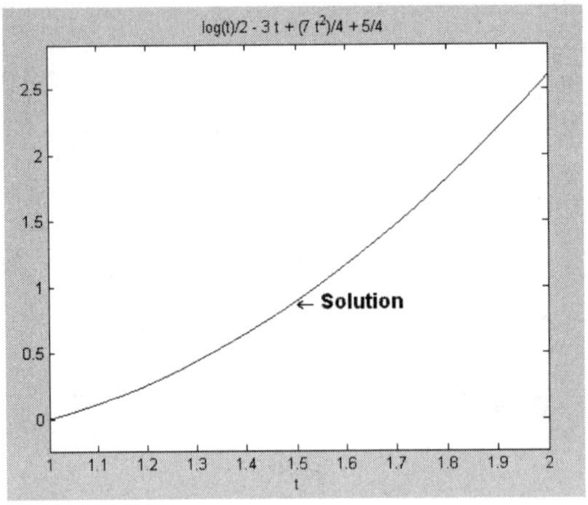

08. 명령어를 이용하여 아래 주어진 연립 미분방정식의 해 $x(t), y(t), z(t)$를 구하시오.

$$\frac{dx}{dt} - 3x + 4y = 2,\ \frac{dy}{dt} - 2x + 3y = 4t,\ \frac{dz}{dt} - y + 2z = 14$$

$$x(0) = 1,\ y(0) = -1,\ z(0) = 2$$

09. 위의 〈문제 8〉에서 구한 해를 아래와 같이 출력하시오.

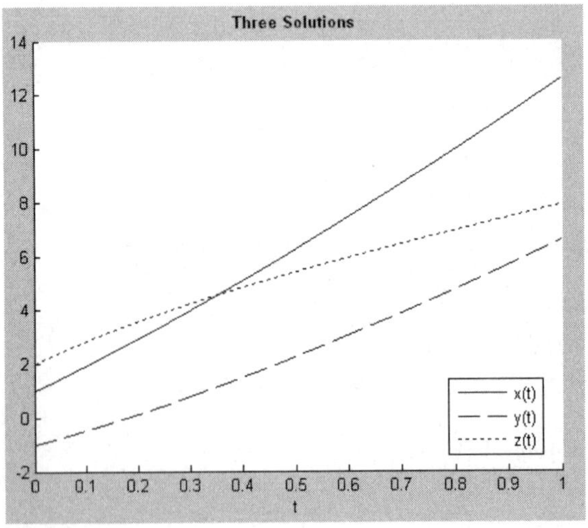

10. 다음과 같이 초기치 상미분방정식이 주어졌다.

$$\frac{dy(t)}{dt} + 2y(t) = 3t^2 + e^t,\ 0 \le t \le 2,\quad y(0) = 1$$

(a) 명령어 ode45를 사용하여 $t = 0, 0.1, 0.2, 0.3, \dots, 2$일 때(즉, t의 stepsize = 0.1), 해 $y(t)$의 근사값(수치해)를 구하고 다음과 같이 출력하시오.

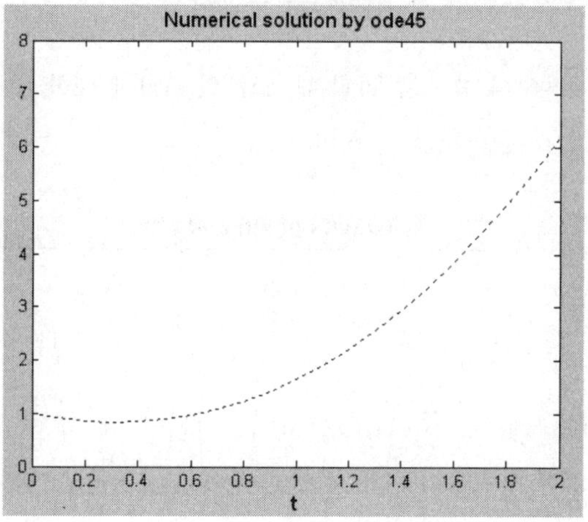

(b) 명령어 dsolve를 사용하여 이론해 $y(t)$를 구한 뒤 다음과 같이 $y(t)$를 출력하시오.

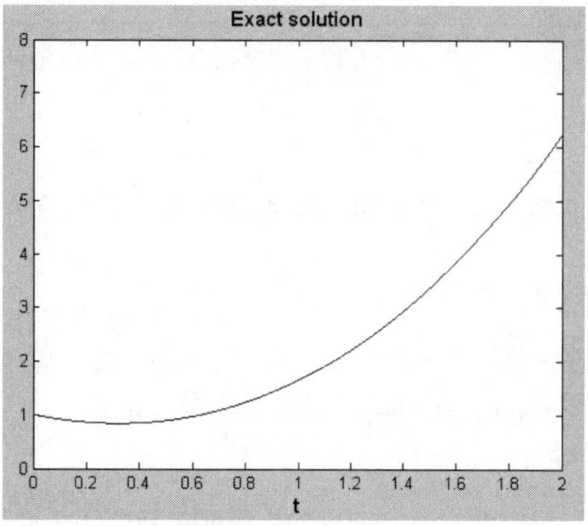

11. 다음과 같이 연립 미분방정식이 주어졌다.

$$\frac{dx(t)}{dt} = 1.65x(t) - 0.002x(t)y(t) + e^{\sin(t)}/2,$$

$$\frac{dy(t)}{dt} = -0.3y(t) + 0.003x(t)y(t) + 75\cos(t),$$

$$x(0) = 1200, \ y(0) = 900$$

(a) 명령어 dsolve를 사용하여 해(Exact)를 구하시오.

(b) 명령어 ode45를 사용하여 $0 \le t \le 50$일 때, $x(t)$와 $y(t)$에 대한 수치해를 구하고 다음과 같이 출력하시오(t의 stepsize = 0.05).

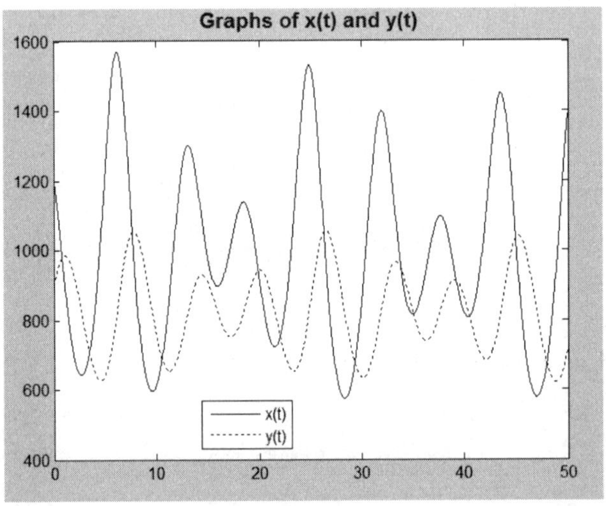

12. 다음과 같이 3계 상미분방정식이 초기치 조건과 함께 주어졌다.

$$-\frac{d^3y(t)}{dt^3} + 3\frac{d^2y(t)}{dt^2} - \frac{dy(t)}{dt} - y(t) = \cos(t), \quad t \in [a, b] = [0, 1],$$

$$y(0) = 0, \ \frac{dy(0)}{dt} = 1, \ \frac{d^2y(0)}{dt^2} = 0$$

(a) 아래 주어진 〈그림1〉과 같은 입력박스를 통하여 대응하는 값을 입력받아 〈그림2〉와 같이 $y(t)$에 대한 수치해를 명령어 ode45를 사용하여 출력하시오(t의 stepsize = 0.01).

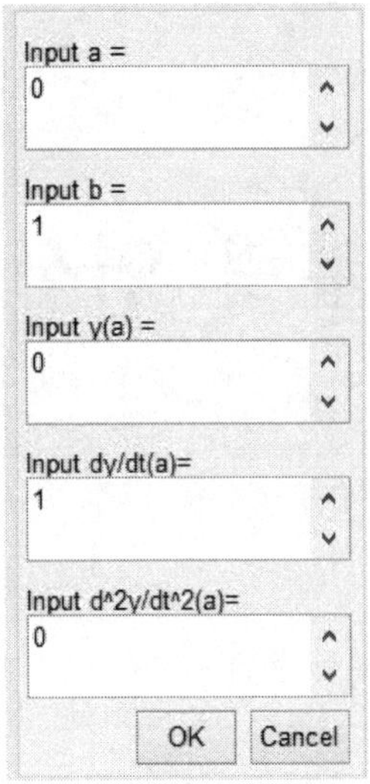

〈그림1〉

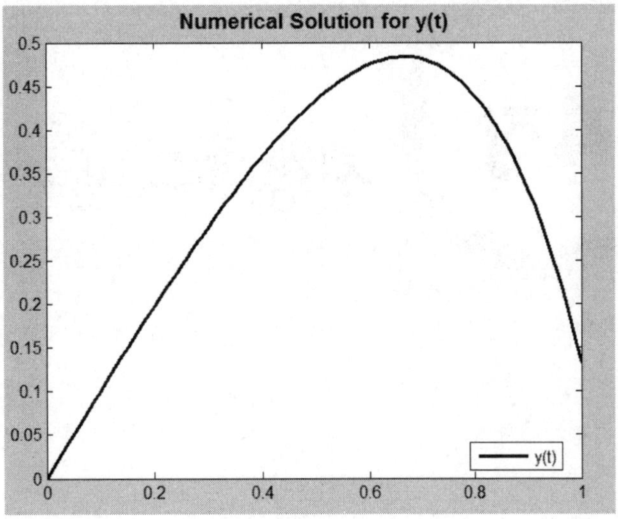

〈그림2〉

(b) 명령어 dsolve를 사용하여 해(Exact)를 구하고 〈그림2〉의 결과와 비교하시오.

4장 선형대수 관련 심볼릭 연산

이번 장에서는 선형대수 내용과 관련된 몇 가지 매틀랩 명령어에 대하여 알아본다. 명령어를 실행하면 구해지는 결과가 있고 어떤 경우에는 그 결과가 무엇을 의미하는지 정확하게 파악하기 어려울 때도 있다. 이론적 내용을 충분히 알고 있지 못해서 일어나는 경우이다. 추가적으로 다른 교재를 이용하지 않고 본 교재의 내용만으로도 그 이해가 되도록 설명하였으나 추가적인 내용이 필요한 경우 [CHE], [LAN], [LAR], [WIL]과 같은 문헌들을 참고할 수 있다. 첫 번째 절은 행렬의 행렬식에 관한 내용이다.

4.1 행렬식

다음과 같이 2×2 행렬 M이 주어졌다:

$$M=\begin{bmatrix} a & b \\ c & d \end{bmatrix}$$

위와 같이 정의된 행렬 M의 행렬식(Determinant)을 $\det(M)$ 또는 $|M|$으로 표기할 때 그 정의는 다음과 같다.

(1) $$\det(M) = |M| = \begin{vmatrix} a & b \\ c & d \end{vmatrix} = ad - bc$$

위의 (1)식에서,

$$\begin{vmatrix} a & b \\ c & d \end{vmatrix} \text{은} \quad \left| \begin{bmatrix} a & b \\ c & d \end{bmatrix} \right|$$

와 같은 표기(간결함을 위하여)로 간주한다. 아래와 같이 하나의 예로서 주어진, 행렬 M1의 행렬식을 매틀랩을 이용하여 구하여 보자. 행렬식을 구하는 매틀랩 명령어는 det이다.

```
>> M1 = [ sqrt(2) 3; 1 2]
M1 =
    1.4142    3.0000
    1.0000    2.0000
```

```
>> DM1 = det(M1)
DM1 =    -0.1716
```

위의 DM1에 저장된 결과는 기본 매틀랩 환경에서 계산된 출력값이다. 심볼릭 연산에서의 결과와 비교하기 위하여 아래의 내용을 실행한다.

```
>> M2 = sym([ sqrt(2) 3; 1 2])
M2 =
[ 2^(1/2), 3]
[       1, 2]
```

```
>> DM2 = det(M2)
DM2 =           2*2^(1/2) - 3
```

위와 같이 행렬 M1에 명령어 sym을 이용하여 심볼릭 행렬 M2을 생성하였다. 계속하여 det(M2)의 출력이 저장된 DM2를 보면 DM2는 수치적 근사값이 아닌, 무리수에 의하여 표현된 정확한 값임을 확인하자. 사실, 명령어 double을 이용하면

```
>> double(DM2)
ans =    -0.1716
```

와 같이 심볼릭 연산의 결과인 DM2로부터 기본 매틀랩 연산의 결과인 DM1을 구할 수 있다. DM1과 DM2에 저장된 값에서 알 수 있듯이, 명령어 sym을 이용한 심볼릭 연산으로 어떤 수식의 출력값을 근사값이 아닌 정확한 값(분수 또는 무리수를 포함한)으로 구할 수 있다. 만약에 어떤 행렬의 성분이 수(Number)만이 아닌 문자를 가지고 있을 때, 그 행렬의 행렬식을 출력하고 싶다면 심볼릭 연산으로 역시 해결할 수 있다. 예를 들어, 변수 t를 포함하는 성분을 가진 행렬 $M3$가

$$M3 = \begin{bmatrix} t & -2 \\ 3 & t-5 \end{bmatrix}$$

일 때 $M3$의 행렬식을 구하여 보자.

```
>> syms t
>> M3 = [ t  -2; 3  t-5]
M3 =
[ t,     -2]
[ 3,  t - 5]

>> DM3 = det(M3)
DM3 =          t^2 - 5*t + 6
```

위와 같이, t를 심볼릭 변수로 먼저 선언한 후에 t를 포함하는 성분을 가진 행렬 M3를 생성한다. 행렬식 det(M3)의 결과인 DM3를 보면, 심볼릭 변수 t에 의하여 표현된 2차 다항식으로 출력된 것을 볼 수 있다. 지금까지 2×2 행렬에 대한 행렬식을 매틀랩으로 어떻게 구할 수 있는지 알아보았다. 그러면 $n \geq 2$일 때, $n\times n$ 행렬

$$M = [m_{ij}],\ 1 \leq i \leq n,\ 1 \leq j \leq n$$

에 대한 행렬식은 어떻게 정의되고 매틀랩에서 어떻게 계산될 수 있는지 알아보자. 이후로, '$n\times n$ 행렬'이라는 표현이 있으면 $n \geq 2$임을 가정한다. 다음은 행렬에서 여인수에 대한 정의이다.

〈정의1〉

$n \times n$ 행렬 $M=[m_{ij}]$가 주어졌을 때,

- 행렬 M의 i행과 j열을 제거하면 $(n-1)\times(n-1)$ 크기의 행렬이 구해지는데 이 행렬을 M_{ij}로 표기한다.
- 여인수(Cofactor) C_{ij}는 다음과 같이 정의된다: $C_{ij}=(-1)^{i+j}\det(M_{ij})$

위 〈정의1〉에 있는 내용을 쉽게 이해하기 위하여, 아래의 3×3 행렬 M인

$$M=\begin{bmatrix} m_{11} & m_{12} & m_{13} \\ m_{21} & m_{22} & m_{23} \\ m_{31} & m_{32} & m_{33} \end{bmatrix}$$

에 대하여 M_{12}와 여인수 C_{12}을 구하여 보자:

$$M_{12}=\begin{bmatrix} m_{21} & m_{23} \\ m_{31} & m_{33} \end{bmatrix},$$

$$C_{12}=(-1)^{1+2}\det(M_{12}) \ = \ -(m_{21}m_{33}-m_{23}m_{31})$$

위 〈정의1〉에서 정의된 행렬의 여인수에 의하여 행렬의 행렬식이 다음과 같이 정의된다.

〈정의2〉

어떤 $n\times n$ 행렬 $M=[m_{ij}]$가 주어졌을 때, 이 행렬 M의 행렬식은 다음과 같이 여인수에 의하여 정의된다:

$$\begin{aligned}\det(M)=|M|&=\sum_{j=1}^{n} m_{1j}C_{1j} \\ &=m_{11}C_{11}+m_{12}C_{12}+\ldots+m_{1n}C_{1n}\end{aligned}$$

위의 〈정의2〉에 의하면 행렬 M의 1행을 이용해 여인수 전개로 $\det(M)$을 구한다. 그러나 아래와 같은 〈정리3〉의 내용에서 보듯이 1행이 아니더라도 어떤 행이나 열을

이용해 여인수 전개로 행렬식 det(M)을 구할 수 있다. 이러한 결과는 'Laplace's Expansion of a Determinant'로 알려져 있다.

〈정리3〉

어떤 $n \times n$ 행렬 $M = [m_{ij}]$가 주어졌을 때, M의 행렬식은 다음과 같다:

(i) i행 전개:

$$\det(M) = |M| = \sum_{j=1}^{n} m_{ij} C_{ij} = m_{i1} C_{i1} + m_{i2} C_{i2} + \dots + m_{in} C_{in}$$

또는

(ii) j열 전개:

$$\det(M) = |M| = \sum_{i=1}^{n} m_{ij} C_{ij} = m_{1j} C_{1j} + m_{2j} C_{2j} + \dots + m_{nj} C_{nj}$$

위 〈정리3〉의 결과에 대한 이론적 증명은 이 책에서 다루지 않고, 다음 (2)식과 같이 주어진 행렬 M에 대하여 〈정리3〉의 (i)에 있는 내용을 확인하여 보자.

(2)
$$M = \begin{bmatrix} 1 & 2 & 0 \\ 3 & 4 & -1 \\ 0 & 1 & 2 \end{bmatrix}$$

(a) $i = 1$일 때,

$$\begin{aligned} \det(M) &= m_{11} C_{11} + m_{12} C_{12} + m_{13} C_{13} \\ &= 1\begin{vmatrix} 4 & -1 \\ 1 & 2 \end{vmatrix} - 2\begin{vmatrix} 3 & -1 \\ 0 & 2 \end{vmatrix} + 0\begin{vmatrix} 3 & 4 \\ 0 & 1 \end{vmatrix} \\ &= 1(8+1) - 2(6-0) + 0 = 9 - 12 = -3 \end{aligned}$$

(b) $i = 2$ 일 때,

$$\begin{aligned} \det(M) &= m_{21} C_{21} + m_{22} C_{22} + m_{23} C_{23} \\ &= -3\begin{vmatrix} 2 & 0 \\ 1 & 2 \end{vmatrix} + 4\begin{vmatrix} 1 & 0 \\ 0 & 2 \end{vmatrix} - (-1)\begin{vmatrix} 1 & 2 \\ 0 & 1 \end{vmatrix} \\ &= -3(4-0) + 4(2-0) + 1(1-0) = -12 + 8 + 1 = -3 \end{aligned}$$

(c) $i=3$ 일 때,

$$\det(M) = m_{31}C_{31} + m_{32}C_{32} + m_{33}C_{33}$$

$$= 0\begin{vmatrix} 2 & 0 \\ 4 & -1 \end{vmatrix} - 1\begin{vmatrix} 1 & 0 \\ 3 & -1 \end{vmatrix} + 2\begin{vmatrix} 1 & 2 \\ 3 & 4 \end{vmatrix}$$

$$= 0 - 1(-1-0) + 2(4-6) = 0+1-4 = -3$$

위의 (a), (b), (c)의 결과를 보면 모두 -3이라는 한 가지 결과를 보여준다. 즉, 〈정리3〉의 (i)에 있는 내용이 맞는 것을 확인할 수 있다. 비슷하게 〈정리3〉의 (ii)에 있는 내용도 확인가능하다.

그렇다면 지금까지 알아본 $n \times n$ 행렬 $M = [m_{ij}]$에 대한 행렬식을 매틀랩 명령어로 어떻게 구할 수 있을까? 2×2 행렬에 대한 행렬식을 구하기 위하여 사용했던 명령어 det을 그대로 사용한다. 즉, 다음과 같이 3×3 행렬의 행렬식을 구하여 보자.

```
>> M = [ 1 2 0; 3 4 -1; 0 1 2]
M =
     1     2     0
     3     4    -1
     0     1     2

>> detM = det(M)
detM =
   -3.0000
```

변수명 detM에 저장된 값 -3은 앞서 구한 행렬식 det(M)의 결과(여인수에 의하여 구한)와 같다. 행렬의 성분 중에 심볼릭 변수가 있는 경우에도 명령어 det는 문제없이 수행한다. 아래와 같이 실행하여 보자.

```
>> clear all
>> syms t
>> M = [ 1-t 2 0; 3 4-t -1; 0 1 2-t]
```

```
M =
[ 1 - t,      2,      0]
[     3, 4 - t,     -1]
[     0,      1, 2 - t]

>> detM = det(M)
detM =
- t^3 + 7*t^2 - 9*t - 3
```

심볼릭 변수를 가진 행렬 M의 행렬식에 대응된 변수명 detM은 t에 관한 3차 다항식을 출력하고 있다. 위와 같이, 어떤 행렬 M의 성분에 미지수가 있을 때, 매틀랩은 다음과 같은 순서로 M의 행렬식을 구할 수 있다:

- 첫째, 행렬 M의 성분에 있는 미지수를 심볼릭 변수로 선언한다.
- 둘째, 선언된 심볼릭 변수를 사용하여 행렬을 생성한다.
- 셋째, 생성된 행렬에 명령어 det을 적용한다. 그 결과로 구해지는 것은 행렬 M의 행렬식 det(M)이다.

또한, 행렬의 성분에 미지수가 2개 이상 존재하는 경우에도 미지수 각각을 심볼릭 변수로 선언한 뒤에, 위의 순서에 따라 그 행렬의 행렬식을 구할 수 있다. 다음 절은 역행렬에 관한 내용이다.

4.2 역행렬

$n \times n$ 행렬 M의 역행렬은 M^{-1}로 표기하고 다음 관계식을 만족한다.

$$MM^{-1} = M^{-1}M = I_n$$

위의 관계식에서 I_n는 $n \times n$ 단위행렬(대각성분이 모두 1이고 그 이외의 위치에 있는 성분은 모두 0인 행렬)이다. 예를 들어, 3×3 크기의 단위행렬인 I_3은 다음과 같다:

$$I_3 = \begin{bmatrix} 1 & 0 & 0 \\ 0 & 1 & 0 \\ 0 & 0 & 1 \end{bmatrix}$$

어떤 행렬의 역행렬을 구하기 위하여 매틀랩은 명령어 inv을 사용한다. 예를 들어, 4.1절에서 사용했던 행렬 M3의 역행렬을 다음과 같이 구하여 보자. 명령어 inv의 실행 결과로서 생성된 M3inv에는 M3의 역행렬이 저장되어 있다.

```
>> syms t
>> M3 = [ t -2; 3 t-5]
M3 =
[ t,      -2]
[ 3, t - 5]

>> M3inv = inv(M3)
M3inv =
[ (t - 5)/(t^2 - 5*t + 6), 2/(t^2 - 5*t + 6)]
[        -3/(t^2 - 5*t + 6), t/(t^2 - 5*t + 6)]
```

그러므로 행렬 M3와 그 역행렬 M3inv의 곱인 M3*M3inv는 단위행렬 I_2가 될 것으로 예상할 수 있다. 실행하여 보면

```
>> r1 = M3*M3inv
r1 =
[ 6/(t^2 - 5*t + 6) + (t*(t - 5))/(t^2 - 5*t + 6), 0 ]
[ 0, 6/(t^2 - 5*t + 6) + (t*(t - 5))/(t^2 - 5*t + 6) ]
```

와 같이 r1에 저장된 내용이 단위행렬 I_2의 형태로 출력되지 않을 수 있다. 이때, simplify라는 명령어를 이용하면 수식의 단순화가 이루어져

```
>> simplify(r1)
ans =
[ 1, 0]
[ 0, 1]
```

와 같이 예상하였던 결과인 단위행렬 I_2 을 얻을 수 있다. 즉, 위에서 구한 r1은 실제적으로 단위행렬 I_2 이었지만 계산되지 않은 상태로 출력되었기 때문에 단위행렬의 형식을 갖추질 않았던 것이다. 심볼릭 연산에서 명령어 simplify는 출력의 결과를 단순하게 만든다. 출력의 결과가 긴 경우, 명령어 simplify를 적절히 활용하도록 한다(5.6절 참조). 다음 절에서는 행렬의 계수와 사다리꼴에 대하여 알아본다.

4.3 행렬의 계수와 사다리꼴

어떤 행렬이 주어졌을 때, 그 행렬의 계수는 아래와 같이 정의된다.

> **〈정의1〉**
> 행렬의 계수(rank) 정의:
> $m \times n$ 행렬 M의 n개의 열벡터(Column Vectors) 중에서 일차독립(Linearly Independent)인 열벡터의 개수를 M의 계수로 정의한다.

일차독립 또는 일차종속에 대한 내용이 필요한 경우 4.5절의 내용을 참고한다. 선형대수 이론에 의하면,

> **〈정리2〉**
> $m \times n$ 행렬 M의 m개의 행벡터(Row Vectors)들 중에서 일차독립인 행벡터의 개수와 행렬 M의 n개의 열벡터(Column Vectors)들 중에서 일차독립인 열벡터의 개수는 같다.

와 같은 사실이 알려져 있다[LAR]. 그러므로 행렬 M의 계수는 M의 m개의 행벡터들 중에서 일차독립인 행벡터의 개수로 구할 수 있다. 어떤 행렬의 계수는 매틀랩에서 명령어 'rank'를 이용하여 구한다. 예를 들어, 다음 (1)식과 같이 주어진 3×4 행렬 M1인

(1) $$M1 = \begin{pmatrix} 1 & -2 & 0 & 1 \\ 2 & 1 & 5 & -3 \\ 0 & 1 & 3 & 5 \end{pmatrix}$$

의 계수를 알아보자. 먼저, 아래와 같이 명령창에서 심볼릭 행렬 M1을 생성한다.

```
>> M1 = sym([1 -2 0 1; 2 1 5 -3; 0 1 3 5])
M1 =
[ 1, -2, 0,  1]
[ 2,  1, 5, -3]
[ 0,  1, 3,  5]
```

명령어 rank를 이용하여 생성된 M1의 계수가 RM1으로 아래와 같이 출력되었고 그 값은 3이다.

```
>> RM1 = rank(M1)
RM1 =          3
```

행렬 M1의 계수가 3이라는 결과로부터, 행렬 M1의 세 개의 행벡터,

[1, -2, 0, 1], [2, 1, 5, -3], [0, 1, 3, 5],

은 일차독립이다. 이러한 결과를 다른 방식, 즉 〈시도3〉의 내용으로 알아보자.

〈시도3〉

똑같은 결과(즉, M1의 세 행벡터가 일차독립이다)를 행 사다리꼴(Row Echelon Form)을 이용하여 구하여 보자.

그렇다면 〈시도3〉에서 말하는 행 사다리꼴이란 무엇인가? 어떤 행렬이 행 사다리꼴을 가지면(또는 행 사다리꼴이면) 그 행렬은 〈내용4〉에 설명하는 세 가지 성질을 만족한다.

〈내용4〉

〈Property1〉: 0 이 아닌 성분을 가지는 행(Row)에서 0 이 아닌 첫 번째 수는 1 이다. 이러한 수 1을 'leading 1'으로 정의한다.

〈Property2〉: 연속한 두 개의 행에서 위쪽에 있는 행의 'leading 1'은 아래쪽에 있는 행의 'leading 1'의 위치보다 좀 더 왼쪽에 있는 열에 위치한다.

〈Property3〉: 모든 성분이 0 으로 구성된 행들은 0 이 아닌 성분을 가지는 행들의 아래쪽에 위치한다.

위의 세 가지 성질을 좀 더 쉽게 이해하기 위하여 몇 가지 예를 들어 보자. 아래의 (2)식에 주어진 행렬 M_1과 M_2는 행 사다리꼴을 가진다.

(2)
$$M_1 = \begin{bmatrix} 1 & 3 & 2 & 5 \\ 0 & 0 & 1 & 2 \\ 0 & 0 & 0 & 1 \end{bmatrix}, \quad M_2 = \begin{bmatrix} 1 & 3 & 2 \\ 0 & 0 & 1 \\ 0 & 0 & 0 \end{bmatrix}$$

위 (2)식에서 주어진 행렬 M_1을 자세히 분석하면 다음과 같다.

〈Property1〉: 모든 행에서 0 이 아닌 첫 번째 수는 1 인 것을 볼 수 있다.
〈Property2〉: 1행(또는 2행)의 'leading 1'은 2행(또는 3행)의 'leading 1'의 위치보다 왼쪽에 있다.
〈Property3〉: 모든 성분이 0 으로 구성된 행은 없다.

즉, 행렬 M_1은 〈내용4〉에 있는 세 가지 성질을 만족하므로 행렬 M_1은 행 사다리꼴이다. 위와 비슷한 방법으로, (2)식에서 주어진 행렬 M_2에 대하여 분석하면 행렬 M_2가 행 사다리꼴임을 알 수 있다. 반면에, 다음 (3)식에 주어진 행렬 M_3와 M_4는 행 사다리꼴이 아니다.

(3)
$$M_3 = \begin{bmatrix} 1 & 3 & 2 & 5 \\ 0 & 0 & 1 & 2 \\ 0 & 1 & 0 & 1 \end{bmatrix}, \quad M_4 = \begin{bmatrix} 1 & 3 & 2 \\ 0 & 0 & 0 \\ 0 & 1 & 0 \end{bmatrix}$$

좀 더 살펴보면, 위 (3)식에서 M_3는 〈내용4〉에 있는 〈Property2〉의 내용을 만족하지 않는다(3행의 'leading 1'이 2행의 'leading 1'의 위치보다 왼쪽에 있다). 또한 위 (3)식에 주어진 M_4는 〈내용4〉의 〈Property3〉의 내용을 만족하지 않는다(모든 성분이 0으로 구성된 행이 3행에 있지 않고 2행에 있다).

한편, 어떤 행렬 M을 행 사다리꼴 $\widetilde{M}$로 만들기 위하여 다음과 같은 세 가지 '기본 행 연산(Elementary Row Operations)'

(i) 두 행을 서로 교환한다.
(ii) 0이 아닌 상수를 어떤 행에 곱한다.
(iii) 어떤 행에 0이 아닌 상수를 곱한 뒤에 다른 행에 더한다.

을 수행한다. 행렬 M으로부터 행 사다리꼴을 가지는 행렬 $\widetilde{M}$을 생성(기본 행 연산을 이용하여)하였다고 가정할 때, 다음 〈결과5〉의 내용은 선형대수 이론의 결과이다.

〈결과5〉

행렬 M으로부터 생성된 행 사다리꼴을 가지는 행렬 $\widetilde{M}$에서 0이 아닌 성분을 가지는 행의 개수가, 행렬 M의 행(Rows)에서 일차 독립인 행들의 개수가 된다.

위 〈결과5〉의 내용은 다음과 같은 〈결과6〉의 두 가지 사실로부터 온다.

〈결과6〉

첫째, 행렬 M의 행 공간(Row Space)과 행렬 $\widetilde{M}$의 행 공간은 동일하다.
둘째, 행렬 $\widetilde{M}$에서 0이 아닌 성분을 가지는 행들은 일차독립이다.

행렬 $\widetilde{M}$의 행벡터는 '기본 행 연산'을 이용하여 행렬 M의 행벡터로부터 생성되므로,

$\widetilde{M}$의 행벡터는 M의 행벡터의 일차결합으로 표현된다. 즉, $\widetilde{M}$의 행벡터는 M의 행 공간에 속한다. 따라서 $\widetilde{M}$의 행벡터의 일차결합에 의하여 생성된 부분공간(=$\widetilde{M}$의 행 공간)은 M의 행 공간에 포함된다. 즉,

$$(\widetilde{M}\text{의 행 공간}) \subseteq (M\text{의 행 공간})$$

또한, 행렬 M의 행벡터 역시 '기본 행 연산'을 이용하여 행렬 $\widetilde{M}$의 행벡터로부터 생성될 수 있으므로, 비슷한 논리에 의하여 M의 행 공간은 $\widetilde{M}$의 행 공간에 포함된다. 즉,

$$(M\text{의 행 공간}) \subseteq (\widetilde{M}\text{의 행 공간})$$

이런 이유로 〈결과6〉의 첫 번째 내용이 성립하고 두 번째 내용은 행 사다리꼴이라는 특별한 행렬 형태로부터 바로 성립한다.

참고로, $m \times n$ 행렬 M에 대하여 행 공간(Row Space)은 M의 행 벡터의 일차결합에 의하여 생성된 R^n의 부분공간이다(수학적 정의는 〈정의7〉에서 주어진다).

〈정의7〉

$m \times n$ 행렬 M의 행 벡터를 $v_1, v_2, \ldots, v_m$ 라고 가정하면 M의 행 공간은

$$\{k_1 v_1 + k_2 v_2 + \ldots + k_m v_m \mid k_j \in R,\ j = 1, 2, \ldots, m\}$$

이다.

위의 내용으로 행 사다리꼴 관련 이론을 끝내고 앞에서 언급했던 〈시도3〉의 위치로 다시 돌아가, (1)식에서 주어진 M1에 대해 '기본 행 연산'을 수행하여 행 사다리꼴(=REM1)을 구하면 다음과 같다.

$$M1 = \begin{pmatrix} 1 & -2 & 0 & 1 \\ 2 & 1 & 5 & -3 \\ 0 & 1 & 3 & 5 \end{pmatrix}$$

$\Downarrow$: 기본 행 연산 (iii) 이용
(1행에 -2를 곱해 2행에 더한다)

$$\begin{pmatrix} 1 & -2 & 0 & 1 \\ 0 & 5 & 5 & -5 \\ 0 & 1 & 3 & 5 \end{pmatrix}$$

$\Downarrow$: 기본 행 연산 (ii) 이용
(2행에 1/5을 곱한다)

$$\begin{pmatrix} 1 & -2 & 0 & 1 \\ 0 & 1 & 1 & -1 \\ 0 & 1 & 3 & 5 \end{pmatrix}$$

$\Downarrow$: 기본 행 연산 (iii) 이용
(2행에 -1를 곱해 3행에 더한다)

$$\begin{pmatrix} 1 & -2 & 0 & 1 \\ 0 & 1 & 1 & -1 \\ 0 & 0 & 2 & 6 \end{pmatrix}$$

$\Downarrow$: 기본 행 연산 (ii) 이용
(3행에 1/2을 곱한다)

$$REM1 = \begin{pmatrix} 1 & -2 & 0 & 1 \\ 0 & 1 & 1 & -1 \\ 0 & 0 & 1 & 3 \end{pmatrix}$$

위의 결과로부터, REM1의 세 개의 행벡터가 일차독립(사실, 0이 아닌 성분을 가지는 행의 개수가 세 개임)이므로 M1의 3개의 행벡터 모두 일차독립(앞 〈결과5〉의 내용을 참조)임을 알 수 있다. 그러므로 M1의 계수는 3(앞 〈정리2〉의 내용으로부터)이 된다. 이러한 결과는 매틀랩 명령어 rank(M1)에 의하여 구했던 RM1의 값(=3)과 일치한다.

다음으로, 어떤 행렬의 행 사다리꼴에서 기약행 사다리꼴(Reduced Row Echelon Form)을 구하는 방법에 대하여 알아보자. 행 사다리꼴을 가지는 행렬의 각 행에서 'leading 1'으로 정의된 1 바로 위의 위치에 있는 수를 제로(=0)로 만들면서 기약행 사다리꼴이 생성된다. 예를 들어, 행렬 M1의 기약행 사다리꼴을 행 사다리꼴인 행렬 REM1에서 다음과 같이 구할 수 있다.

$$\text{REM1}=\begin{pmatrix}1 & -2 & 0 & 1\\ 0 & 1 & 1 & -1\\ 0 & 0 & 1 & 3\end{pmatrix}$$

$\Downarrow$: 3행에 -1을 곱해 2행에 더한다.

$$\begin{pmatrix}1 & -2 & 0 & 1\\ 0 & 1 & 0 & -4\\ 0 & 0 & 1 & 3\end{pmatrix}$$

$\Downarrow$: 2행에 2를 곱해 1행에 더한다.

$$\text{RR}=\begin{pmatrix}1 & 0 & 0 & -7\\ 0 & 1 & 0 & -4\\ 0 & 0 & 1 & 3\end{pmatrix}$$

위의 과정에서 마지막에 기약행 사다리꼴을 가진 행렬 RR이 구해졌다. 매틀랩 명령어 rref를 이용하면 행렬 M1에서 바로 기약행 사다리꼴을 구할 수 있다. 다음과 같이 실행하여 RR과 동일한 RREM1을 출력하여 보자.

```
>> M1 = sym([1 -2 0 1; 2 1 5 -3; 0 1 3 5])
>> RREM1 = rref(M1)
RREM1 =
[ 1, 0, 0, -7]
[ 0, 1, 0, -4]
[ 0, 0, 1,  3]
```

행렬 M1에서 출발하여 구해진 행 사다리꼴인 REM1과 기약행 사다리꼴인 RR(또는 RREM1)이 선형 시스템(연립 방정식)에서 어떻게 활용될 수 있는지 알아보자.

다음과 같은 세 개의 선형 방정식에서 출발한다.

(4)
$$\begin{aligned} x - 2y \quad\quad &= \ \ 1\\ 2x + \ y + 5z &= -3\\ y + 3z &= \ \ 5\end{aligned}$$

위 (4)식은 행렬 방정식

(5)
$$Ca = b$$

으로 표현할 수 있다. 단, (5)식에서

$$C = \begin{pmatrix} 1 & -2 & 0 \\ 2 & 1 & 5 \\ 0 & 1 & 3 \end{pmatrix}, \quad a = \begin{bmatrix} x \\ y \\ z \end{bmatrix}, \quad b = \begin{bmatrix} 1 \\ -3 \\ 5 \end{bmatrix}$$

이다. 계수행렬(Coefficient Matrix) C에 열벡터 $b = [1 \ -3 \ 5]^T$을 더하여(계수행렬 C에다 네 번째 열을 추가하여) 구해진 첨가행렬(Augmented Matrix)을 $[C : b]$라고 표기하면

$$[C : b] = \begin{pmatrix} 1 & -2 & 0 & 1 \\ 2 & 1 & 5 & -3 \\ 0 & 1 & 3 & 5 \end{pmatrix}$$

이 된다. 위의 첨가행렬 $[C : b]$와 (1)에서 주어진 행렬 M1을 비교하면 동일하다는 것을 알 수 있다. 그러므로 앞에서 구한 M1의 행 사다리꼴인 REM1

$$\text{REM1} = \begin{pmatrix} 1 & -2 & 0 & 1 \\ 0 & 1 & 1 & -1 \\ 0 & 0 & 1 & 3 \end{pmatrix}$$

은 (4)식으로부터 구해질 수 있는

$$(6) \qquad \begin{aligned} x - 2y \quad\;\; &= 1 \\ y + z &= -1 \\ + z &= 3 \end{aligned}$$

에 대응되고, 행렬 M1의 기약행 사다리꼴인 RR

$$\text{RR} = \begin{pmatrix} 1 & 0 & 0 & -7 \\ 0 & 1 & 0 & -4 \\ 0 & 0 & 1 & 3 \end{pmatrix}$$

은 (6)식으로부터 구해질 수 있는

$$(7) \qquad \begin{aligned} x &= 1x + 0y + 0z = -7 \\ y &= 0x + 1y + 0z = -4 \\ z &= 0x + 0y + 1z = 3 \end{aligned}$$

에 대응된다.

그러므로 어떤 행렬 M이 연립 방정식의 첨가행렬일 때, (위의 RR과 같은) M의 기약행 사다리꼴은 관련된 연립 방정식의 해에 관하여 말해 준다. 실제로 위의 (7)식에서 구해진 x, y, z의 값은 (4)식에 주어진 연립 방정식을 만족한다는 것을 알 수 있다.

4.4 선형 시스템의 해

n개의 미지수를 가지는 m개의 선형 방정식에 대응하는 행렬 방정식이

(1) $$Mx = b$$

라고 가정하자. 위 (1)식에서

(a) 행렬 M의 크기는 $m \times n$
(b) 벡터 x의 크기는 $n \times 1$
(c) 벡터 b의 크기는 $m \times 1$

이다. 일반적으로 (1)식에 주어진 행렬 방정식의 해는 〈결과1〉에서 소개하는 3가지 경우 중에 하나이다:

〈결과1〉
Case1: 오직 한 개의 유일해(Unique Solution)를 갖는다.
Case2: 해가 무한히 많다.
Case3: 해가 존재하지 않는다.

위 〈결과1〉의 3가지 경우 각각을 예제로서 접근하여 보자.

- Case1

앞 절 (4)식에서 주어진 선형 시스템에 대응하는 행렬 방정식 $Ca = b$는 유일해(4.3절

(7)식 참고)를 갖는다. 특별히, 행렬 방정식 $Ca = b$에서 계수행렬 C와 첨가행렬 $[C : b]$의 계수는

$$\text{rank}(C) = \text{rank}(C : b) = 3 = \text{미지수의 개수}$$

와 같이 되는 것을 알 수 있다. □

- Case2

다음과 같은 선형 시스템에 대하여 알아보자.

$$\begin{aligned} 2x + y - 3z &= 4 \\ 4x + 2z &= 10 \\ -2x + 3y - 13z &= -8 \end{aligned} \tag{2}$$

위 (2)식의 선형 시스템에 대응하는 행렬 방정식은

$$\begin{pmatrix} 2 & 1 & -3 \\ 4 & 0 & 2 \\ -2 & 3 & -13 \end{pmatrix} \begin{pmatrix} x \\ y \\ z \end{pmatrix} = \begin{pmatrix} 4 \\ 10 \\ -8 \end{pmatrix} \tag{3}$$

가 된다. 매틀랩을 이용하여 (2)에서 주어진 선형 시스템의 계수행렬 C1과 첨가행렬 $A1$의 계수를 구하면

```
>> C1 = sym( [2 1 -3 ; 4 0 2 ; -2 3 -13 ] )
C1 =
[  2, 1,  -3]
[  4, 0,   2]
[ -2, 3, -13]

>> A1 = sym( [2 1 -3 4; 4 0 2 10; -2 3 -13 -8] )
A1 =
[  2, 1,  -3,  4]
[  4, 0,   2, 10]
[ -2, 3, -13, -8]

>> RC1 = rank(C1)
```

```
RC1 =2

>> RA1 = rank(A1)
RA1 =2
```

와 같이 다음의 결과를 얻는다:

$$\mathrm{rank}(C1) = \mathrm{rank}(A1) = 2 < n = 3 \quad (n\text{은 미지수의 개수})$$

이런 경우, (2)식에 주어진 선형 시스템의 해는 무한히 존재한다. 확인을 위하여 첨가행렬 $A1$의 기약행 사다리꼴을 구하여 보면,

```
>> rref(A1)
ans =
[ 1, 0, 1/2, 5/2]
[ 0, 1,  -4,  -1]
[ 0, 0,   0,   0]
```

의 결과를 얻고 이 형태에 대응하는 방정식은

$$\begin{aligned} x + 0y + \frac{1}{2}z &= x + \frac{1}{2}z = \frac{5}{2}, \\ 0x + \ \ y - \ 4z &= y - \ 4z = -1 \end{aligned}$$

가 된다. 그러므로 미지수 x, y는 매개변수 z에 의하여 다음과 같이 표현될 수 있다:

$$\begin{aligned} x &= -\frac{1}{2}z + \frac{5}{2}, \\ y &= \ \ 4z - 1, \ \ z \in R \end{aligned}$$

이러한 결과로부터, 위 (2)식에 주어진 선형 시스템의 해가 무한히 많다는 사실을 알 수 있다. 참고로, 앞에서 생성된 계수행렬 C1을 가지고 다음과 같이 실행하면

```
>> b = [ 4 10 -8]';
>> C1₩b
```

매틀랩은 하나의 해를 보여주지만 해가 유일하지 않다는 메시지도 함께 출력한다. 이것으로 Case2의 내용을 마친다. □

- Case3

다음과 같은 선형 시스템

$$
\begin{aligned}
2x + \ y - 3z &= 4 \\
4x \qquad + 2z &= 5 \\
-4x - 2y + 6z &= 7
\end{aligned}
\tag{4}
$$

의 해를 구해 보자. 위 (4)식에 주어진 선형 시스템에 대응하는 행렬 방정식은

$$
\begin{pmatrix} 2 & 1 & -3 \\ 4 & 0 & 2 \\ -4 & -2 & 6 \end{pmatrix}\begin{pmatrix} x \\ y \\ z \end{pmatrix} = \begin{pmatrix} 4 \\ 5 \\ 7 \end{pmatrix}
\tag{5}
$$

가 된다. 매틀랩을 이용하여 위 (5)식에서 주어진 선형 시스템의 계수행렬 C2와 첨가행렬 $A2$의 계수를 구하면

```
>> C2 = sym( [2 1 -3 ; 4 0 2 ; -4 -2 6 ] )
C2 =
[  2,  1, -3]
[  4,  0,  2]
[ -4, -2,  6]

>> A2 = sym( [2 1 -3 4 ; 4 0 2 5 ; -4 -2 6 7 ] )
A2 =
[  2,  1, -3, 4]
[  4,  0,  2, 5]
[ -4, -2,  6, 7]

>> RC2 = rank(C2)
RC2 = 2
```

```
>> RA2 = rank(A2)
RA2 = 3
```

와 같이 다음의 관계식을 얻는다:

$$\text{rank}(C2) = 2 < 3 = \text{rank}(A2)$$

이런 경우, 선형 시스템 (4)의 해는 존재하지 않는다. 정말로 해가 존재하지 않는지 알아보기 위하여 첨가행렬 $A2$로부터 기약행 사다리꼴을 아래와 같이 구한다.

```
>> rref(A2)
ans =
[ 1, 0, 1/2, 0]
[ 0, 1,  -4, 0]
[ 0, 0,   0, 1]
```

위의 결과에 대응하는 방정식은

$$\begin{aligned} x + 0y + \frac{1}{2}z &= x + \frac{1}{2}z = 0 \\ 0x + y - 4z &= y - 4z = 0 \\ 0x + 0y + 0z &= 0 \quad\quad\;\; = 1 \end{aligned} \tag{6}$$

가 된다. 위의 (6)식에서 세 번째 방정식을 만족하는 x, y, z의 값은 존재하지 않는다. 즉, 위의 (4)식에 있는 선형 시스템을 만족하는 해는 존재하지 않는다. 매틀랩에서 (5)식에 있는 행렬 방정식의 해를 직접 구하기 위해, 생성된 계수행렬 C2를 가지고 다음과 같이 실행한다.

```
>> b2 = [ 4 5 7 ]';
>> C2₩b2
```

예상한 대로, 해가 존재하지 않는다는 메시지(System is inconsistent)를 출력한다. 이상으로 Case3의 내용을 마친다. □

지금까지 〈결과1〉의 3가지 경우를 예제로서 접근하였지만, 이러한 예제의 결과를 포함하는 일반적인 결론은 〈결과2〉의 내용과 같다.

위 (1)식에서 주어진 행렬 방정식 $Mx = b$에 대하여

〈결과2〉

첫 번째: $\mathrm{rank(M)} = \mathrm{rank(M:b)} = n$ 이면 유일해를 갖는다.

두 번째: $\mathrm{rank(M)} = \mathrm{rank(M:b)} < n$ 이면 무한히 많은 해를 갖는다.

세 번째: $\mathrm{rank(M)} < \mathrm{rank(M:b)}$ 이면 해가 존재하지 않는다.

위 〈결과2〉의 내용에서 n은 미지수의 개수이다. 각각의 경우에 대하여 부연 설명을 하면 다음과 같다.

- 〈결과2〉의 첫 번째 경우

  앞서 언급한 〈결과1〉의 'Case1'에 대한 예제는

$$\mathrm{rank(M)} = \mathrm{rank(M:b)} = n$$

  에서 미지수가 3개인 $n = 3$의 경우이다. $n = 3$의 경우를 확장하여 $n \geq 3$의 경우에도 적용할 수 있다. □

- 〈결과2〉의 두 번째 경우

  만약에

$$\mathrm{rank(M)} = \mathrm{rank(M:b)} = r < n$$

  이면 r개의 미지수는 $(n-r)$개의 다른 미지수에 의하여 표현될 수 있다. 즉, $(n-r)$개의 매개변수로 r개의 미지수가 표현된다. 결과적으로 무한히 많은 해가 존재하게 된다. 〈결과1〉의 'Case2'에 대한 예제(이번 절 앞부분에서 설명한)의 경우는 $r = 2, n = 3$이므로 $n - r = 3 - 2 = 1$개의 매개변수 z에 의하여 $r(= 2)$개의

미지수 x, y가 표현되었다. □

- 〈결과2〉의 세 번째 경우

  앞서 언급한 〈결과1〉의 'Case3'에 대한 예제에서 보듯이, (6)식의 3번째 방정식

$$0x + 0y + 0z = 0 = 1$$

  와 같이 만족할 수 없는 방정식이 생성된다. 그러므로 $\mathrm{rank}(\mathrm{M}) < \mathrm{rank}(\mathrm{M}:\mathrm{b})$이면 해가 존재할 수 없다. □

참고로, 행렬의 계수와 관련된 선형대수 내용을 〈정리3〉에서 소개한다[LAN, LAR].

〈정리3〉

크기가 $n \times n$인 행렬 M에 대한 다음과 같은 조건들은 서로 필요충분조건이다.

1. $\mathrm{rank}(M) = n$
2. M의 역행렬 M^{-1}이 존재한다.
3. 행렬 방정식 $Mx = b$은 유일한 해를 갖는다. 단, b는 n개의 성분을 가지는 열벡터이다.
4. $\det(M) \neq 0$

위 〈정리3〉의 네 가지 경우에서 어느 하나가 성립하는 것을 보이고 싶으면 다른 세 가지 경우 중 한 경우를 보이면 된다. 예를 들어, 〈정리3〉의 첫 번째 항목인

$$\mathrm{rank}(M) = n$$

이 성립함을 보이기 위하여 다른 세 가지 경우 중에 하나인 〈정리3〉의 네 번째 항목인

$$\det(M) \neq 0$$

인 사실을 보여도 된다.

4.5 고유치와 고유벡터

이번 절에서는 고유치(Eigenvalue)와 고유벡터(Eigenvector) 관련 내용에 대하여 알아보자. 먼저, 고유치와 고유벡터의 정의는 〈정의1〉에서 주어진다.

〈정의1〉

어떤 $n \times n$ 행렬 M에 대하여, 아래 (1)식에 주어진 방정식을 만족하는 O(=영벡터)이 아닌 벡터 x가 존재하면 스칼라(Scalar) k을 고유치라고 한다:

(1) $$Mx = kx$$

이때, 벡터 x를 k에 대응하는 행렬 M의 고유벡터라고 한다.

단위행렬(Identity Matrix)에 대한 정의는 〈정의2〉에서 주어진다.

〈정의2〉

$n \times n$ 단위행렬 I_n은 다음과 같이 대각선 성분이 모두 1이고 그 이외의 성분은 모두 0인 행렬이다:

$$I_n = \begin{pmatrix} 1 & 0 & \dots & 0 \\ 0 & 1 & \ddots & \vdots \\ \vdots & \ddots & \ddots & 0 \\ 0 & \dots & 0 & 1 \end{pmatrix}$$

위의 (1)식에서 주어진 방정식은 $n \times n$ 단위행렬 I_n을 이용하여

(2) $$Mx = kx \Leftrightarrow Mx = kI_n x \Leftrightarrow (kI_n - M)x = O$$

로 표현된다. 더욱이, (2)식에 주어진 마지막 방정식에서 O이 아닌 벡터 x를 가지기 위한 필요충분조건은 $(kI_n - M)$의 행렬식의 값인

$$\det(kI_n - M)$$

이 0일 때이다(4.4절의 〈정리3〉의 내용을 참고). 그러므로 고유치와 고유벡터를 구하기 위하여 다음과 같은 〈표3〉의 내용을 이용할 수 있다.

〈표3〉

1. $n \times n$ 행렬 M의 고유치 k는 아래 방정식의 해(근)이다:

$$\det(kI_n - M) = 0$$

2. 고유치 k에 대응하는 $n \times n$ 행렬 M의 고유벡터는 방정식

$$(kI_n - M)x = O$$

을 만족하는 O이 아닌 벡터 x이다.

위 〈표3〉의 첫 번째 내용을 좀 더 살펴보자. 고유치 k를 구하기 위하여 사용하는 방정식

$$\det(kI_n - M) = 0$$

의 왼쪽 항을 전개하면 미지수 k에 대한 n차 다항식 $p(k)$가 얻어지는데

$$p(k) = \det(kI_n - M)$$

와 같이 쓸 수 있고 이렇게 구한 다항식 p를 행렬 M의 특성 다항식(Characteristic Polynomial)이라고 부른다. 고유치와 특성 다항식의 관계는 다음과 같이 요약된다:

어떤 행렬 M의 특성 다항식이 $p(k)$일 때, 방정식

$$p(k) = 0$$

의 해(근)는 행렬 M의 고유치이다.

다음으로 고유치에 대한 중복도(Multiplicity)에 대하여 알아보자. n차 특성 다항식 p가

$$p(k) = (k-k_1)^{n_1}(k-k_2)^{n_2}\ldots(k-k_r)^{n_r},\quad n_1+n_2+\ldots+n_r = n$$

와 같이 표현되었을 때, 각각의 j에 대하여 고유치 k_j는 중복도 n_j을 가진다고 한다(단, $j=1,2,\ldots,r$).

매틀랩 명령어 eig를 이용하여 3×3 행렬에 대한 고유치와 고유벡터를 구하여 보자. 고유치의 중복도에 따라 〈표4〉와 같이 세 가지 경우를 생각할 수 있다.

〈표4〉

(i) 서로 다른 3개의 고유치를 가지는 경우(각각의 고유치: 중복도=1) (ii) '중복도=2'를 가지는 고유치가 존재하는 경우 (iii) '중복도=3'을 가지는 고유치가 존재하는 경우

위 〈표4〉의 세 가지 경우 각각을 하나씩 알아보자. 다음은 〈표4〉의 첫 번째 경우이다.

(i) 서로 다른 3개의 고유치를 가지는 경우(각각의 고유치: 중복도=1)

아래와 같은 행렬 M1

$$M1 = \begin{pmatrix} 2 & 0 & 1 \\ 0 & 3 & 4 \\ 0 & 0 & 1 \end{pmatrix}$$

의 고유치와 고유벡터를 명령어 eig를 이용하여 구하여 보자.

```
>> M1 = sym([ 2 0 1; 0 3 4; 0 0 1 ])
M1 =
[ 2, 0, 1]
[ 0, 3, 4]
[ 0, 0, 1]

>> [V1,D1]=eig(M1)
```

```
V1 =
[ 0, -1, 1]
[ 1, -2, 0]
[ 0,  1, 0]
D1 =
[ 3, 0, 0]
[ 0, 1, 0]
[ 0, 0, 2]
```

위의 결과를 해석하기 위해서는 명령어 eig에 대한 이해가 필요하고 그 설명이 다음과 같이 〈표5〉에 주어진다.

〈표5〉 명령어 eig

[V, D] = eig(M)
• 행렬 V의 열벡터는 행렬 M의 고유벡터이다.
• 행렬 D의 대각성분은 행렬 M의 고유치이다.
• 자세한 내용은 명령어 doc 이용(〉〉 doc eig)

따라서 실행문 '[V1,D1]=eig(M1)'을 수행하여 구한 출력변수 V1은 행렬 M1의 고유벡터, 출력변수 D1은 M1의 고유치를 알려준다. 즉, 〈표6〉에서 주어진 관계가 성립한다.

〈표6〉

고유치	고유벡터
3	$t[0\ 1\ 0]^T,\ t \neq 0$
1	$t[-1\ -2\ 1]^T,\ t \neq 0$
2	$t[1\ 0\ 0]^T,\ t \neq 0$

위 〈표6〉에 주어진 결과를 아래와 같이 다른 방법으로 알아보자.

```
>> syms k
>> CHM1 = charpoly(M1,k)
```

```
CHM1 =
k^3 - 6*k^2 + 11*k - 6
```

실행문 charpoly(M1,k)에 의하여 행렬 M1의 3차 특성 다항식

$$p(k) = \det(kI_3 - \mathrm{M1})$$

가 변수명 CHM1으로 구해졌다. 명령어 charpoly에 대한 사용방법은 〈표7〉에 주어진 내용을 참고한다.

〈표7〉 명령어 charpoly

1. charpoly(M, t): 심볼릭 변수 t에 의하여 행렬 M의 특성 방정식을 출력한다. 2. charpoly(M): 두 번째 인자인 심볼릭 변수를 생략하면 행렬 M의 특성 방정식을 출력하지 않고 특성 방정식의 계수 벡터를 출력한다. (ex) >> M1 = sym([2 0 1; 0 3 4; 0 0 1]); >> syms k >> CHVM1 = charpoly(M1) CHVM1 = [1, -6, 11, -6]

명령어 solve를 이용(2.7절 내용 참고)하여 위에서 구한 3차 특성 다항식(=CHM1)의 해를 구하면

```
>> Sol = solve(CHM1)
Sol =
 1
 2
 3
```

의 결과를 얻는다. 변수명 Sol에 저장된 값이 고유치가 되고 각각의 고유치 $k = 1, 2, 3$에 대한 고유벡터를 구하여 보자.

- 첫 번째: 행렬 M1의 고유치 $k=1$에 대한 고유벡터 구하기

⟨step 1⟩ 대응하는 행렬 방정식:

$$(I_3 - \mathrm{M1})x = O \iff \left(\begin{pmatrix}1&0&0\\0&1&0\\0&0&1\end{pmatrix} - \begin{pmatrix}2&0&1\\0&3&4\\0&0&1\end{pmatrix}\right)\begin{pmatrix}x_1\\x_2\\x_3\end{pmatrix} = O$$

$$\iff \begin{pmatrix}-1&0&-1\\0&-2&-4\\0&0&0\end{pmatrix}\begin{pmatrix}x_1\\x_2\\x_3\end{pmatrix} = O$$

⟨step 2⟩ 행렬 $\mathrm{M2} = (I_3 - \mathrm{M1})$의 기약행 사다리꼴:

```
>> M2 = sym([-1 0 -1; 0 -2 -4; 0 0 0])
M2 =
[ -1,  0, -1]
[  0, -2, -4]
[  0,  0,  0]

>> rref(M2)
ans =
[ 1, 0, 1]
[ 0, 1, 2]
[ 0, 0, 0]
```

⟨step 3⟩ rref(M2)의 결과에서 얻어지는 고유벡터:

$$\begin{pmatrix}1&0&1\\0&1&2\\0&0&0\end{pmatrix}\begin{pmatrix}x_1\\x_2\\x_3\end{pmatrix} = O \text{로부터 } x_1 = -x_3,\ \ x_2 = -2x_3$$

$$\Rightarrow \quad x = [x_1, x_2, x_3]^T = [-x_3, -2x_3, x_3]^T$$

$$\Rightarrow \quad x = t[-1, -2, 1]^T, \ \ t \neq 0$$

• 두 번째: 행렬 M1의 고유치 $k=2$에 대한 고유벡터 구하기

〈step 1〉 대응하는 행렬 방정식:

$$(2I_3 - \mathrm{M1})x = O \quad \Leftrightarrow \quad \left(\begin{pmatrix} 2 & 0 & 0 \\ 0 & 2 & 0 \\ 0 & 0 & 2 \end{pmatrix} - \begin{pmatrix} 2 & 0 & 1 \\ 0 & 3 & 4 \\ 0 & 0 & 1 \end{pmatrix}\right)\begin{pmatrix} x_1 \\ x_2 \\ x_3 \end{pmatrix} = O$$

$$\Leftrightarrow \quad \begin{pmatrix} 0 & 0 & -1 \\ 0 & -1 & -4 \\ 0 & 0 & 1 \end{pmatrix}\begin{pmatrix} x_1 \\ x_2 \\ x_3 \end{pmatrix} = O$$

〈step 2〉 행렬 M3 = $(2I_3 - \mathrm{M1})$의 기약행 사다리꼴:

```
>> M3 = sym([0 0 -1; 0 -1 -4; 0 0 1])
M3 =
[ 0,  0, -1]
[ 0, -1, -4]
[ 0,  0,  1]

>> rref(M3)
ans =
[ 0, 1, 0]
[ 0, 0, 1]
[ 0, 0, 0]
```

〈step 3〉 rref(M3)의 결과에서 얻어지는 고유벡터:

$$\begin{pmatrix} 0 & 1 & 0 \\ 0 & 0 & 1 \\ 0 & 0 & 0 \end{pmatrix}\begin{pmatrix} x_1 \\ x_2 \\ x_3 \end{pmatrix} = O \text{로부터 } x_2 = 0, \ \ x_3 = 0$$

$$\Rightarrow \quad x = [x_1, x_2, x_3]^T = [x_1, 0, 0]^T$$

$$\Rightarrow \quad x = t[1, 0, 0]^T, \ \ t \neq 0$$

- 세 번째: 행렬 M1의 고유치 $k=3$에 대한 고유벡터 구하기

⟨step 1⟩ 대응하는 행렬 방정식:

$$(3I_3 - \mathrm{M1})x = O \quad \Leftrightarrow \quad \left(\begin{pmatrix} 3 & 0 & 0 \\ 0 & 3 & 0 \\ 0 & 0 & 3 \end{pmatrix} - \begin{pmatrix} 2 & 0 & 1 \\ 0 & 3 & 4 \\ 0 & 0 & 1 \end{pmatrix}\right)\begin{pmatrix} x_1 \\ x_2 \\ x_3 \end{pmatrix} = O$$

$$\Leftrightarrow \quad \begin{pmatrix} 1 & 0 & -1 \\ 0 & 0 & -4 \\ 0 & 0 & 2 \end{pmatrix}\begin{pmatrix} x_1 \\ x_2 \\ x_3 \end{pmatrix} = O$$

⟨step 2⟩ 행렬 $\mathrm{M4} = (3I_3 - \mathrm{M1})$의 기약행 사다리꼴:

```
>> M4 = sym([1 0 -1; 0 0 -4; 0 0 2])
M4 =
[ 1, 0, -1]
[ 0, 0, -4]
[ 0, 0,  2]

>> rref(M4)
ans =
[ 1, 0, 0]
[ 0, 0, 1]
[ 0, 0, 0]
```

⟨step 3⟩ rref(M4)의 결과에서 얻어지는 고유벡터:

$$\begin{pmatrix} 1 & 0 & 0 \\ 0 & 0 & 1 \\ 0 & 0 & 0 \end{pmatrix}\begin{pmatrix} x_1 \\ x_2 \\ x_3 \end{pmatrix} = O\text{로부터 } x_1 = 0,\ x_3 = 0$$

$$\Rightarrow \quad x = [x_1, x_2, x_3]^T = [0, x_2, 0]^T$$

$$\Rightarrow \quad x = t[0, 1, 0]^T,\ t \neq 0$$

지금까지 〈표4〉의 첫 번째 경우인 세 개의 고유치가 모두 '중복도=1'을 가지는 경우를 알아보았다. □

다음으로 〈표4〉에서 두 번째인 '중복도=2'의 고유치가 구해지는 경우에 대하여 알아보자.

(ii) '중복도=2'를 가지는 고유치가 존재하는 경우

아래와 같은 행렬 E1

$$E1 = \begin{pmatrix} 1 & 2 & -2 \\ -2 & 5 & -2 \\ -6 & 6 & -3 \end{pmatrix}$$

의 고유치와 고유벡터를 명령어 eig를 이용하여 구하여 보자.

```
>> E1 = sym([ 1 2 -2; -2 5 -2; -6 6 -3])
E1 =
[  1, 2, -2]
[ -2, 5, -2]
[ -6, 6, -3]

>> [V2,D2]=eig(E1)
V2 =
[ 1/3, 1, -1]
[ 1/3, 1,  0]
[   1, 0,  1]
D2 =
[ -3, 0, 0]
[  0, 3, 0]
[  0, 0, 3]
```

출력변수 V2는 행렬 E1의 고유벡터, 출력변수 D2는 행렬 E1의 고유치를 알려준다. 즉, 〈표8〉에 주어진 관계가 성립한다.

〈표8〉

고유치	고유벡터
-3	$t[\frac{1}{3}\ \frac{1}{3}\ 1]^T,\ t \neq 0$
3	$s[1\ 1\ 0]^T + t[-1\ 0\ 1]^T$ (s와 t는 동시에 0가 아니다)

위의 〈표8〉에 있는 고유치를 아래와 같이 특성 다항식을 이용하여 확인하여 보자.

```
>> syms k
>> CHE1 = charpoly(E1,k)
CHE1 =
k^3 - 3*k^2 - 9*k + 27
```

실행문 charpoly(E1,k)에 의하여 행렬 E1의 3차 특성 다항식

$$p(k) = \det(kI_3 - \mathrm{E1})$$

가 변수명 CHE1으로 구해졌다. 명령어 solve를 이용하여 다음과 같이 3차 특성 다항식의 해를 구하면

```
>> Sol = solve(CHE1)  % 버전에 따라 Sol = [-3 3 3]'로 출력될 수 있다.
Sol =
   3
   3
  -3
```

의 결과를 얻는다. 위의 변수 Sol에 저장된 고유치 $k = 3, -3$에 대한 각각의 고유벡터를 구하여 보자.

• 첫 번째: 행렬 E1의 고유치 $k=3$에 대한 고유벡터 구하기(중복도 = 2)

〈step 1〉 대응하는 행렬 방정식:

$$(3I_3 - \mathrm{E1})x = O \quad \Leftrightarrow \quad \left(\begin{pmatrix} 3 & 0 & 0 \\ 0 & 3 & 0 \\ 0 & 0 & 3 \end{pmatrix} - \begin{pmatrix} 1 & 2 & -2 \\ -2 & 5 & -2 \\ -6 & 6 & -3 \end{pmatrix}\right)\begin{pmatrix} x_1 \\ x_2 \\ x_3 \end{pmatrix} = O$$

$$\Leftrightarrow \begin{pmatrix} 2 & -2 & 2 \\ 2 & -2 & 2 \\ 6 & -6 & 6 \end{pmatrix}\begin{pmatrix} x_1 \\ x_2 \\ x_3 \end{pmatrix} = O$$

〈step 2〉 행렬 $\mathrm{E2} = (3I_3 - \mathrm{E1})$의 기약행 사다리꼴:

```
>> E2 = sym([2 -2 2; 2 -2 2; 6 -6 6])
E2 =
[ 2, -2, 2]
[ 2, -2, 2]
[ 6, -6, 6]

>> rref(E2)
ans =
[ 1, -1, 1]
[ 0,  0, 0]
[ 0,  0, 0]
```

〈step 3〉 rref(E2)의 결과에서 얻어지는 고유벡터:

$$\begin{pmatrix} 1 & -1 & 1 \\ 0 & 0 & 0 \\ 0 & 0 & 0 \end{pmatrix}\begin{pmatrix} x_1 \\ x_2 \\ x_3 \end{pmatrix} = O \text{로부터 } x_1 = x_2 - x_3$$

$$\Rightarrow \quad x = \begin{pmatrix} x_1 \\ x_2 \\ x_3 \end{pmatrix} = \begin{pmatrix} x_2 - x_3 \\ x_2 \\ x_3 \end{pmatrix} = \begin{pmatrix} x_2 \\ x_2 \\ 0 \end{pmatrix} + \begin{pmatrix} -x_3 \\ 0 \\ x_3 \end{pmatrix}$$

$$\Rightarrow \quad x = s\begin{pmatrix} 1 \\ 1 \\ 0 \end{pmatrix} + t\begin{pmatrix} -1 \\ 0 \\ 1 \end{pmatrix}, \quad s\text{와 } t\text{는 동시에 0가 아니다.}$$

• 두 번째: 행렬 E1의 고유치 $k = -3$에 대한 고유벡터 구하기

〈step 1〉 대응하는 행렬 방정식:

$$(-3I_3 - \mathrm{E1})x = O \iff \left(\begin{pmatrix} -3 & 0 & 0 \\ 0 & -3 & 0 \\ 0 & 0 & -3 \end{pmatrix} - \begin{pmatrix} 1 & 2 & -2 \\ -2 & 5 & -2 \\ -6 & 6 & -3 \end{pmatrix}\right)\begin{pmatrix} x_1 \\ x_2 \\ x_3 \end{pmatrix} = O$$

$$\iff \begin{pmatrix} -4 & -2 & 2 \\ 2 & -8 & 2 \\ 6 & -6 & 0 \end{pmatrix}\begin{pmatrix} x_1 \\ x_2 \\ x_3 \end{pmatrix} = O$$

〈step 2〉 행렬 $\mathrm{E3} = (-3I - \mathrm{E1})$의 기약행 사다리꼴:

```
>> E3 = sym([-4 -2 2; 2 -8 2; 6 -6 0])
E3 =
[ -4, -2, 2]
[  2, -8, 2]
[  6, -6, 0]

>> rref(E3)
ans =
[ 1, 0, -1/3]
[ 0, 1, -1/3]
[ 0, 0,    0]
```

〈step 3〉 rref(E3)의 결과에서 얻어지는 고유벡터:

$$\begin{pmatrix} 1 & 0 & -1/3 \\ 0 & 1 & -1/3 \\ 0 & 0 & 0 \end{pmatrix}\begin{pmatrix} x_1 \\ x_2 \\ x_3 \end{pmatrix} = O \text{로부터 } x_1 = \frac{x_3}{3},\ x_2 = \frac{x_3}{3}$$

$$\Rightarrow\ x = \begin{pmatrix} x_1 \\ x_2 \\ x_3 \end{pmatrix} = \begin{pmatrix} x_3/3 \\ x_3/3 \\ x_3 \end{pmatrix}$$

$$\Rightarrow\ x = t\begin{pmatrix} 1/3 \\ 1/3 \\ 1 \end{pmatrix},\quad t\text{는 0이 아니다.}$$

이것으로, 〈표4〉의 두 번째 경우인 한 개의 고유치가 '중복도=2'를 가지는 경우를 알아보았다. □

다음으로 〈표4〉에서 마지막인 '중복도=3'의 고유치가 구해지는 경우에 대하여 알아보자.

(iii) '중복도=3'을 가지는 고유치가 존재하는 경우

아래와 같은 행렬 F1

$$F1 = \begin{pmatrix} 5 & 0 & 3 \\ 0 & 5 & 1 \\ 0 & 0 & 5 \end{pmatrix}$$

의 고유치와 고유벡터를 명령어 eig를 이용하여 구하여 보자.

```
>> F1 = sym([ 5 0 3; 0 5 1; 0 0 5 ])
F1 =
[ 5, 0, 3]
[ 0, 5, 1]
[ 0, 0, 5]

>> [V3, D3] = eig(F1)
V3 =
[ 1, 0]
[ 0, 1]
[ 0, 0]
D3 =
[ 5, 0, 0]
[ 0, 5, 0]
[ 0, 0, 5]
```

출력변수 V3는 행렬 F1의 고유벡터, 출력변수 D3는 행렬 F1의 고유치를 알려준다. 즉, 〈표9〉와 같은 관계가 성립한다.

〈표9〉

고유치	고유벡터
5	$s[1\ 0\ 0]^T + t[0\ 1\ 0]^T$, s와 t가 동시에 0이 아니다.

위 〈표9〉에 있는 고유치 5를 앞에서와 같이 특성 방정식을 이용하여 확인하여 보자.

```
>> syms k
>> CHF1 = charpoly(F1,k)
CHF1 =
k^3 - 15*k^2 + 75*k - 125
```

실행문 CHF1 = charpoly(F1,k)에 의하여 행렬 F1의 3차 특성 다항식

$$p(k) = \det(kI_3 - \mathrm{E1})$$

가 변수명 CHF1으로 구해졌다. 명령어 solve를 이용하여 다음과 같이 3차 특성 다항식의 해를 구하면

```
>> Sol = solve(CHF1)
Sol =
 5
 5
 5
```

의 결과를 얻는다. 위의 변수명 Sol에 주어진 고유치에 대한 고유벡터를 구하여 보자.

- 행렬 F1의 고유치 $k=5$에 대한 고유벡터 구하기(중복도 = 3)

⟨step 1⟩ 대응하는 행렬 방정식:

$$(5I_3 - \mathrm{F1})x = O \quad \Leftrightarrow \quad \left(\begin{pmatrix} 5 & 0 & 0 \\ 0 & 5 & 0 \\ 0 & 0 & 5 \end{pmatrix} - \begin{pmatrix} 5 & 0 & 3 \\ 0 & 5 & 1 \\ 0 & 0 & 5 \end{pmatrix}\right)\begin{pmatrix} x_1 \\ x_2 \\ x_3 \end{pmatrix} = O$$

$$\Leftrightarrow \quad \begin{pmatrix} 0 & 0 & -3 \\ 0 & 0 & -1 \\ 0 & 0 & 0 \end{pmatrix}\begin{pmatrix} x_1 \\ x_2 \\ x_3 \end{pmatrix} = O$$

⟨step 2⟩ 행렬 $\mathrm{F2} = (5I_3 - \mathrm{F1})$의 기약행 사다리꼴:

```
>> F2 = sym([ 0 0 -3; 0 0 -1; 0 0 0])
F2 =
[ 0, 0, -3]
[ 0, 0, -1]
[ 0, 0,  0]

>> rref(F2)
ans =
[ 0, 0, 1]
[ 0, 0, 0]
[ 0, 0, 0]
```

⟨step 3⟩ rref(F2)의 결과에서 얻어지는 고유벡터:

$$\begin{pmatrix} 0 & 0 & 1 \\ 0 & 0 & 0 \\ 0 & 0 & 0 \end{pmatrix}\begin{pmatrix} x_1 \\ x_2 \\ x_3 \end{pmatrix} = O \text{로부터 } x_3 = 0$$

$$\Rightarrow \quad x = \begin{pmatrix} x_1 \\ x_2 \\ x_3 \end{pmatrix} = \begin{pmatrix} x_1 \\ x_2 \\ 0 \end{pmatrix} = \begin{pmatrix} x_1 \\ 0 \\ 0 \end{pmatrix} + \begin{pmatrix} 0 \\ x_2 \\ 0 \end{pmatrix}$$

$$\Rightarrow \quad x = s\begin{pmatrix} 1 \\ 0 \\ 0 \end{pmatrix} + t\begin{pmatrix} 0 \\ 1 \\ 0 \end{pmatrix}, \quad s\text{와 } t\text{는 동시에 0이 아니다.}$$

마지막으로, 한 개의 고유치가 '중복도=3'을 가지는 경우를 알아보았다. □

지금까지 〈표4〉에 있는 세 가지 경우를 구체적인 행렬의 예를 가지고 모두 알아보았다. 이번 절의 내용을 요약하면, 어떤 행렬의 고유치와 이에 대응하는 고유벡터를 구할 때, 다음과 같이 두 가지 방법으로 접근하여 보았다:

- 첫 번째: 간단히 명령어 eig를 이용
- 두 번째: 특성 방정식(charpoly), 명령어 solve와 명령어 rref을 이용

이미 알아보았듯이 위의 두 가지 방법은 같은 결과를 제공한다. 크기가 3×3 행렬이 아닌 다른 크기의 행렬에 대한 고유치와 고유벡터를 구할 때에도 이번 절에서 설명한 절차를 따르면 된다.

4.6 대각화

행과 열의 수가 같은 행렬을 정방행렬(Square Matrix)이라고 한다. 즉, 다음과 같이 주어진 행렬 M은 n개의 행과 n개의 열로 이루어진 정방행렬이다:

$$M = \begin{pmatrix} m_{11} & m_{12} & \dots & m_{1n} \\ m_{21} & m_{22} & \dots & m_{2n} \\ \vdots & \vdots & \ddots & \vdots \\ m_{n1} & m_{n2} & \dots & m_{nn} \end{pmatrix}$$

단, n은 2 이상의 자연수로 가정한다. 두 개의 정방행렬이 유사하다고 말하면 이 행렬들이 어떤 관계에 있을 때인지 〈정의1〉에서 설명한다. 또한 대각행렬의 정의는 〈정의2〉에서 주어진다.

〈정의1〉

역행렬을 가지는 행렬 P가 존재하여 정방행렬 M_1과 M_2가 다음과 같은 관계식

$$M_2 = P^{-1}M_1P$$

을 만족할 때 M_1과 M_2는 유사(Similar)하다고 정의한다.

〈정의2〉

대각행렬(Diagonal Matrix)은 행렬의 대각선 위치에 있는 성분 이외의 모든 성분이 0인 정방행렬이다.

다음은 대각행렬의 몇 가지 예이다:

$$\begin{pmatrix} 2 & 0 \\ 0 & 1 \end{pmatrix}, \quad \begin{pmatrix} 1 & 0 & 0 \\ 0 & 2 & 0 \\ 0 & 0 & 3 \end{pmatrix}, \quad \begin{pmatrix} 1 & 0 & 0 \\ 0 & 0 & 0 \\ 0 & 0 & 3 \end{pmatrix}, \quad \begin{pmatrix} d_{11} & 0 & \dots & 0 \\ 0 & d_{22} & \ddots & \vdots \\ \vdots & \ddots & \ddots & 0 \\ 0 & \dots & 0 & d_{nn} \end{pmatrix}$$

단, $j = 1, 2, 3, \dots, n$에 대하여 d_{jj}는 실수이다. 위의 세 번째 행렬에서 보듯이, 대각행렬은 대각선의 위치에 0이 존재할 수 있다. 이번 절의 주제는

어떤 행렬이 대각화될 수 있는가?

이다. 이런 주제를 다루기 위하여 〈정의3〉의 내용이 주어진다.

〈정의3〉

정방행렬 M이 대각행렬과 유사하면 행렬 M은 '대각화(Diagonalization)될 수 있다'고 말한다.

그러므로 역행렬을 가지는 행렬 P가 존재하여 $P^{-1}MP$의 계산결과가 대각행렬이 되면

정방행렬 M은 대각화될 수 있다

라고 말한다. 어떤 행렬의 대각화 가능성은 다음과 같이 주어진 〈정리4〉의 결과에 의하여 판단할 수 있다. 〈정리4〉는 그 결과뿐만 아니라 증명과정도 자세히 이해할 필요가 있다. 그 이유는 정방행렬이 어떻게 대각화될 수 있는지 그 과정을 보여주기 때문이다.

〈정리4〉

아래 주어진 (a)의 내용과 (b)의 내용은 서로 필요충분조건이다.

(a) $n \times n$ 행렬 M은 대각화될 수 있다.

(b) $n \times n$ 행렬 M은 n개의 일차독립인 고유벡터를 가진다.

〈증명〉

(i) 먼저, (a)의 내용을 가정하고 (b)의 내용을 증명하자. 즉, 행렬 M이 대각화될 수 있다고 가정하자. 그러므로

(1) $$D = P^{-1}MP$$

의 관계식을 만족하는 대각행렬 D와 역행렬이 존재하는 행렬 P가 존재한다. 위의 (1)식으로부터

$$PD = MP$$

의 관계식을 얻는다. 이때, P의 열벡터를

$$P_1, P_2, \ldots, P_n$$

로 표기하고 대각행렬 D의 대각성분을

$$k_1, k_2, \ldots, k_n$$

이라고 표기하면 PD는

$$PD = [P_1\ P_2\ \dots\ P_n]\begin{pmatrix} k_1 & 0 & \dots & 0 \\ 0 & k_2 & \ddots & \vdots \\ \vdots & \ddots & \ddots & 0 \\ 0 & \dots & 0 & k_n \end{pmatrix}$$

$$= [k_1 P_1\ \ k_2 P_2\ \ \dots\ \ k_n P_n]$$

이 되고 MP는

$$MP = [MP_1\ MP_2\ \ \dots\ \ MP_n]$$

와 같이 표현된다. 즉, 각각의 $j = 1, 2, \dots, n$에 대하여

(2) $$MP_j = k_j P_j$$

가 된다. 또한, P의 역행렬이 존재하기 때문에 P의 열벡터는 일차독립이다(뒤에 설명되는 4.6절 〈정리6〉 내용 참고). 또한, 각각의 P_j는 영벡터가 아니다. 따라서 행렬 M은 n개의 일차독립인 고유벡터 P_j를 가진다(위의 (2)식 참고). 지금까지 (a)를 가정하여 (b)의 내용을 얻었다.

(ii) 이번에는 (b)의 내용을 가정하여 (a)의 내용을 유도하여 본다. 즉, 행렬 M이 n개의 일차독립인 고유벡터를 가진다고 가정하자. 그러므로 다음의 관계식을 만족하는

고유벡터 $P_1, P_2, \dots, P_n$과 고유치 $k_1, k_2, \dots, k_n$

가 존재한다:

$$MP_j = k_j P_j, \quad j = 1, 2, \dots, n$$

다음으로, 고유벡터 $P_1, P_2, \dots, P_n$을 열벡터로 하는 행렬 P를

$$P = [P_1\ P_2\ \dots\ P_n]$$

와 같이 생성한다. 또한, 고유치 $k_1, k_2, \dots, k_n$을 대각성분으로 하는 대각행렬 $D = [d_{ij}]$을 만든다. 즉, $i, j = 1, 2, \dots, n$에 대하여

$$D = [d_{ij}] = \begin{cases} k_i & \text{if} \quad i = j \\ 0 & \text{if} \quad i \neq j \end{cases}$$

와 같이 생성한다. 고유벡터 $P_1, P_2, \ldots, P_n$는 가정에 의하여 일차독립이므로 행렬 P의 역행렬이 존재한다(뒤에 설명되는 4.6절 〈정리6〉 내용 참고). 그런데,

$$\begin{aligned} MP &= [MP_1 \ MP_2 \ \ldots \ MP_n] \\ &= [k_1P_1 \ k_2P_2 \ \ldots \ k_nP_n] \\ &= PD \end{aligned}$$

이므로

$$D = P^{-1}MP$$

의 관계식을 얻는다. 이 관계식으로부터 행렬 M과 D는 유사하다.
즉, $n \times n$ 행렬 M이 대각화되었다. 위의 (i)과 (ii)에 의하여 〈정리4〉의 내용이 증명되었다. □

다음에 주어지는 〈정의5〉와 〈정리6〉의 내용은 〈정리4〉의 증명과정을 이해하는 데 도움을 준다.

〈정의5〉

n개의 벡터 $X_1, X_2, \ldots, X_n$에 대하여 다음 방정식

(3) $$c_1X_1 + c_2X_2 + \ldots + c_nX_n = O$$

을 만족하는 $c_1, c_2, \ldots, c_n$의 값이 항상

(4) $$c_1 = 0, c_2 = 0, \ldots, c_n = 0$$

이면(위의 (4)식에서 준 값 이외의 값을 가지지 않으면) 벡터 $X_1, X_2, \ldots, X_n$은 일차독립(Linearly Independent)이라고 한다.

위의 (4)식에 주어진 $c_1, c_2, \ldots, c_n$ 의 값을 (3)식에 주어진 방정식의 단순해(Trivial Solution)라고 말한다. 그러므로 n개의 벡터 $X_1, X_2, \ldots, X_n$ 이 일차독립이면 방정식 (3)을 만족하는 $c_1, c_2, \ldots, c_n$ 의 유일한 값은 (4)식으로 주어진다. 위 (3)식에 주어진 방정식의 해로 단순해가 아닌 경우가 발생하면 n 개의 벡터 $X_1, X_2, \ldots, X_n$ 은 일차종속(Linearly Dependent)이라고 정의한다.

행렬 M의 행벡터 또는 열벡터의 일차독립과 그 역행렬 존재성의 관계는 〈정리6〉의 내용으로 정리될 수 있다[ATK].

〈정리6〉

$n \times n$ 행렬 M에 대한 다음과 같은 네 가지 항목들은 서로 동등(Equivalent)하다.

첫 번째: M의 역행렬 M^{-1}이 존재한다.

두 번째: 행렬 방정식 $Mx = O$의 유일한 해는 단순해이다.

세 번째: 행렬 M의 행벡터는 일차독립이다.

네 번째: 행렬 M의 열벡터는 일차독립이다.

위의 〈정리6〉의 결과는 이론을 전개할 때 유용하게 이용될 수 있다. 예를 들어, 위의 〈정리6〉의 세 번째 항목이 참으로 알려져 있다면 나머지 첫 번째, 두 번째, 네 번째 항목도 참이 된다. 그러므로 참인 세 번째 내용 대신에 첫 번째, 두 번째, 네 번째 내용을 어떤 이론 전개과정에 적용할 수 있다.

앞서 자세히 알아본 〈정리4〉의 증명 내용을 다시 검토하여 보자. 행렬 M이 n개의 일차독립인 고유벡터를 가지는 경우에, 행렬 M은 대각화될 수 있다고 했다. 이 대각화과정은 다음과 같이 요약된다:

> 고유벡터를 열벡터로 하는 행렬 P를 만들어 $P^{-1}MP$를 계산하면 대각행렬이 구해지는데 이 대각행렬을 D라고 표기하자. 그런데, 증명의 내용을 보면 D의 대각성분이 바로 행렬 M의 고유치가 된다.

그러면, 다음과 같은 질문을 할 수 있다:

언제 정방행렬 M이 일차독립인 고유벡터를 가질까?

위의 질문에 대한 답의 하나가 〈정리7〉의 내용이다. 즉, 정방행렬 M의 일차독립인 고유벡터를 구하기 위하여 〈정리7〉의 결과가 이용될 수 있다[BUR].

> **〈정리7〉**
> $n \times n$ 행렬 M이 서로 다른 n개의 고유치를 가질 때, 대응하는 고유벡터는 일차독립이다.

어떤 $n \times n$ 행렬 M의 고유치의 개수는 많아야 n개이다. 그런데, 그 n개의 고유치가 모두 다른 값이면 대응하는 n개의 고유벡터는 일차독립이 된다는 것이 〈정리7〉의 내용이다. 예를 들어, 어떤 3×3 크기의 행렬이 서로 다른 3개의 고유치 k_1, k_2, k_3 를 가지면 각각의 고유치에 대응하는 고유벡터 v_1, v_2, v_3 는 일차독립이 된다. 이러한 사실을 **예제8** 의 내용 중에서도 확인할 수 있다.

예제8 아래 주어진 행렬 M1의 대각화과정을 수행하여 보자.

$$\mathrm{M1} = \begin{pmatrix} 2 & 0 & 1 \\ 0 & 3 & 4 \\ 0 & 0 & 1 \end{pmatrix}$$

먼저 아래와 같이 행렬 M1을 생성한다.

```
>> M1 = sym([ 2 0 1; 0 3 4; 0 0 1 ])
M1 =
[ 2, 0, 1]
[ 0, 3, 4]
[ 0, 0, 1]
```

생성된 M1에 대하여 명령어 eig를 이용하여 행렬 M1의 고유치와 대응하는 고유벡터를 다음과 같이 구할 수 있다.

```
>> [V1,D1]=eig(M1)
V1 =
[ 0, -1, 1]
[ 1, -2, 0]
[ 0,  1, 0]

D1 =
[ 3, 0, 0]
[ 0, 1, 0]
[ 0, 0, 2]
```

즉, D1의 대각성분에서 행렬 M1의 고유치를 구하고 각각의 고유치에 대응하는 고유벡터는 V1의 열벡터에서 구할 수 있다. 다음으로, 매틀랩에서

$$(V1)^{-1}M1(V1)$$

을 계산하여 이론적 결과를 확인하여 보자.

```
>> D = inv(V1)*M1*V1
D =
[ 3, 0, 0]
[ 0, 1, 0]
[ 0, 0, 2]
```

바로 위에서 구한 행렬 D의 대각성분이 앞서 구한 D1의 대각성분과 일치하는 것을 확인할 수 있다.

출력된 행렬 D에 관하여 좀 더 분석하여 보자. 3×3 행렬 M1은 서로 다른 세 개의 고유치(위 D1의 결과 참조)를 가지게 되므로 〈정리7〉에 의하여 대응하는 세 개의 고유벡터는 일차독립이 된다. 사실, 세 개의 고유벡터가 열(Colomn)인 행렬 V1에 대하여

$$\det(\mathrm{V1}) = 1 \neq 0$$

이다. 또한, 〈정리4〉에 의하여, 세 개의 일차독립인 고유벡터를 가지는 3×3 행렬 M1은 대각화될 수 있고 그 대각화의 결과로 얻어지는 대각행렬의 대각성분들은 행렬 M1의 고유치가 된다. 이러한 내용이 행렬 D를 구함으로써 확인되었다. □

일반적으로, 어떤 $n\times n$ 행렬 M이 다음 중 하나의 경우가 되면 대각화될 수 있다[LAR].

- 행렬 M이 서로 다른 고유치를 가진다.
- 행렬 M이 대칭(Symmetric)이다.

위의 두 가지 경우가 아닌, 중복도 2 이상의 고유치를 가진 비대칭(Nonsymmetric) 행렬의 대각화는 보장될 수 없다. 한편, 심볼릭 객체를 성분으로 하는 어떤 행렬 M에 대하여 명령어 eig(M)을 실행하였을 때 구해진 고유치와 고유벡터의 값이 너무 길게 표현되어 전체 값을 화면으로 보기 어려운 경우가 발생할 수 있다. 이러한 경우 명령어 double을 이용하면 간략히(근사값으로) 표현된 고유치와 고유벡터를 구할 수 있다. 예를 들어,

```
>> M2 = sym( [1 -2 0 ; 2 1 5 ; 0 1 3 ] )
M2 =
[ 1, -2, 0]
[ 2,  1, 5]
[ 0,  1, 3]
>> [V2, D2] = eig(M2)
```

와 같이 실행한 경우 V2와 D2의 출력 내용을 한 번에 볼 수 없기 때문에 다음과 같이 실행한다.

```
>> double(V2)
>> double(D2)
```

그 결과로서, V2와 D2의 성분이 심볼릭 객체에서 그 근사값(double 형)으로 출력된다.

4.7 최소 자승 해

미지수 m 개를 가진 n개의 선형방정식이 주어진 경우를 알아보자. 이때, 미지수의 개수 m 은 방정식의 개수 n 보다 작다고 가정한다. 즉, $m < n$이다. 이와 같이 미지수의 개수(=m)가 방정식의 개수(=n)보다 적으면, 관련된 선형 방정식의 해는 일반적으로 존재하지 않는다. 만족해야 할 조건(방정식)이 너무 많기 때문이다. 예를 들어, (1)식과 같이 주어진 미지수 두 개를 가지는 선형 방정식의 해를 구하여 보자(즉, $m = 2, n = 3$).

(1) $$x + 2y = 5, \quad -x + 3y = 2, \quad -2x + y = 6$$

위의 (1)식에서 첫 번째와 두 번째 방정식을 만족하는 해는

(2) $$x = \frac{11}{5}, \quad y = \frac{7}{5}$$

이다. 위 (2)식에 있는 해를 (1)식의 세 번째 방정식에 대입하면

$$-2x + y = -2 \times \frac{11}{5} + \frac{7}{5} = -\frac{15}{5} = -3 \neq 6$$

와 같이 (1)식의 세 번째 방정식을 만족하지 못한다. 즉, (1)식에 있는 세 개의 방정식을 동시에 만족하는 해는 존재하지 않는다.

미지수의 개수가 방정식의 개수보다 적어(또는 미지수의 개수보다 방정식의 개수가 많아) 선형 시스템의 해(= Exact Solution)를 구할 수 없는 경우는 다음과 같은 상황에서 발생할 수 있다. 단, 용어 '선형 시스템'은 '선형 방정식의 계'(= System of Linear Equations)를 의미한다.

평면 위에 n개의 점

(3) $$(x_1, y_1), (x_2, y_2), \ldots, (x_n, y_n)$$

이 주어졌을 때, 이러한 점들을 fitting하는 m 차 다항식

(4) $$f(x) = c_0 + c_1 x + c_2 x^2 + \ldots + c_m x^m \quad (n > m+1)$$

을 결정하기 위하여 (3)식에서 주어진 n개의 점을 다항식 $f(x)$에 대입하면 (5)식과 같은 결과를 얻는다.

(5) $$f(x_1) = y_1, \quad f(x_2) = y_2, \quad \ldots, \quad f(x_n) = y_n$$

위의 (5)식은 $(m+1)$개의 미지수

$$c_0, \ c_1, \ c_2, \ \ldots, \ c_m$$

을 가진 n개의 선형 방정식이 된다. 즉, 미지수의 개수보다 방정식의 개수가 많은 선형 시스템(Overdetermined System of Linear Equations)이 구해졌다. 좀 더 나아가, 위의 (5)식으로부터 구해지는 n개의 선형 방정식

$$\begin{aligned} c_0 + c_1 x_1 + c_2 x_1^2 + \ldots + c_m x_1^m &= y_1 \\ c_0 + c_1 x_2 + c_2 x_2^2 + \ldots + c_m x_2^m &= y_2 \\ &\vdots \\ c_0 + c_1 x_n + c_2 x_n^2 + \ldots + c_m x_n^m &= y_n \end{aligned}$$

은 다음과 같은 행렬 방정식으로 유도된다.

(6) $$MX = Y$$

위의 (6)식에서 행렬 M과 열벡터 X, Y는 다음과 같다:

(7) $$M = \begin{bmatrix} 1 & x_1 & x_1^2 & \ldots & x_1^m \\ 1 & x_2 & x_2^2 & \ldots & x_2^m \\ 1 & x_3 & x_3^2 & \ldots & x_3^m \\ \vdots & & & \ddots & \vdots \\ 1 & x_n & x_n^2 & \ldots & x_n^m \end{bmatrix}, \quad X = \begin{bmatrix} c_0 \\ c_1 \\ c_2 \\ \vdots \\ c_m \end{bmatrix}, \quad Y = \begin{bmatrix} y_1 \\ y_2 \\ y_3 \\ \vdots \\ y_n \end{bmatrix}$$

이러한 행렬 방정식의 해(Exact Solution)는 일반적으로 존재하지 않기 때문에 근사적으로 가장 적합한 해인 '최소 자승 해'를 구한다. 위 (6)식에 대한 최소 자승 해 X는 간단히 MX와 Y의 차이를 최소로 만드는 벡터 X라고 말할 수 있다. 좀 더 정확하게

수식으로 표현한 내용이 〈정의1〉에 주어진다.

〈정의1〉

$|MX - Y|^2$의 값이 최소가 되는 벡터 X를 (6)식에 주어진 행렬 방정식의 최소 자승 해(Least-Squares Solution)라고 한다.

위의 〈정의1〉에서 말하는 최소 자승 해에 의하여 결정된 계수

$$c_0, c_1, \ldots, c_m$$

을 가지는 (4)식에서 주어진 다항식 $f(x)$를 (3)식에 주어진 n개의 점에 대한 '최소 자승 m차 다항식'이라고 하자. 최소 자승 해와 관련된 용어와 내용이 〈정의2〉와 〈정리3〉에서 제공된다.

〈정의2〉

행렬 M에 대하여 M^TM의 역행렬이 존재하면

$$(M^TM)^{-1}M^T$$

을 행렬 M의 유사역원(Pseudoinverse)이라 정의하고 $\mathrm{pinv}(M)$로 표기한다. 단, M^T는 행렬 M의 전치행렬(Transpose)이다.

위의 〈정의1〉에서 설명하는 최소 자승 해를 구할 때에는 아래 〈정리3〉의 내용이 이용된다.

〈정리3〉

행렬 방정식이 위의 (6)식과 같이 주어지고 M^TM의 역행렬이 존재한다고 가정하자. 이때, 주어진 행렬 방정식의 최소 자승 해 X는

$$(8) \qquad X = \mathrm{pinv}(M)\,Y = \left[(M^T M)^{-1} M^T\right] Y$$

에 의하여 구해진다[WIL].

사실, 〈정리3〉의 결론은 위의 (4)식에서 주어진 m차 다항식뿐만 아니라 다변수 선형 함수의 경우에도 적용될 수 있다. 좀 더 자세한 설명을 위하여 (4)식에 주어진 다항식 대신에 (4)식의 형태를 포함할 수 있는 다음과 같은 일반적 형태의 모델을 도입하자:

$$(9) \qquad z = c_0 W_0 + c_1 W_1 + c_2 W_2 + \dots + c_m W_m$$

즉, 변수 z과 $W_0, W_1, \dots, W_m$을 이용한 위의 모델로 두 가지 종류의 최소 자승 해에 접근하여 보자. 첫 번째 종류에 관한 설명은 아래 'CASE1'에서 주어진다.

- CASE1

위의 (9)식에서

$$W_0 = 1,\ W_1 = x_1,\ W_2 = x_2,\ \dots,\ W_m = x_m$$

와 같이 변수 $W_0, W_1, \dots, W_m$ 대신에 상수 1과 변수 $x_1, x_2, \dots, x_m$을 선택하면 (9)식은

$$(10) \qquad z = c_0 + c_1 x_1 + c_2 x_2 + \dots + c_m x_m$$

가 되어 다변수 선형 함수의 형태가 된다. 즉, (10)식은 독립변수가 $x_1, x_2, \dots, x_m$이고 종속변수가 z인 다변수 선형 함수로 생각될 수 있다. 이때, 변수 $x_1, x_2, \dots, x_m$과 변수 z의 값이

$$(11) \qquad \begin{aligned}(x_1, x_2, \dots, x_m, z) = {} & (x_{11}, x_{21}, \dots, x_{m1}, z_1), \\ & (x_{12}, x_{22}, \dots, x_{m2}, z_2), \\ & \qquad \vdots \\ & (x_{1n}, x_{2n}, \dots, x_{mn}, z_n)\end{aligned}$$

와 같이 n개의 벡터 형태(각 벡터는 $(m+1)$개의 성분을 가진)로 주어지면 이 값들을

(10)식에 대입하여 다음과 같은 선형 시스템을 생성할 수 있다:

$$
\begin{aligned}
z_1 &= c_0 + c_1 x_{11} + c_2 x_{21} + \dots + c_m x_{m1} \\
z_2 &= c_0 + c_1 x_{12} + c_2 x_{22} + \dots + c_m x_{m2} \\
&\vdots \\
z_n &= c_0 + c_1 x_{1n} + c_2 x_{2n} + \dots + c_m x_{mn}
\end{aligned} \qquad (12)
$$

위의 (12)식에 대응하는 행렬 방정식은

$$
MX = Z \iff \begin{bmatrix} 1 & x_{11} & x_{21} & \dots & x_{m1} \\ 1 & x_{12} & x_{22} & \dots & x_{m2} \\ 1 & x_{13} & x_{23} & \dots & x_{m3} \\ \vdots & & & \ddots & \vdots \\ 1 & x_{1n} & x_{2n} & \dots & x_{mn} \end{bmatrix} \begin{bmatrix} c_0 \\ c_1 \\ c_2 \\ \vdots \\ c_m \end{bmatrix} = \begin{bmatrix} z_1 \\ z_2 \\ z_3 \\ \vdots \\ z_n \end{bmatrix}
$$

와 같이 표현될 수 있다. 이 행렬 방정식을 〈정리3〉의 내용에 적용하면, m개의 변수 $x_1, x_2, \dots, x_m$을 가진 다변수 선형 함수

$$
z = c_0 + c_1 x_1 + c_2 x_2 + \dots + c_m x_m \qquad (13)
$$

의 최소 자승 해

$$
X = [c_0, c_1, \dots, c_m]
$$

을 구할 수 있다. 이 최소 자승 해에 의하여 결정된 계수 $c_0, c_1, \dots, c_m$을 가지는 다변수 선형 함수 (13)식을 (11)식에서 주어진 n개의 데이터에 대한 '최소 자승 다변수 선형 함수'로 정의한다. □

다음으로, 위 (9)식에 대한 두 번째 종류에 관한 설명은 아래 'CASE2'에서 주어진다.

- CASE2

위의 (9)식에서

$$
z = f(x), \quad W_0 = 1, \ W_1 = x, \ W_2 = x^2, \ \dots, \ W_m = x^m
$$

와 같이 변수 z, $W_0, W_1, W_2, \ldots, W_m$ 대신에 $f(x)$, 1, x, x^2, ..., x^m 을 순서대로 선택하면 (9)식은

$$f(x) = c_0 + c_1 x + c_2 x^2 + \ldots + c_m x^m$$

와 같이 되고 위의 식은 (4)식에 있는 형태와 동일하다. 그러므로 (6)식에서 설명된 행렬 방정식에 〈정리3〉의 내용을 적용하여 최소 자승 해를 구할 수 있다. 따라서 (3)식에 주어진 n개의 점에 대한 최소 자승 m차 다항식인 (4)식(최소 자승 해에 의하여 제공된 $c_0, c_1, \ldots, c_m$을 가진)을 결정하게 된다. □

다음 **예제4** 의 내용은 'CASE2'에 대한 하나의 예가 된다. 즉, (9)식에서

$$z = f(x), \quad W_0 = 1, \ W_1 = x$$

의 경우에 해당한다.

예제4 다음과 같이 주어진 세 개의 점에 대한 '최소 자승 1차 다항식'을 구하여 보자.

$$(2, 5), (-3, -2), \left(-\frac{1}{2}, -3\right) \tag{14}$$

풀이 최소 자승 1차 다항식을

$$f(x) = c_0 + c_1 x$$

라 가정하고 (14)식에서 주어진 세 개의 점을 대입하면

$$c_0 + 2c_1 = 5, \quad c_0 - 3c_1 = -2, \quad c_0 - \frac{1}{2}c_1 = -3 \tag{15}$$

와 같이 미지수 c_0와 c_1을 가지는 과결정 선형 시스템(Overdetermined System of Linear Equations)이 구해진다(미지수 2개, 방정식 3개). 이러한 선형 시스템은 다음과 같이 행렬 방정식으로 변경될 수 있다:

$$MX = Y \tag{16}$$

위 (16)식에서 행렬 M과 열벡터 X, Y는

$$M = \begin{bmatrix} 1 & 2 \\ 1 & -3 \\ 1 & -1/2 \end{bmatrix}, \quad X = \begin{bmatrix} c_0 \\ c_1 \end{bmatrix}, \quad Y = \begin{bmatrix} 5 \\ -2 \\ -3 \end{bmatrix} \tag{17}$$

로 주어진다. 매틀랩 명령어를 이용하여 행렬 방정식 (16)식에 대한 최소 자승 해를 다음과 같이 구하여 본다.

```
>> M = sym([ 1 2; 1 -3; 1 -1/2 ])           % 심볼릭 행렬 M을 생성
M =
[ 1,    2]
[ 1,   -3]
[ 1, -1/2]

>> Y = sym([ 5; -2; -3 ])                   % 심볼릭 열벡터 Y를 생성
Y =
  5
 -2
 -3

>> pinvM = inv(M'*M)*M'                     % pinvM는 M의 유사역원
pinvM =
[ 13/30, 7/30, 1/3]
[   1/5, -1/5,   0]

>> Xsol = pinvM*Y                % Xsol = [c0, c1]^T
Xsol =
 7/10
 7/5
```

변수명 Xsol에 저장된 값으로부터, (14)식에 주어진 세 개의 점에 대한 최소 자승 1차 다항식은

$$(18) \qquad f(x) = c_0 + c_1 x = 0.7 + \frac{7}{5}x$$

가 된다. 위의 (14)식과 (18)식에서 각각 주어진 세 개의 점과 이 세 점들에 대한 최소 자승 1차 다항식이 〈그림5〉에서 비교되었다.

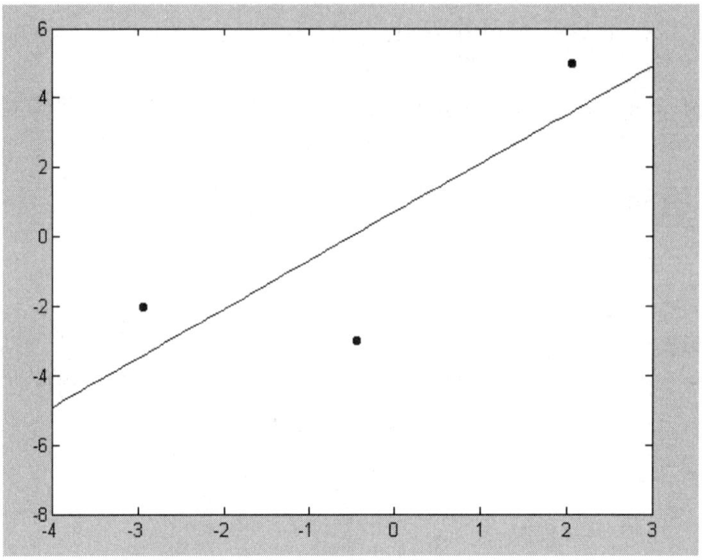

〈그림5〉 세 점에 대한 최소 자승 1차 다항식

이상, 〈예제4〉의 내용을 마친다. □

행렬 M의 유사역원을 **예제4** 에서 구할 때, 〈정의2〉에서 설명한 내용대로 계산(= inv(M'*M)*M')을 하였다. 그러나 M의 유사역원을 간단히 매틀랩 명령어 pinv를 이용하여 구해도 된다. 다음의 내용을 실행한다.

```
>> M = sym([ 1 2; 1 -3; 1 -1/2]);
>> Y = sym([ 5; -2; -3]);
>> X1sol = pinv(M)*Y
X1sol =
 7/10
 7/5
```

위와 같이, 명령어 pinv를 이용하여 구한 X1sol의 출력결과와 〈정의2〉의 내용대로 계산하여 구한 Xsol의 출력결과가 동일한 것을 확인할 수 있다. 심볼릭 성분이 아닌 수의 성분을 가지는 행렬에 대한 유사역원도 명령어 pinv를 이용하여 구할 수 있다.

다음 **예제5** 의 내용은 'CASE1'에 대한 하나의 예가 된다. 즉, (9)식에서

$$W_0 = 1, \quad W_1 = x_1, \quad W_2 = x_2$$

의 경우이다.

예제5 다음과 같이 네 개의 데이터

(19) $$(x_1, x_2, z) = (1, 1, 4), (2, 1, 7), (1, -1, 0), (-1, 3, 2)$$

가 주어졌을 때(앞의 (11)식에서 $m = 2$, $n = 4$의 경우), 두 개의 변수 x_1, x_2을 가지는 다변수 선형 함수

(20) $$z = c_0 + c_1 x_1 + c_2 x_2$$

의 최소 자승 해를 구하여 보자.

풀이 참고로, (19)식에 주어진 네 개의 데이터는 평면 방정식

(21) $$z = f(x_1, x_2) = -1 + 3x_1 + 2x_2$$

로부터 구해졌다. 최소 자승 해를 구하기 위하여 (19)식에 주어진 네 개의 데이터를 (20)에 있는 식에 대입한다. 결과로서

(22) $$\begin{aligned} 4 &= c_0 + c_1 + c_2, \\ 7 &= c_0 + 2c_1 + c_2, \\ 0 &= c_0 + c_1 - c_2, \\ 2 &= c_0 - c_1 + 3c_2, \end{aligned}$$

와 같이 네 개의 방정식이 생긴다. 이 결과를 행렬 방정식으로 변경하면

$$(23) \qquad MX = Z \iff \begin{bmatrix} 1 & 1 & 1 \\ 1 & 2 & 1 \\ 1 & 1 & -1 \\ 1 & -1 & 3 \end{bmatrix} \begin{bmatrix} c_0 \\ c_1 \\ c_2 \end{bmatrix} = \begin{bmatrix} 4 \\ 7 \\ 0 \\ 2 \end{bmatrix}$$

가 된다. 행렬 방정식 (23)에 대한 최소 자승 해를 다음과 같이 구한다.

```
>> M = sym([ 1 1 1; 1 2 1; 1 1 -1; 1 -1 3])
M =
[ 1,  1,  1]
[ 1,  2,  1]
[ 1,  1, -1]
[ 1, -1,  3]

>> Z = sym([ 4; 7; 0; 2])
Z =
 4
 7
 0
 2

>> pinvM = inv(M'*M)*M'                    % pinvM는 M의 유사역원
pinvM =
[ 3/22, -7/22,  37/44, 15/44]
[  1/11,   5/11,  -3/11, -3/11]
[  1/22,   5/22, -17/44,  5/44]

>> Xsol = pinvM*Z                    % Xsol = [c0, c1, c2]^T
Xsol =
 -1
  3
  2
```

출력변수 Xsol에 저장된 값으로부터, (19)식에서 주어진 네 개의 데이터에 대한

최소 자승 다변수 선형 함수

$$z = c_0 + c_1 x_1 + c_2 x_2 \;\; = -1 + 3x_1 + 2x_2$$

이 구해진다. 위의 식을 (21)식과 비교하면 동일한 것을 알 수 있다. 사실, (19)식에서 주어진 네 개의 데이터가 (21)식에 있는 방정식을 만족하기 때문에 이러한 결과를 예상할 수 있었다. 이것으로 **예제5** 의 내용을 종료한다. □

지금까지 (9)식에 주어진 모델을 두 가지 경우로 나누어 보았고 그 각각의 최소 자승 해에 대하여 알아보았다. 다음 절은 벡터공간에서 직교기저와 관련된 내용이다.

4.8 Gram-Schmidt 과정

n차원 벡터공간 R^n에서 두 개의 벡터 x와 y의 합은

$$\begin{aligned} x + y &= (x_1,\, x_2,\, \ldots,\, x_n) + (y_1,\, y_2,\, \ldots,\, y_n) \\ &= (x_1 + y_1,\, x_2 + y_2,\, \ldots,\, x_n + y_n) \end{aligned}$$

로 정의되고 상수 c에 의한 벡터 x의 상수 곱은

$$cx = c(x_1,\, x_2,\, \ldots,\, x_n) = (cx_1,\, cx_2,\, \ldots,\, cx_n)$$

로 정의한다. 또한, 두 벡터 x, y의 내적에 대한 설명이 〈정의1〉에서 주어진다.

〈정의1〉

n차원 벡터공간 R^n에서 두 벡터 x, y의 내적 $x \cdot y$는 다음과 같이 정의된다:

(1) $$\begin{aligned} x \cdot y &= (x_1, x_2, \ldots, x_n) \cdot (y_1, y_2, \ldots, y_n) \\ &= x_1 y_1 + x_2 y_2 + \ldots + x_n y_n \end{aligned}$$

벡터공간 R^n 에서 $n=3$ 에 대응하는 3차원 벡터공간 R^3 의 세 벡터 v_1, v_2, v_3 가 주어지고

$$(2) \qquad B=\{v_1, v_2, v_3\}$$

가 벡터공간 R^3 의 기저라고 가정하자. 이러한 가정으로 벡터공간 R^3 의 모든 벡터는, 기저 B 에 있는 세 벡터의 일차결합(Linear Combination)으로 표현(뒤에 설명하는 4.8절 〈정의2〉의 내용을 참고)될 수 있다. 즉,

$$R^3=\{c_1v_1+c_2v_2+c_3v_3 \mid c_j \in R,\ j=1,2,3\}$$

이다. 추가적으로, (2)식에 주어진 기저 B 의 벡터들이 서로 직교하면 이론 전개나 수식 표현에 있어서 단순화가 가능해지고 그 활용도가 높아진다(직교와 관련된 내용은 〈정의3〉을 참고). 그러므로, 벡터공간 R^3 의 기저가 (2)식과 같이 B 로 주어졌을 때, 직교기저(Orthogonal Basis) $\widetilde{B}$ 를 구하는 방법에 대하여 알아보자. 다음과 같이 B 에 있는 세 개의 벡터 v_1, v_2, v_3 로부터 (3)식과 같이 세 벡터 p_1, p_2, p_3 를 생성한다:

$$(3) \qquad \begin{aligned} p_1 &= v_1 \\ p_2 &= v_2 - \frac{v_2 \cdot p_1}{p_1 \cdot p_1} p_1 \\ p_3 &= v_3 - \frac{v_3 \cdot p_1}{p_1 \cdot p_1} p_1 - \frac{v_3 \cdot p_2}{p_2 \cdot p_2} p_2 \end{aligned}$$

위 (3)식으로부터 생성된 세 벡터 p_1, p_2, p_3 는 서로 직교한다. 세 벡터 p_1, p_2, p_3 가 서로 직교하면 일차독립(4.8장 연습문제 6번 참고)이므로 세 벡터 p_1, p_2, p_3 은 R^3 의 기저(뒤에 설명하는 〈Remark 4〉의 내용 참고)가 된다. 즉, $\widetilde{B}=\{p_1, p_2, p_3\}$ 는 R^3 의 직교기저이다. 이러한 결과는, 임의의 내적공간(Inner Product Space)에서 확립된 'Gram-Schmidt 과정'이라는 이론적 내용을 3차원 벡터 공간 R^3 에 적용하여 얻을 수 있다[CHE]. 만약에,

$$(4) \qquad B_1=\{v_1, v_2, \ldots, v_n\}$$

가 n 차원 벡터공간 R^n (위 (1)식과 같이 내적이 정의된)의 기저라고 가정하면 Gram-Schmidt 과정을 다음과 같이 적용하여

(5)
$$z_1 = v_1$$
$$z_2 = v_2 - \frac{v_2 \cdot z_1}{z_1 \cdot z_1} z_1$$
$$\vdots$$
$$z_k = v_k - \frac{v_k \cdot z_1}{z_1 \cdot z_1} z_1 - \frac{v_k \cdot z_2}{z_2 \cdot z_2} z_2 - \dots - \frac{v_k \cdot z_{k-1}}{z_{k-1} \cdot z_{k-1}} z_{k-1}$$
$$(k = 2, 3, 4, \dots, n)$$

와 같이 R^n 의 직교기저

$$\widetilde{B_1} = \{z_1, z_2, \dots, z_n\}$$

을 구할 수 있다. 길이가 1인 직교기저를 정규직교기저라고 부르고 위의 직교기저 $\widetilde{B_1}$ 으로부터 다음과 같이 구할 수 있다:

(6)
$$u_1 = \frac{z_1}{|z_1|}, \quad u_2 = \frac{z_2}{|z_2|}, \dots, \quad u_n = \frac{z_n}{|z_n|}$$

즉, $\{u_1, u_2, \dots, u_n\}$은 R^n 의 정규직교기저(Orthonormal Basis)이다. 참고로, 기저와 직교에 대한 용어 이해를 위하여 〈정의2〉와 〈정의3〉이 함께 주어진다.

〈정의2〉 기저

벡터 공간 R^n 에서 n 개의 벡터를 가지는 집합 B

$$B = \{v_1, v_2, \dots, v_n\}$$

가 다음과 같은 두 개의 조건을 모두 만족하면 위의 B를 R^n 의 기저(Basis)라고 부른다:

- 첫 번째 조건: B가 R^n 을 생성(Span)한다. 즉, R^n 이 B에 있는 벡터들의 일차 결합으로 표현될 수 있다. 집합으로 표시하면 다음과 같다:

$$(7) \qquad R^n = \{c_1 v_1 + c_2 v_2 + \ldots + c_n v_n \mid c_j \in R,\ j = 1, 2, \ldots, n\}$$

• 두 번째 조건: B는 일차독립(Linearly Independent)이다.

〈정의3〉 직교

n차원 벡터공간 R^n (위 (1)식과 같이 내적이 정의된)에서 두 벡터 x, y가

$$x \cdot y = O$$

와 같은 식을 만족하면 'x와 y는 직교(Orthogonal)한다'라고 부른다.

본문 내용을 쉽게 이해하기 위하여, n차원 벡터공간 R^n 에서 일차독립, 생성과 기저에 대한 '참'인 내용이 〈Remark 4〉에 주어진다.

〈Remark 4〉

n차원 벡터공간 R^n 에서 주어진 n개의 벡터 v_1, v_2, ..., v_n를 원소로 하는 집합 B가

$$B = \{v_1, v_2, \ldots, v_n\}$$

와 같이 주어졌을 때,
(i) B가 일차독립이면 B는 벡터공간 R^n 의 기저이다.
(ii) B가 R^n 을 생성하면 B는 벡터공간 R^n 의 기저이다.

다음은 구체적으로 세 개의 벡터를 가지고 (3)식에 주어진 내용을 적용하여 보자. 아래에 주어진 **예제5** 에서 그 과정을 알아본다.

예제5 세 개의 벡터 $v_1 = (1, 1, 1)$, $v_2 = (2, 0, 1)$, $v_3 = (2, 4, 5)$는 3차원 공간 R^3의 기저이다. 벡터 v_1, v_2, v_3에 (3)식(Gram-Schmidt 과정)을 적용하여 직교기저를 구하여 보자.

풀이 세 개의 벡터 v_1, v_2, v_3을 행으로 하는 행렬

$$\mathrm{M} = \begin{bmatrix} 1 & 1 & 1 \\ 2 & 0 & 1 \\ 2 & 4 & 5 \end{bmatrix}$$

을 생성하고 행렬 M의 rank를 다음과 같이 구한다:

```
>> v1 = sym([ 1 1 1]);
>> v2 = sym( [ 2 0 1]);
>> v3 = sym( [ 2 4 5]);
>> M = [ v1; v2; v3]
M =
[ 1, 1, 1]
[ 2, 0, 1]
[ 2, 4, 5]

>> rankM = rank(M)
rankM = 3
```

위의 결과로 행렬 M의 rank가 3임을 알 수 있다. 따라서 $B = \{v_1, v_2, v_3\}$은 3차원 공간 R^3의 기저가 된다(앞의 〈Remark 4〉 참고). 벡터 v_1, v_2, v_3에 (3)식을 적용하면

```
>> p1 = v1
p1 =
[ 1, 1, 1]

>> p2 = v2 - (sum(v2.*p1)/sum(p1.*p1))*p1
p2 =
[ 1, -1, 0]

>> p3 = v3 - (sum(v3.*p1)/sum(p1.*p1))*p1 - (sum(v3.*p2)/sum(p2.*p2))*p2
p3 =
[ -2/3, -2/3, 4/3]
```

와 같이 벡터 p1, p2, p3를 구할 수 있다. 본문 내용에 의하면, 구해진 p1, p2, p3은 직교기저이다. 정말로, 이 세 벡터가 서로 직교인지 확인하여 보자. 편의상 세 벡터 p1, p2, p3을 아래와 같이 각각 p_1, p_2, p_3로 표기한다.

$$p_1 \cdot p_2 = [1, 1, 1] \cdot [1, -1, 0] = 1 - 1 + 0 = 0$$
$$p_1 \cdot p_3 = [1, 1, 1] \cdot [-2/3, -2/3, 4/3] = -2/3 - 2/3 + 4/3 = 0$$
$$p_2 \cdot p_3 = [1, -1, 0] \cdot [-2/3, -2/3, 4/3] = -2/3 + 2/3 + 0 = 0$$

위의 결과로부터 $\widetilde{B} = \{p_1, p_2, p_3\}$는 서로 직교하는 것을 알 수 있다. 그러므로 p_1, p_2, p_3는 R^3에서 일차독립인 세 벡터이다. 세 개의 벡터가 R^3에서 일차독립이면 그 세 개의 벡터는 R^3의 기저가 된다. 즉, 다음과 같은 세 벡터

$$p_1 = [1, 1, 1],\ p_2 = [1, -1, 0],\ p_3 = [-2/3, -2/3, 4/3]$$

은 R^3의 직교기저이다. □

위 **예제5** 에서 사용한 명령어 sum에 대한 내용:

(i) v가 벡터일 때, sum(v)는 벡터 v에 있는 모든 성분을 더한 값을 출력한다:

$$v = (v_1, v_2, \ldots, v_n)\text{이면, } \mathrm{sum}(v) = v_1 + v_2 + \ldots + v_n$$

예를 들면,

```
>> v = [ 1 2 3]
v =
     1     2     3

>> sumv = sum(v)
sumv =      6
```

와 같이 변수 sumv에는 벡터 v의 모든 성분의 합 $1+2+3=6$이 저장되었다.

(ii) M이 행렬이면 sum(M)은 행렬 M의 각 열의 성분의 합이 출력된다. 행렬 M의 크기가 $m \times n$일 경우, sum(M)의 크기는 $1 \times n$이다. 예를 들어, 다음과 같이 2×3 행렬 M에 대하여 명령어 sum을 실행한다.

```
>> M = [ 1 2 3; 4 5 6]
M =
     1     2     3
     4     5     6

>> sumM = sum(M)
sumM =
     5     7     9
```

그 결과로 아래와 같이 각 열의 성분의 합,

1열: $1+4=5$, 2열: $2+5=7$, 3열: $3+6=9$

인 sumM = [5 7 9]가 구해졌다.

참고로, 벡터공간 R^n 에서 두 벡터 x와 y의 내적 $x \cdot y$을 **예제5** 에서와 같이 명령어 sum을 이용하여 구할 수도 있지만 명령어 dot를 사용하여 직접 구할 수 있다. 다음은 명령어 dot의 사용 예이다.

```
>> x = sym([ 1 2 3 ])
x = [ 1, 2, 3]

>> y = sym([ 2 3 4])
y = [ 2, 3, 4]

>> dotxy = dot(x,y)
dotxy = 20
```

위의 변수 dotxy에 저장된 값 20은

$$1 \times 2 + 2 \times 3 + 3 \times 4 = 2 + 6 + 12 = 20$$

로부터 구해졌다.

4장 연습문제

01. 다음과 같은 <Step1>부터 <Step3>까지의 절차에 의하여, <표1>과 <표2>의 내용이 명령창에서 출력되도록 한다.

<Step1> <표1>에서와 같이 행렬 M

$$M = \begin{bmatrix} 2t & t-2 \\ 3-t & 3t-5 \end{bmatrix}$$

을 정의하고 det(M)을 출력변수 detM에 대응시킨다.

<Step2> t의 값을 입력받기 위하여 <표1>의 마지막 줄이 화면에 출력되도록 한다.

<Step3> 아래 <표2>의 내용과 같이 키보드를 통하여 수(보기: 3)를 입력하면, $t=3$일 때 det(M)의 값을 계산한 뒤 그 값을 변수명 VdetM으로 출력한다.

<표1>

```
M =
[    2*t,     t - 2]
[ 3 - t, 3*t - 5]

detM =
7*t^2 - 15*t + 6

Input the value of t =
```

<표2>

```
Input the value of t =  3

VdetM =
    24
```

02. 다음과 같이 주어진 두 개의 연립 방정식 각각에 대하여 (a), (b), (c)를 답하시오.

(i)
$$\begin{aligned} 2x + 4y - 2z &= 2 \\ -2x - 4y + 3z &= 0 \\ 4x + 8y + 4z &= 20 \end{aligned}$$

(ii)
$$\begin{aligned} -x + 3y - 2z &= 2 \\ -2x + 6y - 4z &= 0 \\ 3x - 9y + 6z &= -6 \end{aligned}$$

(a) 선형 시스템에 대응하는 계수행렬을 C, 첨가행렬을 M이라고 할 때, 매틀랩 명령어를 이용하여 C와 M의 계수를 각각 구하시오.

(b) 위의 (a)의 결과를 이용하여 해의 개수를 구하면?

(c) 명령어를 이용하여 M의 기약행 사다리꼴을 구한 뒤 해를 구하시오.

03. 다음과 같이 행렬 M이 주어졌다.

$$M = \begin{bmatrix} 1 & 1 & 2 \\ 1 & 1 & 0 \\ 1 & 0 & 1 \end{bmatrix}$$

(a) 명령어 eig를 사용하여 행렬 M에 대한 고유치와 대응하는 고유벡터를 구하시오.

(b) 행렬 M의 특성 방정식 $p(k)$를 구하고 방정식 $p(k)=0$의 해를 구하시오.

(c) 위의 (a) 또는 (b)에 의하여 구해진 각각의 고유치 k에 대하여 행렬 P를 다음과 같이

$$P = kI_3 - M = \begin{bmatrix} k & 0 & 0 \\ 0 & k & 0 \\ 0 & 0 & k \end{bmatrix} - \begin{bmatrix} 1 & 1 & 2 \\ 1 & 1 & 0 \\ 1 & 0 & 1 \end{bmatrix} = \begin{bmatrix} k-1 & -1 & -2 \\ -1 & k-1 & 0 \\ -1 & 0 & k-1 \end{bmatrix}$$

으로 정의한 뒤, P의 기약행 사다리꼴을 이용하여 고유벡터(각각의 k에 대응하는)를 구하시오.

(d) 행렬 M이 대각화될 수 있는지 판단하고 그 이유를 쓰시오.

(e) $D = V^{-1}MV$의 관계를 만족하는 대각행렬 D와 $\det(V) \neq 0$인 행렬 V를 결정하시오.

04. 평면 R^2에서 주어진 네 점

$$(x_1, y_1) = (1, 1),$$
$$(x_2, y_2) = (2, 3),$$
$$(x_3, y_3) = (3, 4),$$
$$(x_4, y_4) = (4, 3)$$

에 대하여 E의 값을 최소화하는 '최소 자승 2차 다항식'

$$y = a + bx + cx^2$$

을 구하시오. 단, $E = \sum_{k=1}^{4} \left[y_k - (a + bx_k + cx_k^2) \right]^2$이다.

05. 세 개의 벡터 $v_1 = (2, -1, 0)$, $v_2 = (1, 1, 1)$, $v_3 = (3, 2, 2)$가 3차원 벡터공간 R^3(내적이 정의된)에서 주어졌을 때, 다음 내용에 답하시오.

(a) 벡터 v_1, v_2, v_3는 벡터공간 R^3의 기저임을 보이시오.

(b) 벡터 v_1, v_2, v_3에 4.8절의 (3)식(Gram-Schmidt 과정)을 적용하여 직교기저를 구하시오.

06. 벡터공간 R^n에서 내적이 4.8절 (1)식과 같이 정의되고 n개의 벡터로 구성된 집합 B가

$$B = \{v_1, v_2, \ldots, v_n\}, \quad v_j \neq O, \; j = 1, 2, 3, \ldots, n$$

와 같이 주어졌다. 이때, 집합 B에 있는 임의의 두 벡터가 서로 직교하면 B는 일차독립이라는 사실을 증명하시오.

5장 심볼릭 명령어

앞 장까지는 특정 주제 또는 내용에 따라서 필요한 심볼릭 명령어를 알아보았다. 이번 장에서는, 지금까지 언급이 없었거나 또는 사용은 하였으나 추가적인 설명이 필요한 명령어를 좀 더 상세하게 알아본다.

5.1 sym

매틀랩에서 다음과 같이 실행하여 보자.

```
>> format long
>> x = 0.123
x =
   0.123000000000000
```

사용자가 'x=0.123'으로 입력하였지만 매틀랩은 위와 같이 유효숫자 15~16자리까지의 수(x에 대응하는)로 출력하고 있다. 앞서 실행된 명령문 'format long' 때문에 내부적으로 저장되어 있는 값(x에 대응하는)이 출력된 것이다. 즉, 기본 매틀랩 환경에서 내부적으로 저장되어 있는 값은 유효숫자 15~16자리까지의 정확도를 가지고 있고 그 값을 출력하려면 위와 같이 명령문 'format long'을 실행하면 된다. 계속하여,

```
>> symx = sym(x)
symx =
123/1000
```

와 같은 실행으로 x를 심볼릭 객체인 분수(=symx)의 형태로 얻었다. 위에서 실행한 sym(x)는

sym(x, 'r')

와 같은 명령문이다. 위의 명령문에서 옵션 'r'은 x에 저장되어 있는 값을 분수 형식으로 표현하라는 명령이고 sym(x)는 두 번째 인자 'r'을 생략한 것으로 매틀랩은 간주한다.

명령어 digits를 명령창에서 실행하면

```
>> digits
Digits = 32
```

와 같이 출력된다. 이때, 32라는 수는 심볼릭 객체와 관련된 연산을 유효숫자 32자리까지로 제한한다. 이러한 환경에서 명령어 sym의 옵션으로 'd'를 선택하면

```
>> symxd = sym(x,'d')
symxd =
0.12299999999999999822364316059975
```

와 같이 x를 유효숫자 32자리까지 표현한다. 그러나 x에 저장되어 있는 값 자체가 기본 매틀랩의 연산결과로부터 전달된 것이기 때문에 변수명 symxd에 대응된 수에서 약 소수점 이하 15~16자리까지만 의미 있는 수이고 그 아래 자리에 있는 수는 의미 없이 그냥 32자리수를 채우기 위한 수들이다. 옵션 'd'로 인하여 명령어 digits에 의하여 설정된 유효숫자까지 출력하게 된다. 그러므로 명령어 digits를 이용하여 유효숫자를 변경하면 그 변경된 자리수에 맞추어 옵션 'd'가 작용한다. 유효숫자 조절과 관련하여 좀 더 자세한

내용은 3.1절의 내용을 참조한다.

어떤 자연수 n에 대하여 $n!$의 값을 구하기 위하여 기본 매틀랩에서 명령어 factorial을 사용할 수 있다. 예를 들어, $n = 4$일 때

```
>> n = 4
n =      4

>> n4f = factorial(n)
n4f =     24
```

와 같이 명령어 factorial을 이용하여 쉽게 $4! = 24$를 구할 수 있다. 기호 !을 직접 사용하는 방식은 기본 매틀랩 연산(예: >> 4!)에서나 심볼릭 연산(예: >> n=sym('4'), nval = n!)에서 모두 실행되지 않는다. 그러나 다음과 같이 명령어 sym을 이용하여 접근하여 보자.

```
>> clear all
>> nft = sym('n!')
nft = factorial(n)

>> syms n
>> nftval = subs(nft,n,4)
nftval =    24
```

위와 같이 실행하면 변수 nftval에 4!의 값인 24가 심볼릭 객체로 저장된다. 이러한 방법으로 명령어 sym과 subs를 이용하여 $n!$을 구현할 수 있다. 또는 심볼릭 객체인 수에 명령어 factorial을 직접 적용할 수 있다. 예를 들어,

```
>> a = sym(4)
a = 4

>> av = factorial(a)
av = 24
```

위의 결과에서 보듯이, 심볼릭 객체인 a(=4)에 대하여 명령어 factorial이 잘 수행하는 것을 확인할 수 있다. 결과로서 변수 av에 4!이 계산된 24가 저장되었다. 단, av에 저장된 값은 심볼릭 상수이다.

명령어 syms를 이용한 심볼릭 변수 정의와 사용 방법은 2.1절을 참고하고 명령어 sym(명령어 syms가 아니고)에 대한 요약 내용이 (i)과 (ii)에서 주어진다.

- **명령어 sym 요약**

(i) x = sym('x')

설명: 심볼릭 변수 x를 생성한다.

예:

단일인용부호 생략 시 에러 발생	심볼릭 변수 x를 생성
>> clear all >> x = sym(x) Undefined function or variable 'x'.	>> x = sym('x') x = x

(ii) n2 = sym(n1)

설명: 수의 성분을 가지는 행렬(하나의 수는 1×1행렬) n1에 대하여 심볼릭 행렬 n2가 생성된다. 이때, n2의 모든 성분은 심볼릭 객체가 된다.

예:

심볼릭 객체 num2(=수) 생성	심볼릭 객체 num2(=행렬) 생성
>> num1 = 7 num1 = 7 >> num2 = sym(num1) num2 = 7	>> num1 = [1 2; 3 4] num1 = 1 2 3 4 >> num2 = sym(num1) num2 = [1, 2] [3, 4]

□

5.2 jacobian

독립변수 r, t에 의하여 정의된 2변수 함수 $g(r, t), h(r, t)$에 x, y를 각각 대응시키는 변환 T가 다음과 같이 주어졌다고 가정하자:

$$T: \ x = g(r, t), \ y = h(r, t)$$

이 때, 변환 T의 야코비안(Jacobian)에 대한 수학적 정의는 (1)식과 같이 주어진다.

(1) $$T\text{의 야코비안} = \frac{\partial(x, y)}{\partial(r, t)} = \begin{vmatrix} \frac{\partial x}{\partial r} & \frac{\partial x}{\partial t} \\ \frac{\partial y}{\partial r} & \frac{\partial y}{\partial t} \end{vmatrix}$$

$$= \frac{\partial x}{\partial r}\frac{\partial y}{\partial t} - \frac{\partial x}{\partial t}\frac{\partial y}{\partial r}$$

그리고 이중적분에서 적분변수 변환과 관련해 다음의 관계식이 알려져 있다[STE].

(2) $$\iint_R f(x, y)dA = \iint_S f(g(r, t), h(r, t))\left|\frac{\partial(x, y)}{\partial(r, t)}\right| dr\,dt$$

위 (2)식에서 적분영역 R과 S는 변환 T에 의하여 대응되고 위의 식에서

$$\left|\frac{\partial(x, y)}{\partial(r, t)}\right| \text{은 } \frac{\partial(x, y)}{\partial(r, t)} \text{의 절대값}$$

을 의미한다. 여러 변환 중에서 흔히 접하게 되는 극좌표계와 관련된 변환에 대하여 알아보자. 〈그림1〉과 같이 반지름 r과 각도 t가 주어졌을 때, 평면 위의 한 점 $P(x, y)$는

(3) $$x = r\cos t, \ y = r\sin t$$

와 같이 대응된다. 즉, (3)식은 직교좌표계(Cartesian Coordinates)에 의한 점 P의 좌표 (x, y)와 극좌표계(Polar Coordinates)에 의한 같은 점 P의 좌표 (r, t) 사이의 관계이다.

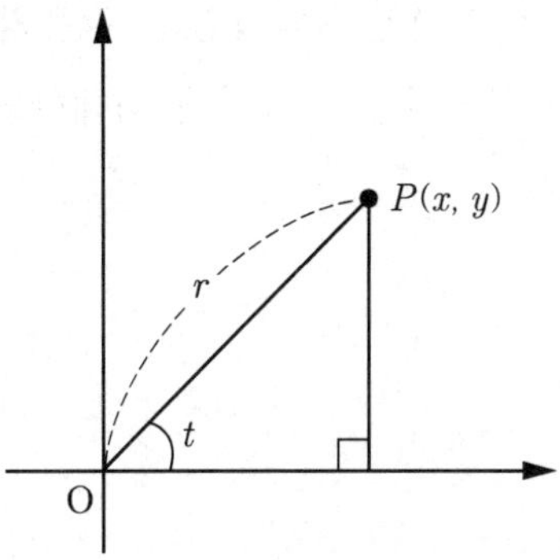

<그림1>

위의 (3)식에서 주어진 변환에 대하여 야코비안을 구하면

$$\frac{\partial(x, y)}{\partial(r, t)} = \begin{vmatrix} \frac{\partial x}{\partial r} & \frac{\partial x}{\partial t} \\ \frac{\partial y}{\partial r} & \frac{\partial y}{\partial t} \end{vmatrix} = \begin{vmatrix} \cos t & -r\sin t \\ \sin t & r\cos t \end{vmatrix}$$

(4)

$$= r\cos^2 t + r\sin^2 t = r$$

의 결과를 얻는다. 그러므로 (3)식에 주어진 변환에 대하여 (2)식은

$$\begin{aligned} \iint_R f(x, y)\, dA &= \iint_S f(g(r, t), h(r, t)) \left| \frac{\partial(x, y)}{\partial(r, t)} \right| dr\, dt \\ &= \iint_S f(g(r, t), h(r, t)) |r|\, dr\, dt \\ &= \iint_S f(g(r, t), h(r, t))\, r\, dr\, dt \end{aligned}$$

가 된다. 이러한 내용과 관련된 매틀랩 명령어로 jacobian이 있고 그 사용법과 의미는 다음과 같다. 단, 아래 식에서 $x = x(r, t)$이고 $y = y(r, t)$로 가정한다.

$$\text{jacobian}([x\,;y], [r \;\; t]) = \begin{bmatrix} \frac{\partial x}{\partial r} & \frac{\partial x}{\partial t} \\ \frac{\partial y}{\partial r} & \frac{\partial y}{\partial t} \end{bmatrix}$$

즉, 명령어 jacobian에 의하여 위와 같이 편도함수를 성분으로 하는 행렬을 출력한다. 주의할 점은, 명령어 jacobian을 실행한 뒤에 구해지는 것은 행렬이므로 이 행렬의 행렬식을 계산해야 (1)식에서 설명한 야코비안이 얻어진다. 다음의 내용을 실행하고 그 결과를 분석하여 명령어 jacobian의 사용법을 정확하게 이해하도록 한다.

```
>> syms r t
>> x = r*cos(t)
x =    r*cos(t)

>> y = r*sin(t)
y =    r*sin(t)
>> JM = jacobian([x;y],[r t])              % 행렬이 출력되었다.
JM =
[ cos(t),  -r*sin(t)]
[ sin(t),   r*cos(t)]

>> detJM = det(JM)                         % 행렬식의 결과를 구한다.
detJM =        r*cos(t)^2 + r*sin(t)^2

>> SdetJM = simplify(detJM)                % 수식을 단순화한다.
SdetJM =       r
```

변수 SdetJM에 위 (4)식의 결과 r이 구해졌다. 즉, (4)식의 결과를 얻기 위하여 명령어 jacobian과 det가 이용되었다. 이중적분에서 야코비안과 관련된 내용은 이것으로 끝내고 다음은 삼중적분의 적분변수 변환과 관련한 야코비안에 대하여 알아보자.

세 개의 독립변수 r, t, v에 의하여 정의된 함수

$$g_1(r,\ t,\ v),\ \ g_2(r,\ t,\ v),\ \ g_3(r,\ t,\ v)$$

에 x, y, z을 각각 차례로 대응시키는 변환 T_1이

$$x = g_1(r,\ t,\ v),\ \ y = g_2(r,\ t,\ v),\ \ z = g_3(r,\ t,\ v)$$

와 같이 주어졌다고 할 때, 변환 T_1의 야코비안은 (5)식과 같이 3×3 크기의 행렬식으로 정의된다.

(5) $$T_1\text{의 야코비안} = \frac{\partial(x,y,z)}{\partial(r,t,v)} = \begin{vmatrix} \frac{\partial x}{\partial r} & \frac{\partial x}{\partial t} & \frac{\partial x}{\partial v} \\ \frac{\partial y}{\partial r} & \frac{\partial y}{\partial t} & \frac{\partial y}{\partial v} \\ \frac{\partial z}{\partial r} & \frac{\partial z}{\partial t} & \frac{\partial z}{\partial v} \end{vmatrix}$$

영역 R과 S가 변환 T_1에 의하여 대응될 때, 삼중적분에 대한 다음의 관계식이 성립한다 [STE].

(6) $$\iiint_R f(x, y, z)\,dV = \iiint_S f(g_1(r, t, v), g_2(r, t, v), g_3(r, t, v))\left|\frac{\partial(x, y, z)}{\partial(r, t, v)}\right| dr\,dt\,dv$$

위의 (6)식에서

$$\left|\frac{\partial(x, y, z)}{\partial(r, t, v)}\right| \text{은 } \frac{\partial(x, y, z)}{\partial(r, t, v)} \text{의 절대값}$$

을 의미한다.

한편, 주어진 〈그림2〉로부터 공간에 있는 한 점 P에 대한 직교좌표계 (x, y, z)와 구면좌표계(Spherical Coordinates) (r, t, v) 사이의 관계는 다음과 같다:

(7) $$x = r\sin v\cos t, \quad y = r\sin v\sin t, \quad z = r\cos v$$

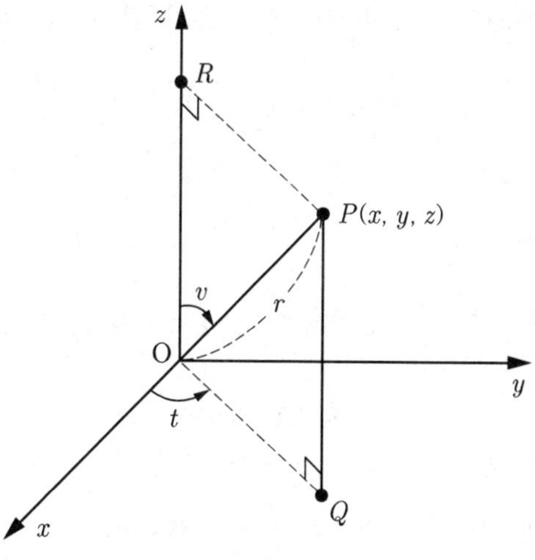

〈그림2〉

위의 (7)식에서 주어진 변환에 대하여 야코비안, 즉 (5)식에 주어진 3×3 크기의 행렬식을 전개하여 구하면

$$(8) \qquad \frac{\partial(x,\, y,\, z)}{\partial(r,\, t,\, v)} = -\, r^2 \sin v$$

의 결과를 얻으므로 (6)식은

$$\begin{aligned}
&\iiint_R f(x,\, y,\, z)\, dV \\
&= \iiint_S f(g_1(r,\, t,\, v),\, g_2(r,\, t,\, v),\, g_3(r,\, t,\, v)) \left| \frac{\partial(x,\, y,\, z)}{\partial(r,\, t,\, v)} \right| dr\, dt\, dv \\
&= \iiint_S f(g_1(r,\, t,\, v),\, g_2(r,\, t,\, v),\, g_3(r,\, t,\, v)) \left| -r^2 \sin v \right| dr\, dt\, dv \\
&= \iiint_S f(g_1(r,\, t,\, v),\, g_2(r,\, t,\, v),\, g_3(r,\, t,\, v))\, r^2 \sin v\, dr\, dt\, dv
\end{aligned}$$

가 된다. 이 때, (8)식에 주어진 결과를 명령어 jacobian으로 쉽게 구할 수 있다. 그 사용법과 의미는 다음과 같다.

$$(9) \qquad \text{jacobian}([x\,;\, y\,;\, z],\, [r\;\, t\;\, v]) = \begin{bmatrix} \frac{\partial x}{\partial r} & \frac{\partial x}{\partial t} & \frac{\partial x}{\partial v} \\ \frac{\partial y}{\partial r} & \frac{\partial y}{\partial t} & \frac{\partial y}{\partial v} \\ \frac{\partial z}{\partial r} & \frac{\partial z}{\partial t} & \frac{\partial z}{\partial v} \end{bmatrix}$$

위 (7)식과 (9)식을 활용하여 명령창에서 다음과 같이 실행하여 보자.

```
>> syms r t v
>> x = r*sin(v)*cos(t);
>> y = r*sin(v)*sin(t);
>> z = r*cos(v);
>> JM = jacobian([x; y; z], [r t v])              % 행렬이 출력되었다.
JM =
[ cos(t)*sin(v),  -r*sin(t)*sin(v),  r*cos(t)*cos(v)]
[ sin(t)*sin(v),   r*cos(t)*sin(v),  r*cos(v)*sin(t)]
[        cos(v),                 0,        -r*sin(v)]
```

```
>> detJM = simplify(det(JM))                    % 행렬식의 결과를 구한다.
detJM =        -r^2*sin(v)
```

위의 (8)식에서 구한 이론적 결과를 변수 detJM에 저장된 값에서 확인할 수 있다. 변수 detJM에 저장된 값으로 -r^2*sin(v)을 얻기 위하여 명령어 jacobian과 det가 차례로 실행된 것을 주의 깊게 살펴본다.

5.3 collect

다음의 내용을 실행하고 명령어 collect의 결과를 보자.

```
>> syms x a b c
>> f = (x+a)*(x+b)*(x+c)
f =   (a + x)*(b + x)*(c + x)

>> cf = collect(f)
cf =  x^3 + (a + b + c)*x^2 + (a*b + c*(a + b))*x + a*b*c
```

위의 변수 cf에 저장된 결과를 보면 다음과 같은 사실을 알 수 있다. 변수 x의 지수가 같은 항(=동류항)들은 괄호를 이용하여 하나의 항으로 만들었다. 예를 들어, f를 전개하면 x의 지수가 2인 세 개의 항이 존재하고 그 항을 모두 모아서 변수 cf에서 보듯이

(a + b + c)*x^2

의 형태로 출력되었다. 명령어 collect의 두 번째 인자에 사용자가 원하는 변수를 지정하면 그 변수에 의존하여 동류항을 묶는다. 다음과 같이 명령어 collect를 사용한 후에 특별히 f1y의 출력을 주의하여 보자.

```
>> syms x y
>> f1 = (x-2*y)*(x+y)*(2*y+1)
f1 =  (2*y + 1)*(x + y)*(x - 2*y)
```

```
>> f1x = collect(f1, x)
f1x = (2*y + 1)*x^2 + (-y*(2*y + 1))*x - 2*y^2*(2*y + 1)

>> f1y = collect(f1, y)
f1y = (- 2*x - 2)*y^2 - 4*y^3 + (x*(2*x + 1) - 2*x)*y + x^2
```

위의 결과에서 보듯이 f1x에 대응하는 식은 x의 동류항으로 정리되어 있고 x의 최고차수는 2이다. 또한, f1y에 대응하는 식은 y의 동류항으로 정리(명령어 collect의 두 번째 인자에 y가 지정되어서)되어 있고 y의 최고차수는 3임을 볼 수 있다.

심볼릭 변수명으로 x가 없고 y와 z을 가지는 경우인 수식 f2에 대한 명령어 collect의 결과(변수 지정을 하지 않은 경우임)를 알아보자.

```
>> syms y z
>> f2 = (z-2*y)*(z+y)*(2*y+1)
f2 =
-(2*y - z)*(2*y + 1)*(y + z)

>> f2col=collect(f2)              % 변수지정 하지 않은 경우
f2col =
(- 2*z - 2)*y^2 - 4*y^3 + (z + z*(2*z - 2))*y + z^2
```

수식 f2가 심볼릭 변수 y와 z에 의하여 표현된 것을 확인하고 명령어 collect의 결과로 변수 f2col에 저장된 수식을 보면 y의 동류항으로 정리된 것을 알 수 있다. 즉, 2.1절에서 설명한 변수 우선순위 규칙에 의하여 x와 가까운 y가 선택되어 명령어 collect가 실행된 것을 알 수 있다.

5.4 expand와 factor

두 개의 명령어 expand와 factor에 관한 다음 내용을 실행하여 보고 그 관계를 알아보자.

```
>> syms x
>> f = 3*(x+1)*(2*x-1)*(x-3)
f =   (2*x - 1)*(3*x + 3)*(x - 3)

>> f1 = expand(f)
f1 =  6*x^3 - 15*x^2 - 12*x + 9

>> f2 = factor(f1)
f2 =  3*(x - 3)*(2*x - 1)*(x + 1)
```

위의 결과에서 보듯이, 주어진 수식 f가 명령어 expand를 이용하여 f1과 같이 전개되었다. 명령어 factor를 이용하면 전개된 수식 f1을 f2의 결과와 같이 곱(Product)의 형태(인수분해)로 변경할 수 있다. 이와 같이, 명령어 expand와 factor를 실행하면 수식 자체가 변경되는 것은 아니고 그 형태가 변경된다. 단, R2014b 버전부터 f2에 대한 출력이 [3, x-3, 2*x-1, x+1]이므로 prod(factor(f1))을 실행하면 위의 f2와 같은 결과가 구해진다. 삼각함수에서는 많은 동등한 관계식이 존재하는데 명령어 expand를 이용하여 그 결과를 알아볼 수 있다. 예를 들어, 삼각함수에서 잘 알려져 있는 관계식

$$\sin(2t) = 2\sin(t)\cos(t)$$

의 결과를 명령어 expand로 확인(아래 변수 h1에 저장된 값 참고)하여 보자.

```
>> syms t
>> h = sin(2*t)
h =   sin(2*t)

>> h1 = expand(h)
h1 =  2*cos(t)*sin(t)
```

다음은 삼각함수의 덧셈정리에 있는 관계식

$$\sin(t+v) = \sin(t)\cos(v) + \cos(t)\sin(v)$$

의 결과를 다음과 같이 명령어 expand로 확인하여 본다.

```
>> syms t v
>> f3 = sin(t+v)
f3 =
sin(t + v)

>> expand(f3)
ans =
cos(t)*sin(v) + cos(v)*sin(t)
```

위와 같은 방식으로 명령어 expand를 이용하여 다른 종류의 삼각함수 관계식을 구할 수 있다.

5.5 horner

다음과 같은 4차 다항식

(1) $$x^4 - x^3 - x^2 + x + 4$$

을 심볼릭 변수를 이용하여 아래와 같이 심볼릭 객체 f로 생성하였다.

```
>> syms x
>> f = x^4 - x^3 - x^2 + x + 4
```

위 (1)식에 주어진 다항식에서 변수 x에 수를 대입하여 (1)식의 형태대로 똑같이 계산을 한다면 x와 관련하여 곱의 연산 빈도수가 〈표1〉과 같이 된다.

〈표1〉

곱의 연산 빈도수	수식
3번	$x^4 = x \times (x \times (x \times x))$
2번	$x^3 = x \times (x \times x)$
1번	$x^2 = x \times x$

즉, 총 $3+2+1=6$번의 곱 연산을 하게 된다. 그러나 (1)식에 대응하는 심볼릭 객체 f의 수식 형태를 명령어 horner를 이용하여

```
>> fh = horner(f)
fh =
x*(x*(x*(x - 1) - 1) + 1) + 4
```

와 같이 심볼릭 객체인 fh의 형태로 변경할 수 있다. 이 때, 심볼릭 객체 f와 fh는 형태만 변경된 동일한 수식이지만 fh에 저장된 형태를 보면, 곱 연산이 총 3번 일어나게 된다. 그러므로 심볼릭 객체 f에서의 곱 연산과 비교하면 그 횟수가 절반으로 줄어든다. 어떤 컴퓨터 프로그램을 계산할 때 곱의 연산수가 줄어들면 그만큼 시간이 절약되고 근사값의 오차(예: round-off 오차)도 적게 발생하게 된다. 위와 같이 출력된 fh의 수식을

f의 horner 또는 nested 형태(식)

이라고 부른다. 곱의 연산을 많이 하는 경우가 아니면, f와 fh의 형식 차이에서 발생한 연산의 결과 차이가 중요하지 않을 수도 있다. 그러나 f의 형태로 주어진 수식은 항상 fh의 형식(= horner 형식)으로 변경하여 연산을 수행할 것을 권장한다.

5.6 simplify와 simple

심볼릭 변수를 이용한 수식의 실행 결과가 긴 경우, 명령어 simplify를 이용하면 그 결과의 길이가 상당히 축소될 수 있다. 어떤 경우에는, 여러 줄로 표현된 결과가 하나의 항으로 출력되기도 한다. 명령어 simplify가 실행되면 삼각함수를 포함한 여러 가지 항등식을 이용하여 주어진 수식을 계산한다. 그 결과로 서로 상쇄될 항들이 존재하면 계산되어 수식이 좀 더 간단해질 수 있다. 예를 들어, 어떤 과정에서 다음과 같이 수식 f가 구해졌다고 하자.

$$f = 3 + \cos^2(2x) + \sin^2(2x)$$

이때, 위의 식에 대응하는 내용을 명령창에서 심볼릭 객체 f로 입력한다.

```
>> syms x
>> f = 3 + cos(2*x)^2 + sin(2*x)^2
f =   cos(2*x)^2 + sin(2*x)^2 + 3
```

다음으로 명령어 simplify를 아래와 같이 이용하면

```
>> f1 = simplify(f)
f1 =  4
```

와 같이 잘 알려진 삼각함수 관계식

$$\cos^2(2x) + \sin^2(2x) = 1$$

이 적용되어 좀 더 계산된 것을 볼 수 있다. 심볼릭 연산에서 출력의 길이가 긴 경우 명령어 simplify를 이용하는 것을 추천한다. 보통은 명령어 simplify로 간단하게 정리된 결과를 얻지만 명령어 simple을 이용할 수도 있다. 명령어 simplify와 simple의 결과를 보면 많은 경우에서 같지만 서로 다르게 출력할 때도 있다. 서로 다른 결과가 발생하였다면 그 이유는 다음과 같다. 명령어 simple은 내부적으로 simplify, collect, factor 등의 명령어 결과를 체크하여 가장 짧은 형태의 결과를 출력하여 준다. 아래의 경우,

```
>> f2 = simple(f)
f2 =  4
```

와 같이 simplify의 결과와 같다. 단, R2015a 버전부터 simple 명령어는 사라지고 simplify로 통합되었다.

5.7 subs

명령어 subs가 명령창에서

subs(f, x, a)

와 같이 실행되면 그 의미는 다음과 같다:

수식 f에 있는 x의 위치에 a를 대입하여 계산한다.

예를 들어, 수식

$$f = tx + t^2y^3$$

에 대응하는 심볼릭 객체 f를 다음과 같이 생성하고 명령어 subs를 실행하여 보자.

```
>> syms x y t
>> f = t*x + t^2*y^3
f =   t^2*y^3 + x*t

>> fx = subs(f,x,3)
fx =  t^2*y^3 + 3*t
```

위의 결과에서 보듯이, 심볼릭 객체 f에서 x의 위치에 3이 대입되어 fx가 얻어진 것을 볼 수 있다. 계속해서 다음과 같이 심볼릭 객체 fx에서 y의 위치에 2를 대입한다.

```
>> fxy = subs(fx,y,2)
fxy = 8*t^2 + 3*t
```

심볼릭 객체 f에 대응하는 수식

$$f = tx + t^2y^3$$

에서 심볼릭 객체 fxy에 대응하는 수식

$$fxy = 8t^2 + 3t$$

의 형태를 얻기 위하여 명령어 subs를 두 번 실행하였지만 다음과 같이 셀 배열을 이용하면 같은 결과를 좀 더 간단히 구할 수 있다.

```
>> f1 = subs(f,{x y},{3 2})
f1 =  8*t^2 + 3*t
```

위의 두 결과 fxy와 f1의 출력을 서로 비교하면 같은 것을 확인할 수 있다. 심볼릭 객체인 어떤 수식이 주어지고 그 수식 내의 2개 이상의 심볼릭 변수에 어떤 값을 대입하고자 하는 경우에, f1의 출력을 얻듯이 셀 배열을 이용하면 된다. 또한, f1과 똑같은 결과를 아래와 같은 과정으로 구할 수도 있다.

```
>> clear all
>> syms x y t
>> f = t*x + t^2*y^3;
>> x = 3; y=2;
>> f2 = subs(f)
f2 =  8*t^2 + 3*t
```

즉, 세 개의 심볼릭 객체 fxy, f1, f2에는 모두 같은 수식이 대응되었다.

5.8 symfun

심볼릭 함수를 명령어 symfun으로 정의할 수 있다. 예를 들어, 다음과 같은 2차 다항식

$$f(x) = 2x^2 - 3x + 1$$

을 심볼릭 함수로 생성하여 보자.

```
>> syms x
>> f = symfun(2*x^2 - 3*x + 1, x)
f(x) =
2*x^2 - 3*x + 1
```

위와 같이 실행하면 심볼릭 함수 f(x)가 생성된다. 따라서 심볼릭 함수 f(x)에 x=2를 대입하려면

```
>> f(2)
```

```
ans =
3
```

와 같이 함수처럼 사용하면 된다. 또한, 5.7절에서 설명한 명령어 subs를 사용할 수도 있는데 아래와 같이 실행하여도 위와 같은 결과를 얻는다.

```
>> subs(f(x),2)
ans =
3
```

위의 실행문 대신에 다음과 같이 실행하여도 결과는 같으나 그 출력변수명이 어색하게 보인다.

```
>> subs(f,2)
ans(x) =
3
```

요약하면, 심볼릭 함수로 정의된 f(x)에 대하여 명령어 subs를 이용할 때에는

subs(f(x),2)

와 같이 사용할 것을 추천한다. 다음은 독립변수가 x와 y인 심볼릭 함수 정의에 대한 내용이다.

```
>> syms x y
>> fxy = symfun(2*x + 3*y,[x y])      % [x y] 대신에 [x, y] 사용 가능
fxy(x, y) = 2*x + 3*y
```

위의 실행으로 독립변수가 x와 y인 심볼릭 함수 fxy(x, y)가 생성되었다. 따라서 아래의 결과에서 보듯이 fxy를 두 개의 독립변수를 가지는 함수와 같이 사용할 수 있다.

```
>> fxy(1,y)
ans =  3*y + 2
```

```
>> fxy(x,1)
ans =
2*x + 3
```

일변수 심볼릭 함수의 경우에서와 마찬가지로 명령어 subs를 사용할 때

```
>> subs(fxy(x,y),x,1)
ans = 3*y + 2
```

와 같이 실행하는 것을 추천한다. 심볼릭 함수 fxy(x, y)의 정의 내용을 확장, 적용하면 2개 이상의 독립변수를 가지는 심볼릭 함수도 정의할 수 있다.

5장 연습문제

01. 다음과 같이 실행하면 6!의 값이 구해지고 이 값이 변수 kftval(=720)에 저장된다. 명령어 sym을 이용하여 빈 칸을 채우시오.

```
>> [          ]
>> syms k
>> kftval = subs(tryft,k,6)
kftval =
720
```

02. 공간 R^3에 있는 한 점 P에 대한 직교좌표계 (x, y, z)와 주면좌표계(Cylindrical Coordinates) (r, t, z) 사이의 관계가 변환 T로 다음과 같이 주어졌다:

$$T:\quad x = r\,cos(t),\quad y = r\,sin(t),\quad z = z$$

매틀랩 명령어를 이용하여 T의 야코비안인 $\frac{\partial(x, y, z)}{\partial(r, t, z)}$을 구하시오.

03. 다음과 같이 실행하였을 때 심볼릭 객체 fcol에 저장되는 결과를 쓰고 그 결과에 대한 이유는?

```
>> syms m n
>> f = (m+2*n)*(4-3*n)*(n-2*m)^2
>> fcol = collect(f)
```

04. 다음과 같이 실행하였을 때, M1과 M2에 대한 결과는?

```
>> syms x y
>> M = [x^2-y^2, x^2-2*x*y+y^2; 2*x^2+5*x*y-3*y^2, x^3+y^3];
>> for k=1:2 for j=1:2
        M1(k,j) = prod(factor(M(k,j)));
```

```
    end;      end;
>> M1, M2 = expand(M1)
```

05. 수(Number) 4200을 심볼릭 객체로 만든 뒤에 이 수의 소인수(Prime Factors)를 모두 구하려고 한다. 매틀랩 명령어를 이용하여 이 과정을 수행하시오.

06. 다음과 같은 삼각함수 결과를 명령어 expand를 이용하여 확인하여 본다.

(i) $\tan(x+y) = -\dfrac{\tan x + \tan y}{\tan x \tan y - 1}$

(ii) $\cosh(x+y) = \cosh x \cosh y + \sinh x \sinh y$

07. 다음과 같이 3차 다항식 f가 주어졌다.

```
>> syms x
>> f = 2*x^3 - 7*x^2 + 5*x - 3
```

다항식 f의 horner 형식을 구하시오.

08. 다음과 같이 명령어 simplify를 실행하면 fs의 결과는?

```
>> syms x y
>> f = 4*(sin(x/2)*cos(x/2))^2 + (1+cos(2*x))/2 ...
    + cos(x)*cos(y) + sin(x)*sin(y)
>> fs = simplify(f)
```

09. 다음과 같이 실행하였을 때, 구해지는 fxv의 결과는?

```
>> clear all
>> syms a b x
>> fabx = a*b*x + a^2*x^2 + a*b^2*x^3
>> a = 2, b=3
>> fx = subs(fabx)
>> fxv = subs(fx,x,1)
```

6장 심볼릭 연산 활용

매틀랩에서 수치적 연산 또는 심볼릭 연산을 수행할 수 있다. 이 중에서 심볼릭 연산의 장점은 근사값(수치적 연산의 결과)이 아닌 정확한 결과를 제공한다는 것이다. 이러한 장점을 응용 수학에 적용하면 그 장점이 더욱 빛날 수 있다. 즉, 심볼릭 명령어와 심볼릭 객체 연산을 적절히 이용하면 복잡한 응용 수학 이론을 쉽게 구현할 수 있다.

6.1 다항식 관련 명령어

정의역 D가 폐구간 $[a, b]$이고 이 정의역 D에서 연속인 함수 f가 주어지면 다음과 같은 사실이 알려져 있다(정리 7.26, [RUD]):

> 양의 실수 ϵ (즉, $\epsilon > 0$)이 주어지면 다항식 $P(x)$가 존재하여 모든 $x \in [a, b]$에 대해서
>
> $$|f(x) - P(x)| < \epsilon$$
>
> 와 같은 부등식을 만족한다.

위의 결과로서 연속함수 f를 다항식에 의하여 근사적(Approximately)으로 표현할 수 있다. 미분이나 적분과 같은 수학적 내용을 직접 적용하기 어렵거나 까다로운 연속함수의 경우에, 이 함수를 다항식으로 표현(근사적으로)하여 수학적 내용을 적용할 수 있다.

또한, 다항식은 어떤 점들을 지나는 함수로서 이용될 수 있다. 이런 함수를 생성하는 과정과 그와 관련된 내용을 6장에서 체계적으로 알아볼 것이다. 우선, 좀 더 자세히 설명하면 다음과 같다. 평면 위의 실수축(=x축)을 따라서 어떤 점들이 주어졌을 때 그 점들을 지나는 다항식을 만들 수 있다면, 이 다항식을 분석하여 주어진 점들의 성질을 수학적으로 분석할 수 있다. 이와 같이, 주어진 점을 지나는 다항식을 이 책에서는 보간 다항식(Interpolation Polynomial)이라 정의한다. 다음 내용은 세 점이 주어졌을 때, 그 세 점들을 지나는 2차 보간 다항식을 만드는 과정이다. 평면 위에 세 점

(1) $$(-1,\ 6),\quad (0,\ 2),\quad (1,\ 0)$$

을 지나는 2차 보간 다항식을 만들기 위하여 먼저 〈표1〉의 내용을 실행하여 본다.

〈표1〉

>> xv = [-1 0 1]; >> yv = [6 2 0]; >> pc = polyfit(xv,yv,2) pc = 1.0000 -3.0000 2.0000	>> p = poly2sym(pc) p = x^2 - 3*x + 2 >> ezplot(p,[-2 2])

위 〈표1〉의 내용에서와 같이 명령어 polyfit을 이용하면, (1)식에서 주어진 세 점을 지나는 2차 보간 다항식의 계수에 대응하는 벡터

pc = [1.0000 -3.0000 2.0000] (간단히, [1 -3 2])

를 구할 수 있다. 이후, 명령어 poly2sym은 생성된 벡터 pc = [1 -3 2]의 성분을 계수로 하는 심볼릭 객체인

(2) p = x^2-3*x+2

을 출력한다. 이때, (2)식에 주어진 p가 (1)식에 있는 세 점을 지나는 2차 보간 다항식에 대응한다. 〈그림2〉에서 (1)식에 있는 세 점 (−1, 6), (0, 2), (1, 0)을 표시하였고 또한 이 세 점을 지나는 2차 보간 다항식 p가 그려졌다. 〈표1〉의 마지막 행

```
ezplot(p,[-2 2])
```

을 실행하면 〈그림2〉에서 2차 보간 다항식 p만 그려진다. 현재 적혀 있는 〈표1〉의 내용을 실행하면 〈그림2〉에 표시된 세 점을 나타낼 수는 없지만 명령어 plot을 이용하면 독자가 직접 세 점을 표시할 수 있다(〈표6〉 참조).

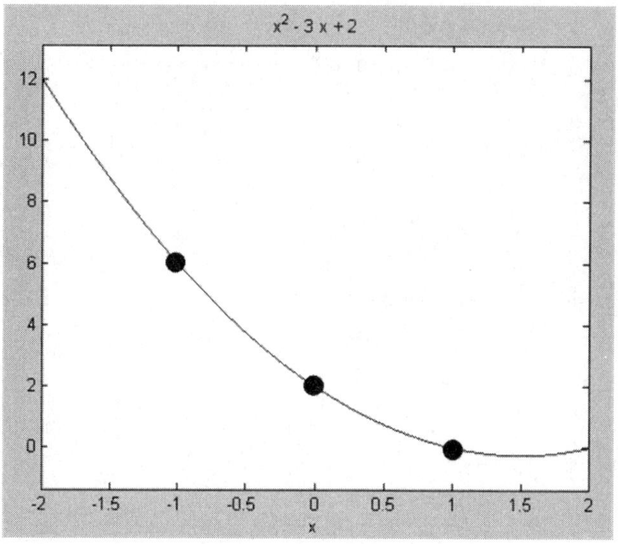

〈그림2〉

참고로, (2)식에 주어진 2차 보간 다항식이 (1)식에 있는 세 점을 지나는 것을 명령어 subs를 이용하여 〈표3〉과 같이 확인할 수 있다.

〈표3〉

〉〉 subs(p,−1) ans = 6	〉〉 subs(p,0) ans = 2	〉〉 subs(p,1) ans = 0

다음은 〈표1〉의 내용에 있는 명령어 polyfit과 poly2sym의 일반적인 사용법을 설명하였다.

- 명령어 polyfit: pc = polyfit(x, y, m)

(i) $x = [x_0, x_1, ..., x_n]$, $y = [y_0, y_1, ..., y_n]$, $m = n$을 가정하고 아래의 내용

$$pc = polyfit([x_0, x_1, ..., x_n], [y_0, y_1, ..., y_n], n)$$

을 실행하면 $(n + 1)$개의 점

$$(x_0, y_0), (x_1, y_1), ..., (x_n, y_n) \tag{3}$$

을 지나는 n차 보간 다항식 p,

$$p = a_n x^n + a_{n-1} x^{n-1} + ... + a_0,$$

의 계수를 성분으로 하는 벡터

$$[a_n, a_{n-1}, ..., a_0]$$

가 변수 pc에 저장된다.

(ii) $x = [x_0, x_1, ..., x_n]$, $y = [y_0, y_1, ..., y_n]$일 때, n이 m보다 큰 경우에 명령어 polyfit은 4.7절에서 설명한 '최소 자승 m차 다항식'의 계수에 대응하는 벡터를 출력한다. 즉, $n > m$이고 최소 자승 m차 다항식을 p라고 할 때,

$$p = a_m x^m + a_{m-1} x^{m-1} + ... + a_0 \tag{4}$$

의 계수로 구성된

$$pc = [a_m, a_{m-1}, ..., a_0]$$

가 명령문 pc = polyfit(x, y, m)에 의하여 출력된다. 이때, 벡터 pc의 성분을

계수로 하는 다항식 p(위의 (4)식에서 주어진)는 (3)식에서 주어진 (n+1)개의 점들을 반드시 지나는 것은 아니다. □

- 명령어 poly2sym: p= poly2sym(pc)

만약에 입력 변수 pc가 (n+1)개의 성분을 가진 벡터

$$pc = [a_n, a_{n-1}, ..., a_0]$$

라고 가정하면 실행문 p= poly2sym(pc)에 의하여

$$p = a_n x^n + a_{n-1} x^{n-1} + ... + a_0$$

와 같은 심볼릭 객체 p를 생성한다. □

위 〈표1〉의 내용을 실행하여 구해진 심볼릭 객체 p가 (1)식에 있는 세 점을 지난다는 사실은 〈표3〉을 통해서 이미 알고 있다. 평면 위의 점을 (x, y)로 표시할 때, 세 점의 x좌표가 아닌 값에 대응하여 2차 보간 다항식 p의 값을 알고 싶다면 〈표3〉에서와 같이 계속해서 명령어 subs를 이용하면 된다. 예를 들어, x = -0.5 또는 0.5에 대하여 2차 보간 다항식 p의 값은

```
>> pv1 = subs(p,-0.5)
pv1 = 15/4

>> pv2 = subs(p,0.5)
pv2 = 3/4
```

와 같이 구하면 된다. 이때, 구해진 pv1와 pv2는 심볼릭 객체이다. 한편, x = -0.5 또는 0.5에 대하여 2차 보간 다항식 p의 값을 기본 매틀랩 연산에서 사용하는 명령어 polyval을 이용하여 다음과 같이 구할 수도 있다.

```
>> x1 = [-0.5 0.5];
>> y1 = polyval(pc, x1)                % 입력 변수 pc는 〈표1〉 참조
```

```
y1 =     3.7500    0.7500
```

예상한 대로, y1은 심볼릭 객체가 아니라 기본 매틀랩 연산에 의한 수치적 성분을 가지는 벡터이다. 참고로, y1의 첫 번째, 두 번째 성분값은 바로 앞에서 구한 심볼릭 객체 pv1, pv2의 값에 각각 대응한다. 다음은 명령어 polyval에 관한 일반적인 사용법이다.

- 명령어 polyval: w = polyval(pc, v)

  첫 번째 입력 인자 pc와 두 번째 입력 인자 v를 다음과 같이 가정한다:

  $$pc = [a_n, a_{n-1}, ..., a_0], \qquad v = [v_1, v_2, ..., v_k]$$

  입력 인자 pc의 성분을 계수로 하는 다항식

  $$p(x) = a_n x^n + a_{n-1} x^{n-1} + ... + a_0$$

  에 대하여

  $$x = v_1, v_2, ..., v_k$$

  의 값이 각각 입력되어 다음과 같은 형식의 벡터 w가 출력된다:

  $$w = [\,p(v_1), p(v_2), ..., p(v_k)]$$ □

이번에는 네 개의 점을 지나는 보간 다항식을 생성하여 본다. 정의역 $[-1, 3]$에서 아래 (5)식과 같이 주어진 함수

$$f(x) = \frac{1}{x^2 + 2} \tag{5}$$

는 아래 〈표4〉의 내용을 실행하여 〈그림5〉의 실선으로 구해진다.

〈표4〉

```
>> syms x
>> y = 1/(x^2 + 2);
>> ezplot(y,[-1 3]);
```

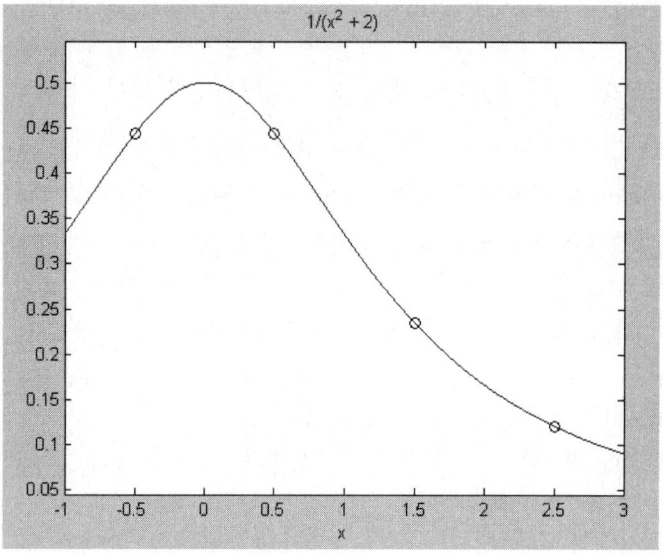

〈그림5〉

주어진 〈그림5〉에서 표시된 네 개의 점들의 좌표는

$$(x, y) = \left(-\frac{1}{2},\ f\left(-\frac{1}{2}\right)\right),\quad \left(\frac{1}{2},\ f\left(\frac{1}{2}\right)\right),\quad \left(\frac{3}{2},\ f\left(\frac{3}{2}\right)\right),\quad \left(\frac{5}{2},\ f\left(\frac{5}{2}\right)\right) \tag{6}$$

와 같고 〈표4〉의 내용만으로는 네 개의 점이 표시되지 않는다. 나중에 〈표6〉의 내용을 실행하면 네 개의 점이 표시될 것이다. 우선, 이 네 개의 점들을 지나는 3차 보간 다항식을 구하기 위하여 다음과 같이 실행하여 보자(위의 〈표4〉에서와 같이 y=1/(x^2 + 2)을 생성하고 〈그림5〉를 출력한 뒤에 계속하여):

```
>> xv = sym([-1/2 1/2 3/2 5/2]);
>> yv = subs(y, xv);
```

```
>> pc = polyfit(xv, yv, 3)
pc =
[256/5049, -304/1683, -64/5049, 824/1683]

>> p = poly2sym(pc)
p =
(256*x^3)/5049 - (304*x^2)/1683 - (64*x)/5049 + 824/1683
```

위의 실행으로 (6)식에 주어진 네 개의 점을 지나는 3차 보간 다항식 p를 구하였다. 계속하여, 〈그림5〉의 실선 결과를 유지하면서 〈표6〉의 내용을 실행하면 〈그림7〉이 출력된다. 사실, 〈표6〉에서 첫 번째 줄에 있는 'hold on'에 의하여 이후 실행되는 모든 결과가 〈그림5〉에 있는 그래프에 덮어씌우기 효과로 진행되었다.

〈표6〉

```
hold on
ezplot(p,[-1 3])
hd = get(gca,'children')          % 그래프객체 핸들
set(hd(1),'linestyle',':')        % 3차 보간 다항식 p 대응
set(hd(2),'linestyle','--')       % (5)식에 주어진 1/(x^2+2) 대응
legend('1/(x^2+2)','p',0)
title('₩bf{Interpolation polynomial p}')
for k=1:length(xv)
    plot(xv(k),yv(k),'ko');       %  네 개의 점을 표시
end
```

〈표6〉의 실행 결과로, 위의 (5)식에서 주어진 함수가 파선(Dashed Line), 3차 보간 다항식 p가 점선(Dotted Line)으로 표시되었다(〈그림7〉 참고).

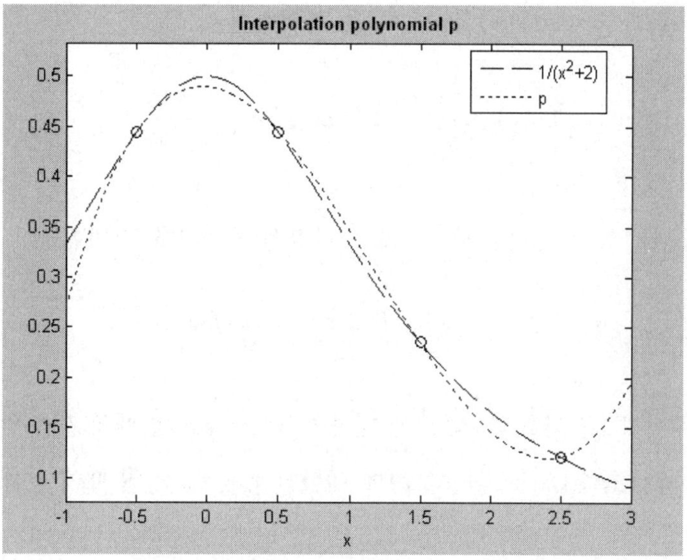

〈그림7〉

이와 같이, 평면 위의 점들을 지나는 보간 다항식을 명령어 polyfit을 사용하여 구할 수 있다. 다음 절에서는 주어진 점들을 지나는 보간 다항식이 어떻게 만들어지는지 알아보자.

6.2 라그랑쥐 보간 다항식

함수 $y=f(x)$에 대하여 $(n+1)$개의 점,

$$(x,\ y)=(x_0,\ f(x_0)),\ (x_1,\ f(x_1)),\ \ldots,\ (x_n,\ f(x_n))$$

이 주어졌을 때 이 점들을 지나는 n차 다항식 $P_n(x)$을 생성하여 보자. 먼저 두 개의 점

$$(x_0,\ f(x_0)),\ (x_1,\ f(x_1))$$

을 지나는 1차 다항식 $P_1(x)$을 아래 〈Step1a〉와 〈Step2a〉의 과정을 통하여 만들어 보자.

〈Step1a〉 다음과 같이 $L_0(x)$와 $L_1(x)$을 정의한다.

$$L_0(x) = \frac{x - x_1}{x_0 - x_1},\ L_1(x) = \frac{x - x_0}{x_1 - x_0}$$

〈Step2a〉 $L_0(x)$와 $L_1(x)$을 가지고 1차 다항식 $P_1(x)$을 정의한다.

(1) $$P_1(x) = L_0(x)f(x_0) + L_1(x)f(x_1)$$

위 (1)식에 주어진 1차 다항식 $P_1(x)$에 대하여 $x = x_0,\ x_1$일 때의 값을 알아보기 전에, 위의 〈Step1a〉에서 구한 $L_0(x)$와 $L_1(x)$에 대하여 $x = x_0,\ x_1$일 때에 값을 먼저 구하여 보자. 즉,

- $x = x_0,\ x_1$일 때 $L_0(x)$의 값

$$L_0(x_0) = \frac{x_0 - x_1}{x_0 - x_1} = 1, \quad L_0(x_1) = \frac{x_1 - x_1}{x_0 - x_1} = 0$$

- $x = x_0,\ x_1$일 때 $L_1(x)$의 값

$$L_1(x_0) = \frac{x_0 - x_0}{x_1 - x_0} = 0, \quad L_1(x_1) = \frac{x_1 - x_0}{x_1 - x_0} = 1$$

이 결과들을 이용하면

$$P_1(x_0) = L_0(x_0)f(x_0) + L_1(x_0)f(x_1) = 1 \cdot f(x_0) + 0 \cdot f(x_1) = f(x_0)$$
$$P_1(x_1) = L_0(x_1)f(x_0) + L_1(x_1)f(x_1) = 0 \cdot f(x_0) + 1 \cdot f(x_1) = f(x_1)$$

와 같이 (1)식에 주어진 1차 다항식 $P_1(x)$가 두 점 $(x_0, f(x_0))$, $(x_1, f(x_1))$을 지나는 것을 알 수 있다. 즉, 두 개의 점 $(x_0, f(x_0))$, $(x_1, f(x_1))$을 지나는 1차 다항식 $P_1(x)$가 (1)식과 같이 구해졌다. 위에서 제시한 〈Step1a〉와 〈Step2a〉의 절차는 일반화가 가능한데 그 규칙을 파악하기 위하여 이번에는 세 점

$$(x_0, f(x_0)),\ (x_1, f(x_1)),\ (x_2, f(x_2))$$

을 지나는 2차 다항식 $P_2(x)$도 구하여 보자.

⟨Step1b⟩ 다음과 같이 $L_0(x)$, $L_1(x)$, $L_2(x)$을 정의한다.

$$L_0(x) = \frac{(x-x_1)(x-x_2)}{(x_0-x_1)(x_0-x_2)},$$

$$L_1(x) = \frac{(x-x_0)(x-x_2)}{(x_1-x_0)(x_1-x_2)},$$

$$L_2(x) = \frac{(x-x_0)(x-x_1)}{(x_2-x_0)(x_2-x_1)}$$

⟨Step2b⟩ 위의 $L_0(x)$, $L_1(x)$, $L_2(x)$을 가지고 2차 다항식 $P_2(x)$을 정의한다.

(2) $$P_2(x) = L_0(x)f(x_0) + L_1(x)f(x_1) + L_2(x)f(x_2)$$

위 (2)식에 주어진 2차 다항식 $P_2(x)$에 대하여 $x = x_0, x_1, x_2$일 때의 값을 알아보기 전에, 위의 ⟨Step1b⟩에서 정의된 $L_0(x)$, $L_1(x)$, $L_2(x)$에 대하여 $x = x_0, x_1, x_2$일 때 각각 그 결과가 어떻게 되는지 알아보자. 즉,

- $x = x_0, x_1, x_2$일 때 $L_0(x)$의 값

$$L_0(x_0) = \frac{(x_0-x_1)(x_0-x_2)}{(x_0-x_1)(x_0-x_2)} = 1,\ L_0(x_1) = \frac{(x_1-x_1)(x_1-x_2)}{(x_0-x_1)(x_0-x_2)} = 0,$$

$$L_0(x_2) = \frac{(x_2-x_1)(x_2-x_2)}{(x_0-x_1)(x_0-x_2)} = 0,$$

- $x = x_0, x_1, x_2$일 때 $L_1(x)$의 값

$$L_1(x_0) = \frac{(x_0-x_0)(x_0-x_2)}{(x_1-x_0)(x_1-x_2)} = 0,\ L_1(x_1) = \frac{(x_1-x_0)(x_1-x_2)}{(x_1-x_0)(x_1-x_2)} = 1,$$

$$L_1(x_2) = \frac{(x_2-x_0)(x_2-x_2)}{(x_1-x_0)(x_1-x_2)} = 0,$$

• $x = x_0, x_1, x_2$일 때 $L_2(x)$의 값

$$L_2(x_0) = \frac{(x_0 - x_0)(x_0 - x_1)}{(x_2 - x_0)(x_2 - x_1)} = 0,\ L_2(x_1) = \frac{(x_1 - x_0)(x_1 - x_1)}{(x_2 - x_0)(x_2 - x_1)} = 0,$$

$$L_2(x_2) = \frac{(x_2 - x_0)(x_2 - x_1)}{(x_2 - x_0)(x_2 - x_1)} = 1$$

위의 결과들을 이용하면 (2)식으로부터

$$\begin{aligned} P_2(x_0) &= L_0(x_0)f(x_0) + L_1(x_0)f(x_1) + L_2(x_0)f(x_2) \\ &= 1 \cdot f(x_0) + 0 \cdot f(x_1) + 0 \cdot f(x_2) = f(x_0) \end{aligned}$$

$$\begin{aligned} P_2(x_1) &= L_0(x_1)f(x_0) + L_1(x_1)f(x_1) + L_2(x_1)f(x_2) \\ &= 0 \cdot f(x_0) + 1 \cdot f(x_1) + 0 \cdot f(x_2) = f(x_1) \\ P_2(x_2) &= L_0(x_2)f(x_0) + L_1(x_2)f(x_1) + L_2(x_2)f(x_2) \\ &= 0 \cdot f(x_0) + 0 \cdot f(x_1) + 1 \cdot f(x_2) = f(x_2) \end{aligned}$$

와 같이 2차 다항식 $P_2(x)$가 세 점 $(x_0, f(x_0))$, $(x_1, f(x_1))$, $(x_2, f(x_2))$을 지나는 것을 알 수 있다. 즉, 세 점 $(x_0, f(x_0))$, $(x_1, f(x_1))$, $(x_2, f(x_2))$을 지나는 2차 다항식 $P_2(x)$가 (2)식과 같이 구해졌다.

다항식 $P_1(x)$와 $P_2(x)$을 구하는 과정을 일반화할 수 있는 시점에 도달하였다. 즉, $(n+1)$개의 점

$$(x_0, f(x_0)),\ (x_1, f(x_1)),\ \ldots,\ (x_n, f(x_n))$$

을 지나는 n차 다항식 $P_n(x)$을 만들어 보자.

〈Step1c〉 $k = 0, 1, \ldots, n$에 대하여 n차 다항식 $L_k(x)$을 다음과 같이 정의한다.

(3) $$L_k(x) = \frac{(x - x_0)\cdots(x - x_{k-1})(x - x_{k+1})\cdots(x - x_n)}{(x_k - x_0)\cdots(x_k - x_{k-1})(x_k - x_{k+1})\cdots(x_k - x_n)}$$

〈Step2c〉 위 (3)식에서 주어진 $L_k(x)$을 가지고 n차 다항식 $P_n(x)$을 (4)식과 같이 정의한다.

(4) $$P_n(x) = \sum_{k=0}^{n} L_k(x) f(x_k)$$

위의 〈Step1c〉에서 정의한 $L_k(x)$에 대하여 $x = x_j\,(j = 0, 1, \ldots, n)$일 때

(5) $$\begin{aligned} L_k(x_j) &= \frac{(x_j - x_0)\cdots(x_j - x_{k-1})(x_j - x_{k+1})\cdots(x_j - x_n)}{(x_k - x_0)\cdots(x_k - x_{k-1})(x_k - x_{k+1})\cdots(x_k - x_n)} \\ &= \begin{cases} 1 & \text{if } j = k, \\ 0 & \text{otherwise} \end{cases} \end{aligned}$$

이다. 또한, (4)식에 주어진 $P_n(x)$에 대하여 $x = x_j\,(j = 0, 1, \ldots, n)$일 때

(6) $$\begin{aligned} P_n(x_j) &= \sum_{k=0}^{n} L_k(x_j) f(x_k) \\ &= L_j(x_j) f(x_j) \qquad \text{(위 (5)식에 있는 결과 이용)} \\ &= f(x_j) \end{aligned}$$

이다. 위 (6)식의 결과로부터 (4)식에 주어진 n차 다항식 $P_n(x)$가 $(n+1)$개의 점

(7) $$(x_0, f(x_0)),\ (x_1, f(x_1)),\ \ldots,\ (x_n, f(x_n))$$

을 지나는 것을 알 수 있다. 즉, $(n+1)$개의 점을 지나는 n차 보간 다항식이 위 (4)식과 같이 구해졌다. 이때, $(n+1)$개의 점의 위치에 따라 (4)식에 있는 다항식의 최대차수가 n 이하로 될 수 있다. 예를 들어, 두 개의 점

$$(x, f(x)) = (1, 3), (4, 3)$$

을 지나는 1차 보간 다항식($n = 1$의 경우)을 구하여 보자. 〈Step1a〉로부터

$$L_0(x) = \frac{x - x_1}{x_0 - x_1} = \frac{x - 4}{1 - 4} = -\frac{x}{3} + \frac{4}{3},$$

$$L_1(x) = \frac{x - x_0}{x_1 - x_0} = \frac{x-1}{4-1} = \frac{x}{3} - \frac{1}{3}$$

이고 〈Step2a〉로부터 $P_1(x)$은

$$\begin{aligned} P_1(x) &= L_0(x)f(x_0) + L_1(x)f(x_1) \\ &= \left(-\frac{x}{3} + \frac{4}{3}\right)f(1) + \left(\frac{x}{3} - \frac{1}{3}\right)f(4) \\ &= \left(-\frac{x}{3} + \frac{4}{3}\right)3 + \left(\frac{x}{3} - \frac{1}{3}\right)3 = -x + 4 + x - 1 = 3 \end{aligned}$$

과 같이 상수(=0차 다항식)가 된다. 또한, 세 개의 점을 지나는 보간 다항식 $P_2(x)$을 구할 때(위 (4)식에서 $n=2$인 경우)에도 이 세 점이 하나의 직선 위에 놓인다면 보간 다항식 $P_2(x)$의 차수는 1차가 될 것이다. 이러한 과정을 확장하여 생각하면, (4)식에 주어진 $P_n(x)$도 최대 n차 다항식이 될 것이다. 이와 같은 내용이 〈정리1〉로 요약되어 정리되었다.

〈정리1〉

함수 f에 의하여 주어진 $(n+1)$개의 점 $(x_0, f(x_0))$, $(x_1, f(x_1))$, ..., $(x_n, f(x_n))$을 지나는 유일한(Unique) n차(최대 차수가) 다항식 $P_n(x)$은

$$P_n(x) = \sum_{k=0}^{n} L_k(x) f(x_k)$$

와 같다.

〈증명〉 연습문제 1번 참조 □

위 〈정리1〉의 내용에 의하면 앞 (7)식에서 주어진 $(n+1)$개의 점을 지나는 유일한 n차(최대) 다항식 $P_n(x)$을 구할 수 있다. 이러한 다항식 $P_n(x)$을

최대 n차 보간 다항식 (또는 n차 라그랑쥐 보간 다항식)

이라고 부른다. 그러므로 앞의 내용 중 (1)식과 (2)식에서 구한 $P_1(x)$, $P_2(x)$는 각각 최대 1차, 2차 보간 다항식이 된다.

이렇게 구해진 보간 다항식은 어디에 사용될 수 있을까?

어떤 데이터나 함수를 대신하여 사용될 수 있다. 예를 들어, x축을 따라서 $(n+1)$개의 점의 좌표에 대응하는 데이터(실험값)를 가지고 있으나 그 점들 사이의 값이 필요한 경우, $(n+1)$개의 점을 지나는 최대 n차 보간 다항식을 이용하여 어떤 추정치(근사값)을 제공할 수 있다. 다른 예를 들면, 미분(또는 적분)을 직접 적용하기 어려운 함수인데 이 함수의 미분(또는 적분)과 같은 수학적 내용이 필요한 경우가 발생할 수 있다. 이때, 대응하는 보간 다항식을 사용하면 된다. 즉, 주어진 함수가 지나는 유한개의 점을 선택한 뒤에 그 점을 지나는 보간 다항식을 생성한다. 이렇게 생성된 보간 다항식을 미분(또는 적분)을 하여 주어진 함수의 미분(또는 적분)의 결과로 대신 사용될 수 있다. 〈정리1〉의 내용은 보간 다항식을 구하는 방법을 이야기하고 있지만 그 보간 다항식을 사용함으로써 발생할 수 있는 오차에 대해서는 언급이 없다. 다음 〈정리2〉는 보간 다항식의 오차와 관련된 내용이다.

〈정리2〉

정의역인 폐구간 $[a, b]$에서 서로 다른 $(n+1)$개의 값 $x_0, x_1, \dots, x_n$을 선택하고 $f \in C^{n+1}[a, b]$임을 가정한다. 이때, 임의의 $x \in [a, b]$에 대해서 다음과 같은 수식

(8) $$f(x) = P_n(x) + \frac{f^{(n+1)}(\eta(x))}{(n+1)!}(x-x_0)(x-x_1)\dots(x-x_n)$$

을 만족하는 $\eta(x) \in (a, b)$가 존재한다.

〈증명〉 연습문제 2번 참조 □

위의 (8)식에서 $P_n(x)$는 (4)식에 의하여 주어진 최대 n차 보간 다항식을 의미하고

기호 $C^{n+1}[a, b]$는 다음과 같이 주어진 (i)과 (ii)의 내용을 동시에 만족하는 함수 f를 원소로 하는 집합이다:

(i) 정의역 $[a, b]$에서 f는 $(n+1)$번까지 미분가능하다.

(ii) $\dfrac{d^{n+1}f(x)}{dx^{n+1}}$은 연속하다.

즉, 만약에 $f \in C^{n+1}[a, b]$이면 위의 (i)과 (ii)의 내용을 만족한다.

이번 절에서는 라그랑쥐 보간 다항식의 생성과 오차에 대하여 알아보았다. 그 생성과정이 논리적으로 명백하며 무엇보다도 오차(에러)에 대하여 이론적 결과를 가지고 있기 때문에 그 사용에 아무런 문제가 없다. 그러나 라그랑쥐 보간 다항식을 직접 이용하기에는 비효율적인 면이 있다. 주어지는 점의 개수가 증가할 때, 바로 전 단계에서 구한 보간 다항식이 이용될 수 없고 처음부터 다시 모든 과정을 거쳐야 보간 다항식이 구해진다. 예를 들어, 앞에서 설명한 1차 보간 다항식 $P_1(x)$은 두 점 $(x_0, f(x_0))$, $(x_1, f(x_1))$을 통과한다. 이 두 점에 하나를 추가하여 세 점

$$(x_0, f(x_0)),\ \ (x_1, f(x_1)),\ (x_2, f(x_2))$$

을 통과하는 2차 보간 다항식 $P_2(x)$을 생성할 때, 1차 보간 다항식 $P_1(x)$을 구하는 과정에서 사용했던 내용을 다시 사용할 수가 없다는 점이다. 반면 다음 절에서 설명하는 방법은 이러한 단점을 극복할 수 있다.

6.3 Divided Difference 방법

함수 f에 대하여 $P_n(x)$가 $(n+1)$개의 점

(1) $$(x_0, f(x_0)),\ (x_1, f(x_1)),\ \ldots,\ (x_n, f(x_n))$$

을 지나는 n차 라그랑쥐 보간 다항식이고 다음 (2)식과 같이 $P_n(x)$이 표현되었다고 가정하자. 단, $j = 0, 1, 2, \ldots, n$에 대하여 c_j는 상수이다.

$$(2)\quad \begin{aligned} P_n(x) = c_0 + c_1(x - x_0) + c_2(x - x_0)(x - x_1) + c_3(x - x_0)(x - x_1)(x - x_2) \\ + \cdots + c_n(x - x_0)(x - x_1) \cdots (x - x_{n-1}) \end{aligned}$$

이때, (2)식에 주어진 형태로부터 $P_n(x)$이 x에 관한 n차 다항식인 것을 쉽게 알 수 있고, 이런 형태로 생성된 다항식 $P_n(x)$이 (1)식에 있는 $(n+1)$개의 점을 지난다고 가정하였기 때문에

(3) $\quad j = 0, 1, 2, \ldots, n$에 대하여 $P_n(x_j) = f(x_j)$

이다. 이와 같은 내용을 이용하여 위의 (2)식에서 구체적으로 정해지지 않은 상수

$$(4)\quad c_0, c_1, c_2, \ldots, c_n$$

의 값을 구하여 보자. 먼저, $x = x_0$에 대해서 (2)식은

$$P_n(x_0) = c_0 + c_1 0 + \ldots + c_n 0 = c_0$$

가 되고 위의 (3)식으로부터

$$P_n(x_0) = f(x_0)$$

이므로 바로 c_0의 값이 결정된다:

$$(5)\quad f(x_0) = P_n(x_0) = c_0$$

비슷한 방식으로 계속하면, $x = x_1$에 대해서 (2)식은

$$\begin{aligned} P_n(x_1) &= c_0 + c_1(x_1 - x_0) + c_2 0 + \ldots + c_n 0 \\ &= f(x_0) + c_1(x_1 - x_0) \qquad \text{(위 (5)식의 결과 이용)} \end{aligned}$$

이고 다시 위의 (3)식에 의하여

$$P_n(x_1) = f(x_1)$$

이므로

(6)
$$c_1 = \frac{f(x_1) - f(x_0)}{x_1 - x_0}$$

가 된다. 다음으로, $x = x_2$에 대해서 (2)식은

(7)
$$P_n(x_2) = c_0 + c_1(x_2 - x_0) + c_2(x_2 - x_0)(x_2 - x_1) + c_3 0 + \dots + c_n 0$$

이고 위 (7)식에 (5)식과 (6)식의 결과를 이용하면

(8)
$$P_n(x_2) = f(x_0) + \frac{f(x_1) - f(x_0)}{x_1 - x_0}(x_2 - x_0) + c_2(x_2 - x_0)(x_2 - x_1)$$

이 된다. 위의 (8)식에다 (3)식에 있는 가정 중에 하나인

$$P_n(x_2) = f(x_2)$$

을 이용하면

(9)
$$\begin{aligned} c_2 &= \frac{f(x_2) - f(x_0) - \dfrac{f(x_1) - f(x_0)}{x_1 - x_0}(x_2 - x_0)}{(x_2 - x_0)(x_2 - x_1)} \\ &= \frac{f(x_2) - f(x_1) + f(x_1) - f(x_0) - \dfrac{f(x_1) - f(x_0)}{x_1 - x_0}(x_2 - x_1 + x_1 - x_0)}{(x_2 - x_0)(x_2 - x_1)} \\ &= \frac{\dfrac{f(x_2) - f(x_1)}{x_2 - x_1} + \dfrac{f(x_1) - f(x_0)}{x_2 - x_1} - \dfrac{f(x_1) - f(x_0)}{x_1 - x_0} - \dfrac{f(x_1) - f(x_0)}{x_2 - x_1}}{(x_2 - x_0)} \\ &= \frac{\dfrac{f(x_2) - f(x_1)}{x_2 - x_1} - \dfrac{f(x_1) - f(x_0)}{x_1 - x_0}}{(x_2 - x_0)} \end{aligned}$$

가 된다. 참고로, 위 (9)식의 마지막 결과는 바로 전 단계의 등식에서 분자의 두 번째와 네 번째 항이 서로 상쇄되기 때문에 얻어졌다. 위의 결과는 다음과 같이 f에 대한 각 차수의 divided difference를 설명하는 〈정의1〉에 의하여 좀 더 쉽게 표현될 수 있다.

〈정의1〉 Divided Difference

(i) x_j에 대한 f의 0차 divided difference:

$$f[x_j] = f(x_j), \quad j = 0, 1, \ldots, n$$

(ii) x_j와 x_{j+1}에 대한 f의 1차 divided difference:

$$f[x_j, x_{j+1}] = \frac{f[x_{j+1}] - f[x_j]}{x_{j+1} - x_j}, \quad j = 0, 1, \ldots, n-1$$

(iii) x_j, x_{j+1}와 x_{j+2}에 대한 f의 2차 divided difference:

$$f[x_j, x_{j+1}, x_{j+2}] = \frac{f[x_{j+1}, x_{j+2}] - f[x_j, x_{j+1}]}{x_{j+2} - x_j}, \quad j = 0, 1, \ldots, n-2$$

(iv) $x_j, x_{j+1}, \ldots, x_{j+k}$에 대한 f의 k차 divided difference:

$$f[x_j, x_{j+1}, \ldots, x_{j+k}] = \frac{f[x_{j+1}, x_{j+2}, \ldots, x_{j+k}] - f[x_j, x_{j+1}, \ldots, x_{j+k-1}]}{x_{j+k} - x_j},$$

$$j = 0, 1, \ldots, n-k$$

위의 〈정의1〉의 내용에 따라 $P_n(x)$의 미지수인 각각의 c_j가

(10)
$$\begin{aligned} c_0 &= f[x_0], \\ c_1 &= f[x_0, x_1], \\ c_2 &= f[x_0, x_1, x_2], \\ &\vdots \\ c_n &= f[x_0, x_1, \ldots, x_n] \end{aligned}$$

이 되고 정리하면 $P_n(x)$이 다음과 같이 divided difference 기호에 의하여 표현될 수 있다:

(11)
$$P_n(x) = f[x_0] + \sum_{j=1}^{n} f[x_0, x_1, \ldots, x_j](x - x_0)(x - x_1) \cdots (x - x_{j-1})$$

즉, (1)식에 있는 $(n+1)$개의 점을 지나는 n차 라그랑쥐 보간 다항식 $P_n(x)$이 위의 (11)식과 같이 표현되고 이 식을 뉴턴의 보간 공식(Newton's Interpolation Formula With Divided Differences)이라고 부른다[HIL]. 이때, 함수 f에 대한 divided difference는 순차적으로 쉽게 구해질 수 있다.

예를 들어, $n=3$인 경우에 (11)식을 결정하기 위하여 필요한 f의 divided difference를 다음 〈표2〉와 〈표3〉과 같이 계산할 수 있다. 〈표2〉에서 표시된 1차, 2차, 3차 divided difference 위치에 대응하는 수식을 〈정의1〉에서 설명한 대로 〈표3〉에 정리하였다. 참고로, 〈표2〉에서 '2차 d.d.'와 관련된 네 번째 열의 첫 번째 위치에 있는 $f[x_0, x_1, x_2]$에 대응하는 수식은 〈표3〉에서 '2차 d.d.'와 관련된 네 번째 열의 첫 번째 위치에 있는

$$\frac{f[x_1, x_2] - f[x_0, x_1]}{x_2 - x_0}$$

와 대응된다. 〈표2〉와 〈표3〉에서 사용한 기호 d.d.는 divided difference를 의미한다. 그러므로 〈표2〉의 내용 중 대각선 방향으로 적혀 있는

$$f[x_0],\ f[x_0, x_1],\ f[x_0, x_1, x_2],\ f[x_0, x_1, x_2, x_3]$$

에 대응하여 구해진 각각의 〈표3〉의 값

$$f[x_0],\ \frac{f[x_1] - f[x_0]}{x_1 - x_0},\ \frac{f[x_1, x_2] - f[x_0, x_1]}{x_2 - x_0},\ \frac{f[x_1, x_2, x_3] - f[x_0, x_1, x_2]}{x_3 - x_0}$$

을 이용하여 네 개의 점

$$(x_0, f(x_0)),\ (x_1, f(x_1)),\ (x_2, f(x_2)),\ (x_3, f(x_3))$$

을 지나는 3차 라그랑쥐 보간 다항식 $P_3(x)$을 (11)식으로부터 구할 수 있다.

〈표2〉 d.d. = divided difference

x	$f(x)$	1차 d.d.	2차 d.d.	3차 d.d.
x_0	$f[x_0]$			
		$f[x_0, x_1]$		
x_1	$f[x_1]$		$f[x_0, x_1, x_2]$	
		$f[x_1, x_2]$		$f[x_0, x_1, x_2, x_3]$
x_2	$f[x_2]$		$f[x_1, x_2, x_3]$	
		$f[x_2, x_3]$		
x_3	$f[x_3]$			

〈표3〉 d.d. = divided difference

x	$f(x)$	1차 d.d.	2차 d.d.	3차 d.d.
x_0	$f[x_0]$			
		$\dfrac{f[x_1]-f[x_0]}{x_1-x_0}$		
x_1	$f[x_1]$		$\dfrac{f[x_1, x_2]-f[x_0, x_1]}{x_2-x_0}$	
		$\dfrac{f[x_2]-f[x_1]}{x_2-x_1}$		$\dfrac{f[x_1, x_2, x_3]-f[x_0, x_1, x_2]}{x_3-x_0}$
x_2	$f[x_2]$		$\dfrac{f[x_2, x_3]-f[x_1, x_2]}{x_3-x_1}$	
		$\dfrac{f[x_3]-f[x_2]}{x_3-x_2}$		
x_3	$f[x_3]$			

지금부터 구체적으로 3차 라그랑쥐 보간 다항식을 만들어 보자. 즉, 함수 $f(x)$가 다음 (12)식과 같이 주어지고

$$f(x) = \frac{1}{x^2+2} \tag{12}$$

이 함수에 의하여 생성된 네 개의 점

$$(-\frac{1}{2}, f(-\frac{1}{2})) = (-\frac{1}{2}, \frac{4}{9}), \quad (\frac{1}{2}, f(\frac{1}{2})) = (\frac{1}{2}, \frac{4}{9}),$$

(13)

$$(\frac{3}{2}, f(\frac{3}{2})) = (\frac{3}{2}, \frac{4}{17}), \quad (\frac{5}{2}, f(\frac{5}{2})) = (\frac{5}{2}, \frac{4}{33})$$

을 지나는 3차 라그랑쥐 보간 다항식 $P_3(x)$에 대응하는 뉴턴의 보간 공식을 심볼릭 연산을 이용하여 구하여 보자.

〈표4〉

```
clear all
N = sym(4); a= sym(-1/2); b=sym(5/2);
c=(a+b)/2; h=(b-a)/2;
syms u
f = 1/(u^2 + 2);
for k=1:double(N)
    x(k) = -1 + 2*(sym(k)-1)/(N-1);
    xv(k)= c+h*x(k);
    fxv(k)=subs(f,u,xv(k));
    dd(k,1) = fxv(k);
end
```

주어진 〈표4〉의 내용을 실행한 후에 다음과 같이 f, xv, dd(· ,1)의 값을 출력하여 보자.

```
>> f
f =
1/(u^2 + 2)

>> xv
xv =
[ -1/2, 1/2, 3/2, 5/2]
```

```
>> dd
dd =
   4/9
   4/9
  4/17
  4/33
```

위의 결과를 참고하여 〈표4〉의 내용을 좀 더 이해하여 보자. 위의 (12)식에서 주어진 함수 $f(x)$가 심볼릭 변수 u를 이용하여 f로 대응(〈표4〉 다섯 번째 줄 참조)되었다. 또한 정의역 $[-1/2,\ 5/2]$에 속하는 네 개의 수

$$-\frac{1}{2},\ \frac{1}{2},\ \frac{3}{2},\ \frac{5}{2} \tag{14}$$

을 심볼릭 변수 xv에 저장하였다. 심볼릭 변수 xv를 생성하기 위하여 이용된 심볼릭 배열변수 x는 다음과 같은 성질을 갖는다: k = 1, 2, ..., N에 대하여

(i) −1 ≤ x(k) ≤ 1이다.
(ii) x(k)는 0을 중심으로 대칭이며 같은 간격으로 분포되어 있다.

이러한 x(k)의 성질 때문에 xv(k)의 값도 정의역 $[a,\ b]$에서 $c = (a+b)/2$을 중심으로 대칭이며 같은 간격으로 분포된다(위에서 xv의 출력 값을 참조). 위 (14)식에 있는 네 개의 수는 (13)식에 있는 네 점의 x좌표 위치에 있는 값들이다. 즉, xv에 저장된 값들은 (13)식에 있는 네 점의 x좌표 위치에 있는 값들이다. 이러한 세부적 내용과 함께 〈표4〉의 내용 전체가 실행 완료되면 위의 출력 결과에서 보듯이 변수 dd가 열벡터의 형태를 갖게 된다. 이때, 변수 dd의 성분값을 순서대로 적으면 다음과 같은 0차 divided differences,

$$f[-1/2],\ f[1/2],\ f[3/2],\ f[5/2], \tag{15}$$

에 대응하는 값을 갖는다. 〈표4〉의 내용을 실행하고 계속하여 〈표5〉의 내용을 실행한다.

〈표5〉

```
for k=2:double(N)
    for m=2:k
        dd(k,m) = ( dd(k,m-1)-dd(k-1,m-1) )/(xv(k)-xv(k-m+1));
    end
end
```

주어진 〈표5〉의 내용을 실행하면 dd가 4×4 크기의 배열이 되고 이렇게 생성된 dd에는 다음과 같은 결과가 저장되어 있다.

```
>> dd
dd =
[  4/9,         0,         0,          0]
[  4/9,         0,         0,          0]
[ 4/17,  -32/153,   -16/153,          0]
[ 4/33,  -64/561,   80/1683,   256/5049]
```

이 결과를 이용하면 앞서 설명한 〈표2〉(또는 〈표3〉)에 대응하여 다음과 같은 〈표6〉의 내용을 구할 수 있다.

〈표6〉

x	$f(x)$	1차 d.d.	2차 d.d.	3차 d.d.
−1/2	4/9			
		0		
1/2	4/9		−16/153	
		−32/153		256/5049
3/2	4/17		80/1683	
		−64/561		
5/2	4/33			

이미 실행한 〈표5〉의 내용 뒤에 계속하여 〈표7〉의 내용을 실행하면

(16) P3 = (256*x^3)/5049 − (304*x^2)/1683 − (64*x)/5049 + 824/1683

와 같이 P3가 출력이 되는데 바로 이 P3가 앞의 (13)식에서 주어진 네 개의 점(또는 〈표6〉의 1열과 2열 내용)

$$(-\frac{1}{2}, \frac{4}{9}), \quad (\frac{1}{2}, \frac{4}{9}), \quad (\frac{3}{2}, \frac{4}{17}), \quad (\frac{5}{2}, \frac{4}{33})$$

을 지나는 3차 보간 다항식 $P_3(x)$가 된다. 최종 결과인 P3을 구하는 〈표7〉의 내용을 보면 위의 (11)식에서 설명한 뉴턴의 보간 공식에 관한 것임을 알 수 있다. P3의 출력이 심볼릭 연산의 결과임을 확인한다.

〈표7〉

```
syms x
N = double(N);
LagrangeVal=(x-xv(N-1))*dd(N,N);
for icount=1:N-2
    LagrangeVal = (x-xv(N-1-icount))* ...
                    ( dd(N-icount,N-icount) + LagrangeVal);
end
P3 = expand(dd(1,1) + LagrangeVal)
```

좀 더 자세히 〈표7〉의 내용을 살펴보면 3차 보간 다항식 $P_3(x)$가 nested 형식으로 표현되어 구해진 것을 알 수 있다. 심볼릭 배열 dd를 이용하여 3차 보간 다항식 $P_3(x)$을 구할 때, 다음과 같이 두 가지 방식으로 생각할 수 있다. 앞에서 설명한 (11)식과 똑같이 구한

$$P_3(x) = \mathrm{dd}(1,1) + \mathrm{dd}(2,2)(\mathrm{x-xv}(1)) + \mathrm{dd}(3,3)(\mathrm{x-xv}(1))(\mathrm{x-xv}(2)) \\ + \mathrm{dd}(4,4)(\mathrm{x-xv}(1))(\mathrm{x-xv}(2))(\mathrm{x-xv}(3))$$

와 위의 결과를 다음과 같이 nested 형식으로 표현할 수 있다:

$$P_3(x) = \mathrm{dd}(1,1) + (\mathrm{x-xv}(1))(\mathrm{dd}(2,2) + (\mathrm{x-xv}(2))(\mathrm{dd}(3,3) \\ + (\mathrm{x-xv}(3))\mathrm{dd}(4,4)))$$

그럼 이 두 가지 방식에서 오는 차이는 무엇일까? 어떤 다항식이 주어졌을 때, 그 다항식의 nested 형식을 이용하여 수식 계산을 하면 곱하기의 총 횟수를 줄일 수 있다(5.5절의 내용을 참고). 곱하기의 횟수가 줄어들면 결과적으로 시간이 절약되고 오차도 적어지기 때문에 프로그램 작성 시 권장할 만하다. 계속하여 〈표8〉의 내용을 실행한다.

〈표8〉

```
hold on
ezplot(P3,[-1 3]);
ezplot(f,[-1 3]);
hd = get(gca,'children');
set(hd(1),'linestyle','-');
set(hd(2),'linestyle',':');
legend('P_3(x)','1/(x^2+2)',0);
xlabel('x');
title('Graphs for 1/(x^2+2) and P_3(x)');
```

주어진 〈표8〉의 내용을 실행하면 〈그림9〉에서와 같이 (12)식에서 주어진 분수함수 $1/(x^2+2)$의 그래프와 이 함수와 관련된 3차 보간 다항식 $P_3(x)$의 그래프를 함께 구할 수 있다. 〈그림9〉의 결과는 6.1절에서 구한 〈그림7〉의 결과와 일치하는 것을 확인할 수 있다. 참고로, 6.1절의 〈그림7〉에서는 p에 대응하는 그래프(=점선)가 6.1절의 (6)식(또는 6.3절 (13)식)에서 주어진 네 개의 점을 지나는 보간 다항식이었고 6.1절의 〈그림7〉에 있는 또 다른 그래프(=파선)는 분수함수 $1/(x^2+2)$을 나타냈다.

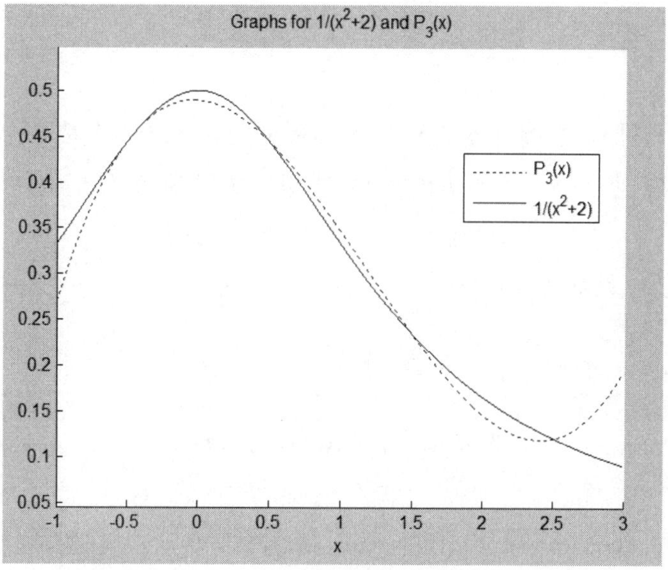

〈그림9〉

심볼릭 객체를 이용한 연산은 앞의 (16)식에 출력된 P3에서 보듯이 기본 매틀랩(유효숫자 15 또는 16자리 이내 연산)에서 구해지는 근사값이 아닌 정확한 결과를 출력하여 준다. 즉, 3차 다항식 P3의 계수가 소수가 아닌 분수로 정확히 표현되었다.

이번 절에서 다룬 프로그램의 내용이 복잡하지 않았기 때문에 심볼릭 연산의 결과인 〈그림9〉를 구하는 데 시간이 문제되지 않았다. 그러나 프로그램이 길고 많은 반복문을 가질 때, 심볼릭 연산의 결과를 보려면 인내가 필요할 수 있다. 1시간 동안 기다려서 얻은 결과가 원하는 출력 내용이 아니라면 화가 날 것이다. 이런 이유 때문에 심볼릭 명령어보다 기본 매틀랩의 명령어를 이용해 프로그램을 좀 더 자주 작성하게 될지도 모른다. 앞으로 심볼릭 연산의 속도 개선이 이루어진다면 참으로 고마운 일일 것이다. 이러한 약점을 가지고 있지만 정확도를 요하는 결과를 얻기 위해서는 심볼릭 연산을 어쩔 수 없이 수행해야 한다.

6.4 선형 범함수

함수 f가 정의역 $[a, b]$에서 정의되고 $[a, b]$에서 같은 간격으로 분포된 $(2N+1)$개의 점(정의역의 양끝점 a와 b를 포함)에 대하여 함수 f의 값이 제공되었다고 가정한다. 이러한 가정을 가지고 선형 범함수를 이용하여 함수 f를 근사하는 공식 I를 생성하는 과정을 알아보자. 아래 (1)식에서

$$\begin{aligned} f(x) &= f(x_0 + Nht) \qquad (x \in [a, b]) \\ &\approx I(t) = \sum_{k=-N}^{N} \alpha_k(t) f(x_0 + kh) \end{aligned} \tag{1}$$

와 같이 함수 $f(x_0 + Nht)$을 계산하는 공식 $I(t)$가 정의되었다. 정의된 공식 $I(t)$에서 볼 수 있듯이 $I(t)$는 $(2N+1)$개의 계수

$$\alpha_{-N}(t),\ \alpha_{-N+1}(t),\ \alpha_{-N+2}(t),\ \dots,\ \alpha_N(t)$$

을 갖는다. 위의 (1)식에서 N은 자연수이고 x_0는 주어진 정의역 $[a, b]$의 중점

$$x_0 = \frac{a+b}{2}$$

이다. 또한, h는

$$h = \frac{b-a}{2N}$$

로 정의되고 t의 범위는 $-1 \le t \le 1$이다. 이후로 나오는 수식에서 계수 $\alpha_k(t)$를 나타내기 위하여 그냥 단순히 α_k로 표기할 것이다. 위 (1)식에서 정의된, 함수 f를 근사하는 공식 I는 정의역 $[a, b]$ 또는$[x_0 - Nh,\ x_0 + Nh]$에 있는 $(2N+1)$개의 점

$$x_0 - Nh,\ x_0 - (N-1)h,\ \dots,\ x_0 - h,\ x_0,\ x_0 + h,\ \dots,\ x_0 + Nh$$

에 대응하는 함수 값 f를 이용한다. 현재, 공식 I에서 계수 α_k의 값이 정해져 있지 않은 상태이다. 그러면,

공식 I의 계수를 어떻게 결정할 것인가?

바로 선형 범함수를 이용하여 공식 I의 계수를 결정할 것이다. 사용할 선형 범함수 (Linear Functional)를 L로 표기하고 다음과 같이 정의하자:

$$L(f(x),\, h,\, C) = f(x+Nht) - \sum_{k=-N}^{N} \alpha_k f(x+kh) \tag{2}$$

참고적으로, 미분과 적분이 이용되는 다른 영역에서도 선형 범함수를 사용할 수 있고 그 자세한 내용은 참고서적 [IXA]의 2장을 참고한다. 위의 (2)식에서 C는 $(2N+1)$개의 성분 α_k를 가지는 벡터를 의미하고 다음과 같이 정의한다.

$$C = [\alpha_{-N},\, \alpha_{-N+1},\, \ldots,\, \alpha_N]$$

계수 α_k의 총 개수가 $(2N+1)$이고 α_k의 값을 구하기 위하여 다음에 주어진 $(2N+1)$개의 방정식을 푼다(임의의 $x \in [a, b]$에 대하여 만족하는):

$$L(x^m,\, h,\, C) = 0, \quad m = 0, 1, \ldots, 2N \tag{3}$$

결과적으로, 위 (3)식에 있는 방정식을 만족하는 α_k의 값을 가지는 공식 I는

$$m = 0, 1, \ldots, 2N\text{에 대하여 } f(x) = x^m$$

일 때,

$$f(x+Nht) = \sum_{k=-N}^{N} \alpha_k f(x+kh)$$

와 같은 성질을 갖는다. 위의 (3)식에 주어진 방정식을 $m = 0, 1, 2$에 대하여 좀 더 자세히 쓰면

$$L(1, h, C) = 1 - (\alpha_{-N} + \alpha_{-N+1} + \ldots + \alpha_{-1} + \alpha_0 + \alpha_1 + \ldots + \alpha_N),$$

$$\begin{aligned} L(x, h, C) = {} & x\,[1 - (\alpha_{-N} + \alpha_{-N+1} + \ldots + \alpha_{-1} + \alpha_0 + \alpha_1 + \ldots + \alpha_N)] \\ & + h\,[Nt + (\alpha_{-N}N + \alpha_{-N+1}(N-1) + \ldots + \alpha_{-1} - \alpha_1 - \alpha_2 2 - \ldots - \alpha_N N)], \end{aligned}$$

$$L(x^2, h, C) = x^2\left[1-(\alpha_{-N}+\alpha_{-N+1}+\dots+\alpha_{-1}+\alpha_0+\alpha_1+\dots+\alpha_N)\right]$$
$$+\,2hx\left[Nt+(\alpha_{-N}N+\alpha_{-N+1}(N-1)+\dots+\alpha_{-1}-\alpha_1-\alpha_2 2-\dots-\alpha_N N)\right]$$
$$+\,h^2\left[(Nt)^2-(\alpha_{-N}N^2+\alpha_{-N+1}(N-1)^2+\dots+\alpha_{-1}+\alpha_1+\alpha_2 2^2+\dots+\alpha_N N^2)\right]$$

와 같고 $m \geq 3$에 대해서도 비슷한 방식(x의 내림차순으로)으로 표현될 수 있다. 지금부터, $x=0$에서의 $L(x^m, h, C)$의 결과를 $L_m(h, C)$로 표기하기로 한다. 즉,

$$\left[L(x^m, h, C)\right]_{x=0} = L_m(h, C)$$

또한, α_k^+와 α_k^-를 다음과 같이 정의한다: $k=1, 2, \dots, N$에 대하여

$$\text{(4)} \qquad \alpha_k^+ = \alpha_{-N-1+k}+\alpha_{N+1-k}, \qquad \alpha_k^- = \alpha_{-N-1+k}-\alpha_{N+1-k}$$

위 (4)식에서 주어진 정의를 이용하여 $L_m(h, C)$에 대응하는 결과를 쓰면 다음과 같다.

$$\text{(5)} \qquad \begin{aligned} L_0(h, C) &= 1-\sum_{k=1}^{N}\alpha_k^+ - \alpha_0 \\ L_1(h, C) &= h\left[Nt+\sum_{k=1}^{N}\alpha_k^-\cdot(N+1-k)\right] \\ L_2(h, C) &= h^2\left[(Nt)^2-\sum_{k=1}^{N}\alpha_k^+\cdot(N+1-k)^2\right] \\ &\vdots \end{aligned}$$

즉, m이 2 이상의 짝수이면

$$\text{(6)} \qquad L_m(h, C) = h^m\left[(Nt)^m-\sum_{k=1}^{N}\alpha_k^+\cdot(N+1-k)^m\right]$$

이고 m이 1 이상의 홀수이면

$$\text{(7)} \qquad L_m(h, C) = h^m\left[(Nt)^m+\sum_{k=1}^{N}\alpha_k^-\cdot(N+1-k)^m\right]$$

가 된다. 이렇게 구해진 $L_m(h, C)$을 가지고 $L(x^m, h, C)$이 표현될 수 있는데 그 결과는 다음과 같다.

$$
\begin{aligned}
L(1,\, h,\, C) &= L_0(h,\, C),\\
L(x,\, h,\, C) &= xL_0(h,\, C) + L_1(h,\, C),\\
L(x^2,\, h,\, C) &= x^2 L_0(h,\, C) + 2xL_1(h,\, C) + L_2(h,\, C)\\
&\vdots
\end{aligned}
$$

그러므로 (3)에 주어진 식과 아래의 (8)식은 필요충분조건이 된다.

(8) $$L_m(h,\, C) = 0, \qquad m = 0,\, 1,\, \ldots,\, 2N$$

위의 (8)식에서 주어진 $(2N+1)$개의 방정식(구체적인 식은 (5)~(7)식 참고)을 풀어서 다음과 같은 $(2N+1)$개의 미지수

(9) $$\alpha_k^+,\ \alpha_0,\ \alpha_k^- \qquad (k = 1,\, 2,\, \ldots,\, N)$$

의 값을 결정할 수 있다. 문제는 (8)식에 주어진 방정식의 해를 어떻게 구할 것인가인데, (5)~(7)식에 주어진 방정식들을 살펴보면 알 수 있듯이 이 방정식들을 (9)식에 있는 미지수에 관하여 두 개의 행렬방정식으로 변경할 수 있다. 위 (5)식의 첫 번째 방정식과 (6)식에 주어진 방정식을 이용하여 다음과 같은 첫 번째 행렬 방정식을 만든다:

(10) $$M_p X_p = Y_p$$

위의 (10)식에서 M_p는 $(N+1)\times(N+1)$행렬이고 X_p와 Y_p는 각각 $(N+1)$개의 성분을 가지는 열벡터이다. 좀 더 자세히 X_p와 Y_p의 성분 표시를 하면 다음과 같다:

(11) $$X_p = [\alpha_1^+\ \alpha_2^+\ \ldots\ \alpha_N^+\ \alpha_0]^T, \qquad Y_p = [\,1\ \ (Nt)^2\ \ (Nt)^4\ \ \ldots\ \ (Nt)^{2N}\,]^T$$

또한, 행렬 M_p는 다음과 같다.

(12) $$M_p = \begin{bmatrix} 1 & 1 & \ldots & 1 & 1 & 1 \\ N^2 & (N-1)^2 & \ldots & 2^2 & 1^2 & 0 \\ N^4 & (N-1)^4 & \ldots & 2^4 & 1^4 & 0 \\ \vdots & \vdots & & \vdots & \vdots & \vdots \\ N^{2N} & (N-1)^{2N} & \ldots & 2^{2N} & 1^{2N} & 0 \end{bmatrix}$$

위의 (7)식에서 주어진 방정식을 이용하여 다음과 같이 두 번째 행렬 방정식을 만든다:

(13) $$M_n X_n = Y_n$$

위 (13)식에서 M_n은 $N \times N$ 행렬이고 X_n과 Y_n은 각각 N개의 성분을 가지는 열벡터이다. 세부적으로 X_n과 Y_n의 성분 표시를 하면 다음과 같다:

(14) $$X_n = [\alpha_1^- \ \alpha_2^- \ \ldots \ \alpha_N^-]^T, \qquad Y_n = [(Nt) \ (Nt)^3 \ (Nt)^5 \ \ldots \ (Nt)^{2N-1}]^T$$

두 번째 행렬 방정식 (13)식에서 행렬 M_n의 성분은

(15) $$M_n = \begin{bmatrix} -N & -(N-1) & \ldots & -2 & -1 \\ -N^3 & -(N-1)^3 & \ldots & -2^3 & -1^3 \\ -N^5 & -(N-1)^5 & \ldots & -2^5 & -1^5 \\ \vdots & \vdots & & \vdots & \vdots \\ -N^{2N-1} & -(N-1)^{2N-1} & \ldots & -2^{2N-1} & -1^{2N-1} \end{bmatrix}$$

와 같이 표현된다. 위의 (10)과 (13)식에 있는 두 개의 행렬 방정식을 풀어 (9)식에 있는 $(2N+1)$개의 미지수 α_k^+, α_0, α_k^-의 값이 정해지면 최종적으로

$$k = 1, 2, \ldots, N\text{에 대하여 } \alpha_{-N-1+k} \text{ 와 } \alpha_{N+1-k}$$

의 값이 다음의 관계식으로부터 구해진다:

(16) $$\alpha_{-N-1+k} = \frac{\alpha_k^+ + \alpha_k^-}{2}, \qquad \alpha_{N+1-k} = \frac{\alpha_k^+ - \alpha_k^-}{2}$$

위 (16)식의 결과는 (4)식의 관계식으로부터 유도되었다. 지금까지 설명한 이론적 내용을 **예제1** 과 **예제2** 에서 구체적으로 계산하여 보자. 먼저, **예제1** 에서는 세 점의 좌표 (x, y)가 주어졌을 때 공식 I을 구해 본다.

예제1 정의역 $[a, b] = [-1, 1]$에서 함수 $f(x)$가 정의되고

(17) $$f(-1) = 6, \quad f(0) = 2, \quad f(1) = 0$$

의 대응관계가 주어졌다고 가정하자. 위의 대응관계를 이용하여 (1)식에서 정의한 공식 I을 구하여 보자. 이번 예제의 경우 (1)식에서 소개된 x_0, h, N의 값이

(18) $$x_0 = 0,\quad h = 1,\quad N = 1$$

와 같이 대응되므로

(19) $$I(t) = \sum_{k=-N}^{N} \alpha_k f(x_0 + kh) = \sum_{k=-1}^{1} \alpha_k f(k)$$

가 된다. 이미 설명된 방법에 따라서 $\alpha_{-1}, \alpha_0, \alpha_1$의 값을 구하여 보자. (11)식과 (12)식에 있는 결과로부터

$$M_p = \begin{bmatrix} 1 & 1 \\ 1 & 0 \end{bmatrix},\qquad X_p = [\alpha_1^+\ \ \alpha_0]^T,\qquad Y_p = [1\ \ t^2]^T$$

이므로 (10)식에 주어진 행렬 방정식은 다음과 같이 X_p을 결정한다.

$$X_p = \begin{bmatrix} \alpha_1^+ \\ \alpha_0 \end{bmatrix} = M_p^{-1} Y_p = \begin{bmatrix} 1 & 1 \\ 1 & 0 \end{bmatrix}^{-1} \begin{bmatrix} 1 \\ t^2 \end{bmatrix} = \begin{bmatrix} t^2 \\ 1 - t^2 \end{bmatrix}$$

또한, (14)식과 (15)식으로부터

$$M_n = [-1],\qquad X_n = [\alpha_1^-]^T = [\alpha_1^-],\qquad Y_n = [t]^T = [t]$$

이므로 (13)식은 다음의 결과를 제공한다:

$$X_n = \alpha_1^- = M_n^{-1} Y_n = (-1)t = -t$$

그러므로 (16)식으로부터

$$\alpha_{-1} = \frac{\alpha_1^+ + \alpha_1^-}{2} = \frac{t^2 - t}{2},\qquad \alpha_1 = \frac{\alpha_1^+ - \alpha_1^-}{2} = \frac{t^2 + t}{2}$$

이 된다. 결과적으로, (19)식에 있는 $I(t)$는 다음과 같이 구해진다.

(20)
$$\begin{aligned} I(t) = \sum_{k=-1}^{1} \alpha_k f(k) &= \alpha_{-1} f(-1) + \alpha_0 f(0) + \alpha_1 f(1) \\ &= \frac{t^2 - t}{2} \times 6 + (1 - t^2) \times 2 + \frac{t^2 + t}{2} \times 0 \\ &= 3(t^2 - t) + 2(1 - t^2) + 0 \\ &= t^2 - 3t + 2 \end{aligned}$$

□

한편, (1)식에서 사용한 관계식

$$x = x_0 + Nht$$

에 (18)식에 있는 x_0, h, N의 값을 입력하면 변수 x와 t의 관계는

$$x = x_0 + Nht = 0 + 1 \cdot 1 \cdot t = t$$

와 같이 된다. 그러므로 (20)식에서 구한 $I(t)$을 변수 x로 표현하면

$$x^2 - 3x + 2$$

이 되고 이 결과는 6.1절 〈표1〉에서 구한 세 점 (−1, 6), (0, 2), (1, 0)을 지나는 2차 보간 다항식과 일치한다. **예제1** 의 결과를 다음과 같이 심볼릭 연산으로 구하여 보자. 주어진 〈표1〉의 내용을 실행하면 〈표2〉의 내용을 출력한다.

〈표1〉

```
clear all
syms t x
Mp = sym([ 1 1 ; 1 0])
Yp = [ 1 ; t^2 ]
Xp = Mp₩Yp
%
Mn = sym( [ -1] )
Yn = [ t ]
Xn = Mn₩Yn
%
am1 = (Xp(1)+Xn(1))/2
ap1 = (Xp(1)-Xn(1))/2
a0 =  Xp(2)
%
Rulet = symfun(am1*6 + a0*2 + ap1*0, t)
Fx = Rulet(x)
```

〈표2〉

```
Mp =
[ 1, 1]
[ 1, 0]

Yp =
   1
 t^2

Xp =
     t^2
 1 - t^2

Mn = -1
Yn =  t
Xn = -t

am1 =  t^2/2 - t/2
ap1 =  t^2/2 + t/2
a0 =  1 - t^2

Rulet(t) =  t^2 - 3*t + 2   %   예제1 의 최종결과

Fx = x^2 - 3*x + 2   %  위의 Rule(t)를 x로 표현
```

다음으로, **예제2** 에서는 다섯 개의 점 좌표 (x, y)가 주어졌을 때 공식 I를 생성할 것이다.

예제2 정의역 $[a, b] = [-3/2, 5/2]$에서 양 끝점을 포함하는 다섯 개의 수

$$x = -\frac{3}{2}, -\frac{1}{2}, \frac{1}{2}, \frac{3}{2}, \frac{5}{2}$$

을 선택하자. 이렇게 선택된 x의 값에 대응하는 함수

(21) $$f(x) = \frac{1}{x^2+2}$$

의 값을 이용하여 (1)식에서 정의한 공식 I를 구하여 보자. 공식 I를 구하기 위하여 필요한 x_0, h, N의 값이

(22) $$x_0 = \frac{a+b}{2} = \frac{-3/2+5/2}{2} = 1/2,$$
$$h = \frac{b-a}{2N} = \frac{5/2+3/2}{2\cdot 2} = \frac{4}{4} = 1,$$
$$N = 2$$

와 같이 되므로

(23) $$I(t) = \sum_{k=-N}^{N} \alpha_k f(x_0 + kh) = \sum_{k=-2}^{2} \alpha_k f(\frac{1}{2} + k)$$

가 된다. $k = -2, -1, 0, 1, 2$에 대하여 계수 α_k의 값을 구하여 보자. (11)식과 (12)식에 있는 결과로부터

$$M_p = \begin{bmatrix} 1 & 1 & 1 \\ 2^2 & 1^2 & 0 \\ 2^4 & 1^4 & 0 \end{bmatrix}, \quad X_p = \begin{bmatrix} \alpha_1^+ \\ \alpha_2^+ \\ \alpha_0 \end{bmatrix}, \quad Y_p = \begin{bmatrix} 1 \\ (2t)^2 \\ (2t)^4 \end{bmatrix}$$

이므로 (10)식에 주어진 행렬 방정식은

$$X_p = \begin{bmatrix} \alpha_1^+ \\ \alpha_2^+ \\ \alpha_0 \end{bmatrix} = M_p^{-1} Y_p = \begin{bmatrix} 1 & 1 & 1 \\ 2^2 & 1^2 & 0 \\ 2^4 & 1^4 & 0 \end{bmatrix}^{-1} \begin{bmatrix} 1 \\ (2t)^2 \\ (2t)^4 \end{bmatrix} = \begin{bmatrix} \frac{4t^4}{3} - \frac{t^2}{3} \\ -\frac{16t^4}{3} + \frac{16t^2}{3} \\ 4t^4 - 5t^2 + 1 \end{bmatrix}$$

와 같은 결과를 제공한다. 또한 (14)식과 (15)식으로부터

$$M_n = \begin{bmatrix} -2 & -1 \\ -2^3 & -1^3 \end{bmatrix}, \quad X_n = \begin{bmatrix} \alpha_1^- \\ \alpha_2^- \end{bmatrix}, \quad Y_n = \begin{bmatrix} 2t \\ (2t)^3 \end{bmatrix}$$

이므로 (13)식은 다음의 결과를 준다:

$$X_n = \begin{bmatrix} \alpha_1^- \\ \alpha_2^- \end{bmatrix} = M_n^{-1} Y_n = \begin{bmatrix} -2 & -1 \\ -2^3 & -1^3 \end{bmatrix}^{-1} \begin{bmatrix} 2t \\ (2t)^3 \end{bmatrix} = \begin{bmatrix} \frac{t}{3} - \frac{4t^3}{3} \\ \frac{8t^3}{3} - \frac{8t}{3} \end{bmatrix}$$

따라서 (16)식으로부터

$$\alpha_{-2} = \frac{\alpha_1^+ + \alpha_1^-}{2} = \left(\frac{4t^4}{3} - \frac{t^2}{3} + \frac{t}{3} - \frac{4t^3}{3} \right) / 2,$$

$$\alpha_2 = \frac{\alpha_1^+ - \alpha_1^-}{2} = \left(\frac{4t^4}{3} - \frac{t^2}{3} - \frac{t}{3} + \frac{4t^3}{3} \right) / 2,$$

$$\alpha_{-1} = \frac{\alpha_2^+ + \alpha_2^-}{2} = \left(- \frac{16t^4}{3} + \frac{16t^2}{3} + \frac{8t^3}{3} - \frac{8t}{3} \right) / 2,$$

$$\alpha_1 = \frac{\alpha_2^+ - \alpha_2^-}{2} = \left(- \frac{16t^4}{3} + \frac{16t^2}{3} - \frac{8t^3}{3} + \frac{8t}{3} \right) / 2$$

이 된다. 위의 결과를 이용하여 (23)식에 있는 공식 I를 구하면 t에 관하여 4차 다항식이 된다. 즉,

$$\begin{aligned} I(t) &= \sum_{k=-2}^{2} \alpha_k f(\frac{1}{2} + k) \\ &= \alpha_{-2} f(-\frac{3}{2}) + \alpha_{-1} f(-\frac{1}{2}) + \alpha_0 f(\frac{1}{2}) + \alpha_1 f(\frac{3}{2}) + \alpha_2 f(\frac{5}{2}) \\ &= \frac{4}{17}\alpha_{-2} + \frac{4}{9}\alpha_{-1} + \frac{4}{9}\alpha_0 + \frac{4}{17}\alpha_1 + \frac{4}{33}\alpha_2 \\ &= \frac{1024}{5049}t^4 + \frac{1024}{5049}t^3 - \frac{2368}{5049}t^2 - \frac{1312}{5049}t + \frac{4}{9} \end{aligned} \tag{24}$$

위 (24)식의 마지막 결과는 심볼릭 연산을 이용하여 보일 수 있고 자세한 내용은 6장 〈연습문제〉 4번의 문제와 해답을 참고하면 된다. 해답에서 변수 Rulet에 대응된 수식이 (24)식의 마지막 결과이다. □

이번 절의 앞 부분에 주어진 (1)식에서 사용한 관계식

$$x = x_0 + Nht$$

에 (22)식에서 구한 x_0, h, N의 값을 대입하면 변수 x와 t의 관계는

$$x = x_0 + Nht = 1/2 + 2 \cdot 1 \cdot t = 1/2 + 2t$$

이므로

$$t = \frac{x}{2} - \frac{1}{4}$$

가 된다. 그러므로 (24)식에서 구한 $I(t)$는 변수 x에 의하여 표현될 수 있고 그 결과는 다음과 같다:

$$(25) \qquad I(t) = I(\frac{x}{2} - \frac{1}{4}) = \frac{64}{5049}x^4 - \frac{688}{5049}x^2 + \frac{268}{561}$$

위 (25)식에 있는 결과는, **예제2** 의 (21)식에서 소개한 함수 f에 대하여

(i) $(-\frac{3}{2}, f(-\frac{3}{2}))$, (ii) $(-\frac{1}{2}, f(-\frac{1}{2}))$, (iii) $(\frac{1}{2}, f(\frac{1}{2}))$,

(iv) $(\frac{3}{2}, f(\frac{3}{2}))$, (v) $(\frac{5}{2}, f(\frac{5}{2}))$

와 같이 주어진 다섯 개의 점을 지나는 4차 라그랑쥐 보간 다항식 $P_4(x)$에 대응하는 뉴턴의 보간 공식과 동일하게 된다. 좀 더 자세한 내용은 6장 연습문제 3번과 그 해답을 참고한다.

정의역에서 유한개의 수(Number)를 선택하고 이 수에 대응하는 함수값만을 이용하여 보간 다항식을 구할 수도 있지만, 추가로 선택한 수에서의 도함수값들도 함께 이용되어 보간 다항식을 구할 수 있다. 이러한 생각은 Hermite에 의하여 이론으로 완성되었고 그 결과는 다음과 같다[KRY]:

$$P_n(f;x) = \sum_{k=1}^{m} \sum_{j=0}^{\alpha_k - 1} \frac{f^{(j)}(x_k)}{j!} \left(\frac{A(x)}{(x - x_k)^{\alpha_k}} \right) \sum_{s=0}^{\alpha_k - 1 - j} G_s^{(k)} (x - x_k)^{j+s}$$

위의 식에서 사용되는 기호와 그 의미는 〈부록3〉에서 자세히 설명된다. 도함수의 값을 이용하는 보간 다항식의 이론은 그 복잡성 때문에 보통은 1차 도함수의 값까지만 이용하는

경우로 제한하여 설명하고 있다[ATK, BUR]. 그러나 Cauchy 적분 정리와 유수정리(Residue Theorem)와 같은 이론적인 내용[CHU]을 적용하면 임의의 차수의 도함수 값을 함께 사용하는 보간 다항식을 구할 수 있다. 그 내용 자체가 일반적인 보간 다항식의 생성과정을 설명하고 있기 때문에 이론적으로 중요한 내용이다.

6장 연습문제

01. 6.2절에 있는 〈정리1〉의 내용을 증명하시오.

02. 6.2절에 있는 〈정리2〉의 내용을 증명하시오.

03. 정의역 $[a, b] = [-3/2, 5/2]$에서 함수 f가 다음과 같이 주어졌다고 가정한다:

(*) $$f(x) = \frac{1}{x^2+2}$$

이 함수의 정의역 $[-3/2, 5/2]$에서 다섯 개의 수

$$x = -\frac{3}{2},\ -\frac{1}{2},\ \frac{1}{2},\ \frac{3}{2},\ \frac{5}{2}$$

을 선택한다. 이렇게 선택된 x의 값에 대응하는 함수값 $y = f(x)$을 구하여 다음과 같이 다섯 개의 점을 생성한다:

$$(x, y) = (-\frac{3}{2}, f(-\frac{3}{2})),\ (-\frac{1}{2}, f(-\frac{1}{2})),\ (\frac{1}{2}, f(\frac{1}{2})),$$
$$(\frac{3}{2}, f(\frac{3}{2})),\ (\frac{5}{2}, f(\frac{5}{2}))$$

위의 다섯 개의 점을 지나는 4차 라그랑쥐 보간 다항식 $P_4(x)$을 다음과 같이 구하시오.

(a) 심볼릭 연산을 이용하여 보간 다항식 $P_4(x)$에 대응하는 뉴턴의 보간 공식을 유도하시오.

(b) 위의 (*)에서 주어진 $f(x)$와 다항식 $P_4(x)$의 그래프를 함께 출력하시오.

04. 6.4절에 있는 **예제2** 의 내용을 〈Step1〉과 〈Step2〉의 내용으로 요약할 수 있다.

> **〈Step1〉**
>
> 정의역 $[a, b] = [-3/2, 5/2]$에서 다섯 개의 수를 다음과 같이 선택한다:
>
> $$x = -\frac{3}{2},\ -\frac{1}{2},\ \frac{1}{2},\ \frac{3}{2},\ \frac{5}{2}$$

> **〈Step2〉**
>
> 위의 〈Step1〉에서와 같이 선택된 점에 대응하는 분수함수 $f(x) = 1/(x^2+2)$의 값을 이용하여 6.4절의 (1)식에서 소개한 공식 $I(t)$를 구한 뒤 그 결과를 변수 x에 의하여 표현하면 다음과 같다:
>
> (**) $$I = \frac{64}{5049}x^4 - \frac{688}{5049}x^2 + \frac{268}{561}$$

위의 (**)식에서 주어진 결과를 심볼릭 연산을 이용하여 구하시오(프로그램에서 M_p, Y_p, M_n, Y_n을 심볼릭 객체로 생성).

05. 함수 $f(x)$가 계수 c_m을 가지는 Maclaurin 급수로 다음과 같이 표현되었다고 가정하자:

$$f(x) = \sum_{m=0}^{\infty} c_m x^m$$

또한, 6.4절 (2)식에 의하여 정의된 L에 관하여 다음의 방정식을 가정한다:

$$L(f(x), h, C) = \sum_{m=0}^{\infty} c_m L(x^m, h, C)$$

이때, $L(f(x), h, C) = \sum_{m=0}^{\infty} \frac{1}{m!} L_m(h, C) \frac{d^m f(x)}{dx^m}$ 임을 보이시오.

06. 세 개의 노드에서 함수값(계산의 단순함을 위하여 도함수값은 생략)이 다음과 같이 주어졌을 때 Hermite 보간 다항식 $P_2(f;x)$를 구하시오.

$$f(x_1) = f(-1) = 6, \quad f(x_2) = f(0) = 2, \quad f(x_2) = f(1) = 0$$

이때, 〈부록3〉에서 설명하는 Hermite 보간 다항식 $P_n(f;x)$을 이용한다.

참고 문헌

[ATK] K.E. Atkinson, An Introduction to Numerical Analysis, Second Edition, John Wiley and Sons, 1989.

[BUR] R.L. Burden and J.D. Faires, Numerical Analysis, Seventh Edition, Brooks and Cole, 2001.

[CHA] S.C. Shapra, Applied Numerical Methods with Matlab, Second Edition, McGraw-Hill, 2008.

[CHE] W. Cheney and D. Kincaid, Linear Algebra (Theory and Applications), Jones and Bartlett, 2009.

[CHU] R.V. Churchill and J.W. Brown, Complex Variables and Applications, Fourth Edition, McGraw-Hill, 1985.

[DOR] J. Dormand and P.A. Prince, "A Family of Embedded Runge-Kutta Formulae," J. Comput. and Appl. Math. 6 (1980) 17-26.

[HIL] F.B. Hildebrand, Introduction to Numerical Analysis, McGraw-Hill, New York, 1974.

[IXA] L.Gr. Ixaru and G.V. Berghe, Exponential Fitting, Kluwer Academic Publishers, Dordrecht/Boston/London, 2004.

[KRY] V.I. Krylov, Approximate Calculation of Integrals, Macmillan, New York, 1962.

[LAN] S. Lang, Linear Algebra, Third Edition, Springer-Verlag, 1987.

[LAR] R. Larson, Elementary Linear Algebra, Seventh Edition, Brooks and Cole, 2013.

[MAT] Matlab, Language of Technical Computing, Mathworks, Inc. (Symbolic Math Toolbox User's Guide 포함)

[RUD] W. Rudin, Principles of Mathematical Analysis, Mcgraw-hill, 1976.

[STE] J. Stewart, Essential Calculus Early Transcendentals, Second Edition, Brooks and Cole, 2013.

[WIL] G. Williams, Linear Algebra with Applications, Sixth Edition, Jones and Bartlett, 2008.

부록 1 연산자 우선순위

산술, 관계, 논리 연산자가 어떤 수식에서 함께 계산될 때 먼저 계산되는 우선순위는 〈표1〉의 내용과 같이 주어진다:

〈표1〉 산술, 관계, 논리 연산자 우선순위

1순위: 산술 연산자 2순위: 관계 연산자 3순위: 논리 연산자

위의 〈표1〉에 있는 순위에서 예외가 되는 연산자는 논리연산자의 부정(~)이다. 아래 〈표2〉에서 이 연산자(~)의 우선순위 위치가 표시된다. 어떤 경우에도 괄호(Parentheses) 안에 있는 수식(내용)보다 먼저 계산될 수 없다. 즉, 괄호 안에 있는 내용이 제일 먼저 계산된다. 몇 가지 다른 연산자와 함께 산술, 관계, 논리 연산자가 계산될 때에는 〈표2〉에서 제시된 우선순위를 따른다. 같은 순위에 있는 연산자가 여러 개 나열되어 있는 경우는 왼쪽부터 오른쪽 방향으로 계산된다.

〈표2〉 연산자 우선순위

순위	연산자
1순위.	parentheses( )
2순위.	transpose(.'), power(.^), complex conjugate transpose('), matrix power(^)
3순위.	logical negation(~)
4순위.	multiplication(.*), right division(./), left division(.₩), matrix multiplication(*), matrix right(or left) division(/ or ₩)
5순위.	addition(+), subtraction(−)
6순위.	colon operator(:)
7순위.	relational operators
8순위.	and(&)
9순위.	or(|)

□

부록 2 수학함수 매틀랩 명령어

〈표1〉 기본함수

종류	식	명령어
factorial 함수	$n!$ (n은 자연수)	factorial(n)
x의 real nth root (x가 음수이면 n은 odd integer)	$\sqrt[n]{x}$	nthroot(x,n)
절대값	$\lvert x \rvert$	abs(x)
지수함수	e^x	exp(x)
제곱근	$\sqrt{x}$	sqrt(x)
자연로그	$\ln x$	log(x)
상용로그	$\log_{10} x$	log10(x)

〈표2〉 삼각함수

종류	명령어
$\sin(x)$	sin(x)
$\cos(x)$	cos(x)
$\tan(x)$	tan(x)
$\sec(x)$	sec(x)
$\csc(x)$	csc(x)
$\cot(x)$	cot(x)

〈표3〉 역삼각함수

종류	명령어
$\sin^{-1}(x)$	asin(x)
$\cos^{-1}(x)$	acos(x)
$\tan^{-1}(x)$	atan(x)
$\sec^{-1}(x)$	asec(x)
$\csc^{-1}(x)$	acsc(x)
$\cot^{-1}(x)$	acot(x)

위의 〈표2〉와 〈표3〉에서 x의 단위는 래디안(Radian)이다. 즉, 아래의 결과

$$\sin(\frac{\pi}{6}) = \frac{1}{2}$$

를 얻기 위하여 명령창에서

```
>> sin(pi/6)
ans =
    0.5000
```

와 같이 실행하면 된다. 만약에 x에 저장되어 있는 값이 각도(Degree)이면 〈표2〉와 〈표3〉에 있는 매틀랩 명령어에 'd'를 추가한다. 예를 들어, $x = 30^\circ$인 경우

$$\sin(x) = \sin(30^\circ) = \frac{1}{2}$$

의 결과를 얻기 위하여 다음과 같이 명령창에서 실행한다.

```
>> sind(30)
ans =  0.5000
```

□

부록 3 Hermite 보간 다항식 생성과정

정의역에서 m개의 서로 다른 수(Number) $x_1, x_2, \ldots, x_m$을 선택하고 그 각각의 수 $x = x_k$에서 다음과 같이 함수 $f(x)$와 그 도함수 값이 알려져 있다고 가정한다:

(1)
$$\begin{aligned} &x_1 : f(x_1), f^{(1)}(x_1), \ldots, f^{(\alpha_1 - 1)}(x_1) \\ &x_2 : f(x_2), f^{(1)}(x_2), \ldots, f^{(\alpha_2 - 1)}(x_2) \\ &\vdots \\ &x_m : f(x_m), f^{(1)}(x_m), \ldots, f^{(\alpha_m - 1)}(x_m) \end{aligned}$$

위의 (1)식에서

$$\alpha_1, \alpha_2, \ldots, \alpha_m$$

은 정의역의 수인 $x_1, x_2, \ldots, x_m$의 중복도(Multiplicity)로 정의한다. 각 수(점)의 중복도 $\alpha_1, \alpha_2, \ldots, \alpha_m$의 총합을 $(n+1)$이라고 하자. 즉, 아래 (2)의 관계식을 만족한다:

(2)
$$\alpha_1 + \alpha_2 + \ldots + \alpha_m = n + 1$$

이때, 다음과 같은 조건을 만족하며 다항식의 차수가 n을 넘지 못하는 보간 다항식 $P_n(x)$을 만들어 보자:

(3)
$$P_n^{(j)}(x_k) = f^{(j)}(x_k)$$

위의 (3)식에서 $k = 1, 2, \ldots, m$이고 $j = 0, 1, \ldots, \alpha_k - 1$이며

$$f^{(j)}(x) = \frac{d^j f(x)}{dx^j}$$

을 의미한다. 이후로 〈부록3〉의 내용은 크게 두 부분으로 나누어지고 첫 번째는 보간 다항식의 유일성에 관한 내용이고 두 번째는 보간 다항식 생성과정에 관한 내용이다. 먼저 보간 다항식의 유일성에 대하여 알아보자.

〈Part 1〉 보간 다항식 유일성

위의 (3)식에서 주어진 조건을 만족하는 다항식을 어떻게 구하는지는 뒤에서 다루기로 하고 우선 (3)식의 내용을 만족하는 다항식(차수가 n을 넘지 못하는)이 존재하면 그 다항식은 유일하다는 것을 보이자. 만약에, (3)식을 만족하는 n차의 다항식이

$$P_n(x) \text{와} \quad \widetilde{P}_n(x)$$

와 같이 두 개 있다고 가정하자. 또한, $Q(x)$을 두 다항식을 이용하여 아래와 같이 정의한다:

$$Q(x) = P_n(x) - \widetilde{P}_n(x)$$

그러면 $Q(x)$는 n차를 넘지 못하는 다항식이고 다음 (4)식에 있는 방정식을 만족한다:

$$(4) \qquad Q^{(j)}(x_k) = 0, \quad k = 1, 2, \ldots, m, \quad j = 0, 1, \ldots, \alpha_k - 1$$

결과적으로 각 점 x_k에서 최소 중복도는 α_k가 되고 최소 중복도의 총합은 $(n+1)$이 된다. 다항식 $Q(x)$의 차수가 n을 넘지 못하기 때문에 이러한 경우에는 다음의 결론이 성립한다:

$$\text{정의역의 모든 } x\text{에 대해서 } Q(x) = 0$$

왜 그럴까? 그 이유를 알아보자. 각 점에서 $Q(x)$에 대한 중복도를 고려하여 다항식 $Q(x)$가 다음과 같이 표현될 수 있다(다항식 $Q(x)$의 최고 차수가 n임을 고려하여):

$$Q(x) = k(x - x_1)^{\alpha_1}(x - x_2)^{\alpha_2} \ldots (x - x_{m-1})^{\alpha_{m-1}}(x - x_m)^{\alpha_m - 1}$$

다항식 $Q(x)$에 대하여 x_m은 중복도 α_m을 가지기 때문에

$$\frac{d^{\alpha_m - 1}}{dx^{\alpha_m - 1}} Q(x_m) = 0$$

와 같은 방정식을 만족한다. 위의 식으로부터

$$k(\alpha_m - 1)!(x_m - x_1)^{\alpha_1}(x_m - x_2)^{\alpha_2} \ldots (x_m - x_{m-1})^{\alpha_{m-1}} = 0$$

와 같은 결과가 구해진다. 각각의 $x_1, x_2, \dots, x_m$은 서로 다른 값이기 때문에 위의 식은

$$k = 0$$

을 의미한다. 따라서 정의역의 모든 x에 대해서 $Q(x) = 0$임을 보이게 되었다. 결론적으로

$$P_n \equiv \widetilde{P}_n$$

와 같은 결과를 얻게 되어, (3)식에 주어진 내용을 만족하는 다항식은 유일하다는 것이 증명되었다. 다음으로 보간 다항식 생성과정에 대하여 알아보자.

〈Part 2〉 보간 다항식 생성

함수 $f(x)$에 대한 보간 다항식 $P_n(x)$를 $P_n(f;x)$로 쓰기로 하고 다음과 같이 표현되었다고 가정하자:

(5) $$P_n(f;x) = \sum_{k=1}^{m} \sum_{j=0}^{\alpha_k - 1} P_{k,j}(x) f^{(j)}(x_k)$$

위의 (5)식에서 $P_{k,j}(x)$는 차수가 n을 넘지 않는 다항식이다. 정의역 D는 그 내부에 $x, x_1, x_2, \dots, x_m$을 포함하는 단순영역(Simply Connected Domain)이라 가정한다. 또한, $f(z)$는 복소변수 $z \in D$의 해석적(Analytic) 함수라 가정하자. 단순 폐곡선(Simple Closed Curve) C의 내부에 모든 $x, x_1, x_2, \dots, x_m$이 존재하고 이 곡선 C가 D의 내부에 놓이게 될 때 Cauchy 적분 정리로부터 다음의 (6)식을 얻는다:

(6) $$f(x) = \frac{1}{2\pi i} \int_C \frac{f(z)}{z - x} dz$$

다음으로 함수

$$\frac{1}{z - x}$$

에 대한 보간 다항식의 나머지(Remainder) 함수 R_n에 대하여 알아보자.

(7) $$R_n\left(\frac{1}{z-x};x\right) = \frac{1}{z-x} - P_n\left(\frac{1}{z-x};x\right)$$
$$= \frac{1}{z-x} - \sum_{k=1}^{m}\sum_{j=0}^{\alpha_k - 1} P_{k,j}(x)\frac{j!}{(z-x_k)^{j+1}}$$

위의 (7)식에서 마지막 등식은 (5)식을 이용하여 직접 구한다. 즉, $1/(z-x)$을 x에 관하여 j번 미분한 후에 $x = x_k$을 입력한다. 또한, 다음과 같이 함수 A를 도입한다.

(8) $$A(z) = \Pi_{k=1}^{m}(z - x_k)^{\alpha_k}$$

위의 (8)식에 있는 함수를 이용하여

(9) $$R_n\left(\frac{1}{z-x};x\right) = \frac{B(z,x)}{A(z)(z-x)}$$

로 표현가능하다. 위 (9)식의 좌측은 (7)식의 결과에서 보듯이 z에 관하여 분수형태이다. 그러므로 (9)식에서 z에 관한 $B(z,x)$의 차수는 $A(z)(z-x)$의 차수보다 작다. 그런데 $A(z)(z-x)$의 차수가 z에 관하여 $n+2$이므로 $B(z,x)$의 차수는 $n+2$보다 작아야 한다. 좀 더 분석하여 보면 $B(z,x)$는 z과는 무관한 x의 함수(즉, $B(x)$로 표기 가능)임을 알게 된다. 만약에 $|z|$의 값이 클 때

$$\frac{1}{z-x}$$

을 급수(Series)로 표현하면 (10)식의 내용과 같이 쓸 수 있다.

(10) $$\frac{1}{z-x} = \frac{1}{z(1-\frac{x}{z})} = \sum_{r=0}^{\infty}\frac{x^r}{z^{r+1}}$$

위 (7)식에서 R_n은 선형(Linear)이므로

(11) $$R_n\left(\frac{1}{z-x};x\right) = \sum_{r=0}^{\infty}\frac{1}{z^{r+1}}R_n(x^r;x) = \sum_{r=n+1}^{\infty}\frac{1}{z^{r+1}}R_n(x^r;x)$$

위의 식에서 마지막 등식의 결과는 $r = 0, 1, \ldots, n$에 대하여

$$R_n(x^r;x)=0$$

이기 때문이다. 그러므로 (11)식의 마지막 식에서

$$\frac{1}{z^{n+2}}$$

가 z에 관하여 최고차항임을 알 수 있다. 따라서 $|z|$의 값이 큰 경우 $B(z,x)$와 $A(z)(z-x)$의 차수 차이는 $(n+2)$ 이상이 되어야 한다. 그런데 $A(z)(z-x)$의 차수가 $(n+2)$이므로 $B(z,x)$는 z와 무관해야 한다. 그러므로 다음과 같이 쓸 수 있다.

(12) $$R_n\left(\frac{1}{z-x};x\right)=\frac{B(x)}{A(z)(z-x)}$$

(7)식로부터 $z=x$는 Simple Pole이고 유수(Residue) 1의 값을 갖는다. 이 결과로부터

(13) $$1=\lim_{z\to x}(z-x)\frac{B(x)}{A(z)(z-x)}=\frac{B(x)}{A(x)}$$

가 되어서 위 (13)식의 결과는

$$A\equiv B$$

을 의미한다. 그러므로 위의 (12)식은

(14) $$R_n\left(\frac{1}{z-x};x\right)=\frac{A(x)}{A(z)(z-x)}$$

가 된다. 따라서 (7)식과 (14)식으로부터

$$\frac{1}{z-x}-\sum_{k=1}^{m}\sum_{j=0}^{\alpha_k-1}P_{k,j}(x)\frac{j!}{(z-x_k)^{j+1}}=\frac{A(x)}{A(z)(z-x)}$$

와 같은 등식이 구해진다. 위의 등식 양변에

$\dfrac{f(z)}{2\pi i}$을 곱하고 선적분 $\displaystyle\int_C$

을 수행한다. 이때, Cauchy 적분정리를 적용하면

$$\begin{aligned} R_n(f(x);x) &= f(x) - \sum_{k=1}^{m}\sum_{j=0}^{\alpha_k - 1} P_{k,j}(x) f^{(j)}(x_k) \\ &= \frac{A(x)}{2\pi i}\int_C \frac{f(z)}{A(z)(z-x)}dz \end{aligned} \tag{15}$$

가 된다. 다음으로 점 x_k에 가까운 점 z에 대해서 다음과 같이 급수로 표현하여 보자.

$$f(z) = \sum_{j=0}^{\infty} \frac{f^{(j)}(x_k)}{j!}(z - x_k)^j \tag{16}$$

$$\begin{aligned} \frac{1}{z-x} &= \frac{1}{(z-x_k)-(x-x_k)} = -\frac{1}{(x-x_k)-(z-x_k)} \\ &= -\frac{1}{(x-x_k)\left(1-\dfrac{z-x_k}{x-x_k}\right)} \\ &= -\sum_{t=0}^{\infty}\frac{(z-x_k)^t}{(x-x_k)^{t+1}} \end{aligned} \tag{17}$$

$$\frac{(z-x_k)^{\alpha_k}}{A(z)} = \sum_{s=0}^{\infty} G_s^{(k)}(z-x_k)^s \tag{18}$$

이때, (15)식에서 주어진 피적분함수는

$$\frac{f(z)}{A(z)(z-x)} = \frac{1}{(z-x_k)^{\alpha_k}} f(z) \frac{1}{z-x}\frac{(z-x_k)^{\alpha_k}}{A(z)} \tag{19}$$

로 표현되고 (16), (17), (18)식을 이용하여

$$\begin{aligned} & f(z)\frac{1}{z-x}\frac{(z-x_k)^{\alpha_k}}{A(z)} \\ &= \left(\sum_{j=0}^{\infty}\frac{f^{(j)}(x_k)}{j!}(z-x_k)^j\right)\left(-\sum_{t=0}^{\infty}\frac{(z-x_k)^t}{(x-x_k)^{t+1}}\right)\left(\sum_{s=0}^{\infty}G_s^{(k)}(z-x_k)^s\right) \end{aligned} \tag{20}$$

와 같이 쓸 수 있다. 위의 (20)식에서 $(z-x_k)^{\alpha_k-1}$의 계수를 구하여 (15)식의 피적분함수의 유수를 얻는다. 즉, 각 다항식 전개에서 지수인 j, t, s의 관계를

$$j+t+s=\alpha_k-1 \quad \text{또는} \quad t+1=\alpha_k-j-s$$

로 표현하면 (20)식으로부터 $(z-x_k)^{\alpha_k-1}$의 계수는

$$-\sum_{j=0}^{\alpha_k-1}\frac{f^{(j)}(x_k)}{j!}\sum_{s=0}^{\alpha_k-1-j}G_s^{(k)}(x-x_k)^{-\alpha_k+j+s} \tag{21}$$

가 된다. 또한 $z=x$에서 피적분 함수

$$\frac{f(z)}{A(z)(z-x)} \text{의 유수는 } \frac{f(x)}{A(x)}$$

이다. 따라서 $z=x$와 x_k에서의 유수 값을 이용한 유수정리로부터

$$\begin{aligned}&\frac{A(x)}{2\pi i}\int_C\frac{f(z)}{A(z)(z-x)}dz\\&=f(x)-\sum_{k=1}^{m}\sum_{j=0}^{\alpha_k-1}\frac{f^{(j)}(x_k)}{j!}\left(\frac{A(x)}{(x-x_k)^{\alpha_k}}\right)\sum_{s=0}^{\alpha_k-1-j}G_s^{(k)}(x-x_k)^{j+s}\end{aligned} \tag{22}$$

결과적으로, 주어진 함수 f에 대한 보간 다항식 $P_n(f;x)$는 다음과 같다[KRY]:

$$P_n(f;x)=\sum_{k=1}^{m}\sum_{j=0}^{\alpha_k-1}\frac{f^{(j)}(x_k)}{j!}\left(\frac{A(x)}{(x-x_k)^{\alpha_k}}\right)\sum_{s=0}^{\alpha_k-1-j}G_s^{(k)}(x-x_k)^{j+s}$$

지금까지 〈Part 1〉과 〈Part 2〉에서 Hermite 보간 다항식의 유일성과 생성과정에 관하여 알아보았다. □

정답과 해설

1장 연습문제 해답

01. 초기화면에서 창의 제목: 현재 폴더, 명령창, 작업 공간, 명령 내역(네 개의 창인 경우)

명령어를 실행하고 그 결과를 볼 수 있는 박스: 명령창

02. ans

03. 명령문의 맨 뒤에 세미콜론 기호 ' ; '를 추가한다.

04. >> format rat

05. 소수점 이하 2째 자리까지 출력된다.

06. clc

07. clear all

08. (c)

09. 세미콜론(;)

10.
```
>> M1 = [ 1 2 3 ; 4 5 6 ], M2 = [ -2 1 ; 0  -1; 1 1 ]
M1 =
     1     2     3
     4     5     6
M2 =
    -2     1
     0    -1
     1     1
```

```
>> M3 = M1*M2
M3 =
     1     2
    -2     5
```

11. pwd

12. load abc.txt

13. type abc.txt

14. 없다. 함수형 M-파일에서 사용하는 지역변수의 값은 함수형 M-파일의 실행이 종료된 뒤에 사라진다.

15. lookfor fourier

2장 연습문제 해답

01. (a) 변수 우선순위 규칙에 의하여 매틀랩은 변수 x를 선택한다.

```
>> hv = subs(h,-1)
hv = 2*y^3 - y^(1/2)
```

(b) 변수 우선순위 규칙에 의하여 매틀랩은 변수 ya를 선택한다.

```
>> hv = subs(h,9)
hv = 243*yb
```

02. (a)

```
>> syms x y
>> f = exp(5*x*y^3)
>> diff(f,y)
ans = 15*x*y^2*exp(5*x*y^3)
```

(b)

```
>> syms x y
>> f = exp(5*x*y^3)
```

```
>> f1 = diff(f,x)
f1 = 5*y^3*exp(5*x*y^3)
>> f2=diff(f1,y)
f2 = 15*y^2*exp(5*x*y^3) + 75*x*y^5*exp(5*x*y^3)
```

03. symvar(f)의 결과로 3개의 심볼릭 변수를 출력하였고 수식 f에서 매틀랩은 변수 w를 선택(변수 우선순위 규칙 적용)한 사실을 symvar(f,1)의 결과로 확인할 수 있다.

```
>> symvar(f)
ans = [ u, v, w]
>> symvar(f,1)
ans = w
```

그러므로 명령문 int(f) 실행 시 적분변수는 w이다.

〈Remark〉 명령어 findsym을 이용하여도 같은 결과를 얻는다.

```
>> findsym(f)
ans = u,v,w
>> findsym(f,1)
ans = w
```

04.

```
>> syms x y
>> f = sin(x)*cos(y)
>> f1 = int(f,x,0,pi/2)
f1 = cos(y)
>> f2 = int(f1,y,0,pi/2)
f2 = 1
```

05.

```
>> syms n x
>> limit((1+x/n)^n,n,inf)
ans = exp(x)
```

Note that $\lim_{n\to\infty}(1+\frac{x}{n})^n = \lim_{n\to\infty}(1+\frac{x}{n})^{\frac{n}{x}x} = \lim_{n\to\infty}(1+\frac{x}{n})^{\frac{n}{x}x}$

$= e^x. \quad \because \lim_{x\to 0}(1+x)^{\frac{1}{x}} = e$

06.
```
>> syms x
>> f = taylor(sin(x),'ExpansionPoint',3,'Order',4)
f =
sin(3) - (sin(3)*(x - 3)^2)/2 + cos(3)*(x - 3) - (cos(3)*(x - 3)^3)/6
```

07.
```
>> syms k
>> s1 = symsum(1/k^2,1,inf)
s1 = pi^2/6
```

08.

돗 연산(dot operation) 관련 연산자				
.*	./	.₩	.^	.'

09. (a)
```
>> clear all
>> xvalue = solve('x*y+y*z+z*x','x')
xvalue =
-(y*z)/(y + z)
```

(b)
```
>> clear all
>> syms x y z
>> f = x*y+y*z+z*x
f =
x*y + x*z + y*z
>> yvalue = solve(f,y)
yvalue =
-(x*z)/(x + z)
```

10. 2.7절 본문 내용을 참조하시오.

3장 연습문제 해답

01. (a) 32자리

(b) 명령창에서 명령어 digits를 실행하면 결과로서 유효숫자 자리수의 초기값 d를 알 수 있다. 즉,

```
>> digits
Digits = 32
```

02. 명령문 digits(7)를 실행한 뒤에 계속해서 vpa를 수행하면, 출력되는 유효숫자의 자리수를 7로 설정한다.

```
>> x = vpa(sqrt(sym(5)))
x =
2.236068
```

03. >> ezpolar('cos(3*t)',[0 pi])

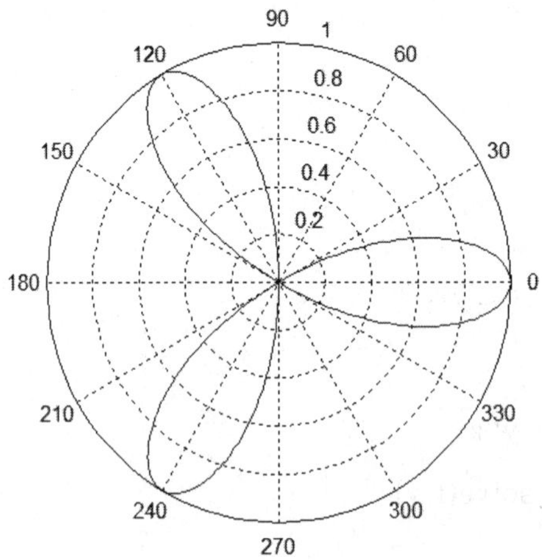

r = cos(3 t)

04. syms t

```
x = t^3 + 2*sin(t) + 3;
y = cos(t)*t^3 - 2*t;
z = 2*t*sin(t);
ezplot3(x,y,z,[-3 3])
```

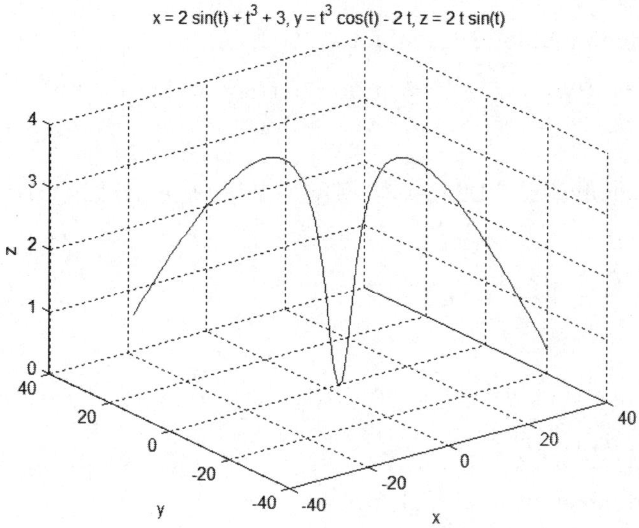

05. (i) R2014a 버전까지

```
clear all; syms x; f = x^3 - 8*x^2 + 17*x + 5
ezplot(f,[0 6]), title('₩bf₩fontsize{12} Graph of f'), df = diff(f);
dfsol = solve(df); fval = simplify(subs(f,dfsol)), hold on
plot(double(dfsol(2)),double(fval(2)),'ko')
title('₩bf₩fontsize{12} Local max and min')
plot([1 2],[double(fval(2)) double(fval(2))],':')
plot([double(dfsol(2)) double(dfsol(2))],[13 18],':')
text(double(dfsol(1)),double(fval(1)), ...
    '₩bf₩fontsize{11}₩bullet₩leftarrow Local Min')
```

(ii) R2014b 버전부터

```
clear all; syms x; f = x^3 - 8*x^2 + 17*x + 5
```

```
ezplot(f,[0 6]), title('₩bf₩fontsize{12} Graph of f'), df = diff(f);
dfsol = solve(df); fval = simplify(subs(f,dfsol)), hold on
plot(double(dfsol(1)),double(fval(1)),'ko')
title('₩bf₩fontsize{12} Local max and min')
plot([1 2],[double(fval(1)) double(fval(1))],'k:')
plot([double(dfsol(1)) double(dfsol(1))],[13 18],'k:')
text(double(dfsol(2)),double(fval(2)), ...
    '₩bf₩fontsize{12}₩bullet₩leftarrow Local Min')
```

06.

```
>> sol = dsolve('t^2*D2y = 2*t*Dy - 2*y + log(t)+1','y(1)=0','Dy(1)=1')
sol =
log(t)/2 - 3*t + (7*t^2)/4 + 5/4
```

07.

```
>> sol = dsolve('t^2*D2y = 2*t*Dy - 2*y + log(t)+1','y(1)=0','Dy(1)=1')
>> ezplot(sol,[1 2])
>> y1 = double(subs(sol,'t',1.5))
>> text(1.5,y1,'₩bf₩fontsize{13}₩leftarrow Solution')
```

08.

```
>> clear all
>> sol = dsolve('Dx - 3*x + 4*y = 2','Dy - 2*x + 3*y = 4*t', ...
    'Dz - y + 2*z = 14', 'x(0)= 1','y(0)= -1','z(0)= 2');

>> X = simplify(sol.x)
X =
16*t + 7*exp(-t) - 6

>> Y = simplify(sol.y)
Y =
12*t + 7*exp(-t) - 8

>> Z = simplify(sol.z)
```

```
Z =
6*t + 7*exp(-t) - 5*exp(-2*t)
```

09.
```
clear all
sol = dsolve('Dx - 3*x + 4*y = 2','Dy - 2*x + 3*y = 4*t', ...
    'Dz - y + 2*z = 14', 'x(0)= 1','y(0)= -1','z(0)= 2');
X = simplify(sol.x)
Y = simplify(sol.y)
Z = simplify(sol.z)
%
hold on
ezplot(X,[0 1])
ezplot(Y,[0 1])
ezplot(Z,[0 1])
title('₩bf{Three Solutions}')
hd = get(gca,'children')
set(hd(1),'linestyle',':')
set(hd(2),'linestyle','--')
set(hd(3),'linestyle','-')
legend('x(t)','y(t)','z(t)',0)
axis([0 1 -2 14])
```

10. (a)
```
clear all
ydiff = @(t,y) -2*y + 3*t^2 + exp(t)
stepsize = 0.1; a=0; b=2 ; y0 = 1;
tv = a:stepsize:b
[t, y] = ode45(ydiff,tv, y0);
plot(t,y,':')
xlabel('₩fontsize{12}₩bf{t}')
```

```
title('₩fontsize{12}₩bf{Numerical solution by ode45}')
axis([0 2 0 8])
```

```
>> [t, y] = ode45(ydiff,tv, y0) % 위의 내용 중간 명령문 결과
```

t	y
0	1.0000
0.1000	0.9152
0.2000	0.8613
0.3000	0.8392
0.4000	0.8498
0.5000	0.8939
0.6000	0.9723
0.7000	1.0857
0.8000	1.2350
0.9000	1.4211
1.0000	1.6448
1.1000	1.9072
1.2000	2.2091
1.3000	2.5519
1.4000	2.9367
1.5000	3.3648
1.6000	3.8376
1.7000	4.3569
1.8000	4.9243
1.9000	5.5418
2.0000	6.2115

(b)
```
Exactsol = dsolve('Dy = - 2*y + 3*t^2 + exp(t)','y(0)= 1')
figure
ezplot(Exactsol,[0 2])
xlabel('₩fontsize{12}₩bf{t}')
title('₩fontsize{12}₩bf{Exact solution}')
axis([0 2 0 8])
```

11. (a)

```
clear all
sol = dsolve('Dx = 1.65*x - 0.002*x*y + exp(sin(t))/2', ...
             'Dy = -0.3*y + 0.0003*x*y + 75*cos(t)', ...
             'x(0)= 1200','y(0)= 900');
```

Explicit solution을 구할 수 없다는 메시지가 출력된다.

(b)

fdynum11.m

```
function getfdynum11 = fdynum11(t, y)
  getfdynum11 = [ 1.65*y(1) - 0.002*y(1)*y(2) + exp(sin(t))/2 ; ...
                -0.3*y(2) + 0.0003*y(1)*y(2) + 75*cos(t) ];
end
```

〈 Script mode M-파일 〉

```
clear all
tstep = 0.05;
tval = 0:tstep:50;
[t, y] = ode45(@fdynum11,tval,[1200 900]);
g1 = plot(t,y(:,1),'k-'); set(g1,'linewidth',1);
hold on
g2 = plot(t,y(:,2),'k:'); set(g2,'linewidth',1);
legend('x(t)','y(t)',0);
title('₩bf{Graphs of x(t) and y(t)}','fontsize',13);
```

12. (a)

fdy3.m

```
function getfdy3 = fdy3(t, y)
  getfdy3 = [ y(2); y(3); 3*y(3) - y(2) - y(1) - cos(t) ];
end
```

〈 Script mode M-파일 〉

```
%
clear all
myprompt = { 'Input a = ','Input b = ','Input y(a) = ', ...
             'Input dy/dt(a)= ','Input d^2y/dt^2(a)= '};
mytitle = 'Domain and Initial values'
numlines = 2;
mydefault = {'0','1','0','1','0'};
myanswer = inputdlg(myprompt,mytitle,numlines, mydefault);
a = str2double(myanswer{1}); b = str2double(myanswer{2});
y0 = str2double(myanswer{3}); dy0 = str2double(myanswer{4});
d2y0 = str2double(myanswer{5});
stepsize = 0.01; tv = a:stepsize:b;
[t, y] = ode45(@fdy3,tv,[y0 dy0 d2y0]);
g1 = plot(t,y(:,1),'k-'); set(g1,'linewidth',2);
legend('y(t)',0);
title('₩bf{Numerical Solution for y(t)}','fontsize',13);
%
```

(b)
```
clear all
ds = dsolve('-D3y + 3*D2y - Dy - y = cos(t)', ...
            'y(0)=0','Dy(0)=1','D2y(0)=0');
dsExact = simplify(ds)
ezplot(dsExact,[0 1])
title('Exact Solution y(t)')
```

명령창에서 위의 내용을 실행하면 아래의 그래프 출력된다.

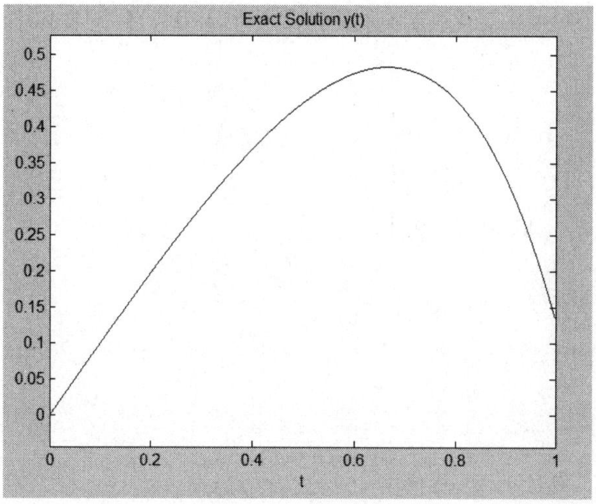

4장 연습문제 해답

01.

```
clear all
syms t
M = [ 2*t, t-2; 3-t, 3*t-5]
detM = det(M)
tval = input('Input the value of t =  ');
VdetM = subs(detM,t,tval)
```

02. • 연립 방정식 (i)에 관하여

(a)

```
>> clear all
>> C = sym([2 4 -2 ; -2 -4 3 ; 4 8 4])
C =
[  2,  4, -2]
[ -2, -4,  3]
[  4,  8,  4]
```

```
>> M = sym([2 4 -2 2; -2 -4 3 0 ; 4 8 4 20])
M =
[  2,   4, -2,   2]
[ -2,  -4,  3,   0]
[  4,   8,  4,  20]

>> RKC = rank(C)
RKC =
2

>> RKM = rank(M)
RKM =
2
```

따라서 C와 M의 계수는 각각 2이다.

(b) 다음과 같은 결과를 얻는다:

$$\text{C의 계수} = \text{M의 계수} = 2 < 3 = \text{미지수의 개수}$$

따라서 무한히 많은 해를 갖는다.

(c)
```
>> RREFM = rref(M)
RREFM =
[ 1, 2, 0, 3]
[ 0, 0, 1, 2]
[ 0, 0, 0, 0]
```

위의 결과를 이용하여 방정식의 형태로 쓰면

$$x + 2y = 3, \quad z = 2$$

이다.

따라서 $x = 3 - 2t, \quad y = t, \quad z = 2 \quad$ (단, t는 실수) □

• 연립 방정식 (ii) 에 관하여

(a)

```
>> clear all
>> C = sym([-1 3 -2 ; -2 6 -4 ;3 -9 6 ])
C =
[ -1,  3, -2]
[ -2,  6, -4]
[  3, -9,  6]

>> M = sym([-1 3 -2 2; -2 6 -4 0;3 -9 6 -6])
M =
[ -1,  3, -2,  2]
[ -2,  6, -4,  0]
[  3, -9,  6, -6]

>> RKC = rank(C)
RKC =
1

>> RKM = rank(M)
RKM =
2
```

따라서 C와 M의 계수는 각각 1, 2이다.

(b) 다음과 같은 결과를 얻는다:

$$1 = \text{C의 계수} < \text{M의 계수} = 2$$

따라서 해가 존재하지 않는다.

(c)
```
>> RREFM = rref(M)
RREFM =
[ 1, -3, 2, 0]
[ 0,  0, 0, 1]
[ 0,  0, 0, 0]
```

위의 결과를 이용하여 방정식의 형태로 쓰면

$$x - 3y + 2z = 0, \quad 0x + 0y + 0z = 1$$

이다.

따라서 해가 존재하지 않는다. □

03. (a)
```
>> clear all
>> M = sym([1 1 2; 1 1 0; 1 0 1])
M =
[ 1, 1, 2]
[ 1, 1, 0]
[ 1, 0, 1]

>> [V,D] = eig(M)
V =
[  0, -3^(1/2), 3^(1/2)]
[ -2,        1,       1]
[  1,        1,       1]

D =
[ 1,           0,           0]
[ 0, 1 - 3^(1/2),           0]
[ 0,           0, 3^(1/2) + 1]
```

따라서 다음 표의 내용을 구할 수 있다.

고유치	1	$1-\sqrt{3}$	$1+\sqrt{3}$
고유벡터	$\begin{bmatrix} 0 \\ -2 \\ 1 \end{bmatrix}$	$\begin{bmatrix} -\sqrt{3} \\ 1 \\ 1 \end{bmatrix}$	$\begin{bmatrix} \sqrt{3} \\ 1 \\ 1 \end{bmatrix}$

(b) 위의 (a)의 결과를 얻은 후에 계속하여 아래와 같이 실행한다.

```
>> syms k
>> ChPolyM = charpoly(M, k)
ChPolyM =
k^3 - 3*k^2 + 2

>> Sol = solve(ChPolyM)
Sol =
          1
 3^(1/2) + 1
 1 - 3^(1/2)
```

따라서, (i) 행렬 M의 특성 방정식: p(k) = k^3 - 3*k^2 + 2

(ii) p(k) = 0의 해: 1, 3^(1/2) + 1, 1 - 3^(1/2)

(c) 각 경우의 결과를 얻기 위하여 계속해서 아래와 같이 실행한다.

• 첫 번째: k = 1인 경우

```
>> P1 = Sol(1)*sym(eye(3))-M
P1 =
[  0, -1, -2]
[ -1,  0,  0]
[ -1,  0,  0]

>> rref(P1)
ans =
[ 1, 0, 0]
```

```
[ 0, 1, 2]
[ 0, 0, 0]
```

위의 rref(P1)의 결과에서 얻어지는 고유벡터:

$$\begin{pmatrix}1 & 0 & 0\\0 & 1 & 2\\0 & 0 & 0\end{pmatrix}\begin{pmatrix}x_1\\x_2\\x_3\end{pmatrix} = O\text{로부터 } x_1 = 0,\ \ x_2 = -2x_3$$

$\Rightarrow x = [x_1, x_2, x_3]^T = [0, -2x_3, x_3]^T$

$\Rightarrow x = t[0, -2, 1]^T,\ t \neq 0$

- 두 번째: k = $1+\sqrt{3}$인 경우

```
>> P2 = Sol(2)*sym(eye(3))-M
P2 =
[ 3^(1/2),        -1,       -2]
[      -1,   3^(1/2),        0]
[      -1,         0,  3^(1/2)]

>> rref(P2)
ans =
[ 1, 0, -3^(1/2)]
[ 0, 1,       -1]
[ 0, 0,        0]
```

위의 rref(P2)의 결과에서 얻어지는 고유벡터:

$$\begin{pmatrix}1 & 0 & -\sqrt{3}\\0 & 1 & -1\\0 & 0 & 0\end{pmatrix}\begin{pmatrix}x_1\\x_2\\x_3\end{pmatrix} = O\text{로부터 } x_1 = \sqrt{3}\,x_3,\ \ x_2 = x_3$$

$\Rightarrow x = [x_1, x_2, x_3]^T = [\sqrt{3}x_3, x_3, x_3]^T$

$\Rightarrow x = t[\sqrt{3}, 1, 1]^T,\ t \neq 0$

- 세 번째: k = $1-\sqrt{3}$인 경우

```
>> P3 = Sol(3)*sym(eye(3))-M
```

```
P3 =
[ -3^(1/2),        -1,        -2]
[        -1, -3^(1/2),         0]
[        -1,         0, -3^(1/2)]
```

```
>> rref(P3)
ans =
[ 1, 0, 3^(1/2)]
[ 0, 1,      -1]
[ 0, 0,       0]
```

위의 rref(P3)의 결과에서 얻어지는 고유벡터:

$$\begin{pmatrix} 1 & 0 & \sqrt{3} \\ 0 & 1 & -1 \\ 0 & 0 & 0 \end{pmatrix}\begin{pmatrix} x_1 \\ x_2 \\ x_3 \end{pmatrix} = O \text{로부터 } x_1 = -\sqrt{3}x_3,\ x_2 = x_3$$

$$\Rightarrow x = [x_1, x_2, x_3]^T = [-\sqrt{3}x_3, x_3, x_3]^T$$

$$\Rightarrow x = t[-\sqrt{3}, 1, 1]^T,\ t \neq 0$$

(d) 행렬 M은 세 개의 서로 다른 고유치를 갖는다. 그러므로 대응하는 세 개의 고유벡터는 일차독립이다. 4.6절 〈정리4〉에 의하여 행렬 M은 대각화될 수 있다.

(e) 4.6절 〈정리4〉의 증명과정과 (a)에서 구한 다음의 결과

<table>
<tr>
<td>

```
>> [V,D] = eig(M)
V =
[  0, -3^(1/2), 3^(1/2)]
[ -2,        1,       1]
[  1,        1,       1]
```

</td>
<td>

```
D =
[ 1,           0,           0]
[ 0, 1 - 3^(1/2),           0]
[ 0,           0, 3^(1/2) + 1]
```

</td>
</tr>
</table>

를 이용하면 된다. 즉, $D = V^{-1}MV$의 관계가 됨을 아래와 같이 확인할 수 있다.

```
>> D = inv(V)*M*V
D =
[ 1,                                       0,                                       0]
[ 0, 3^(1/2)*(3^(1/2)/6 - 1/2) - 3^(1/2)/2 + 1/2, 1/2 - 3^(1/2)*(3^(1/2)/6 - 1/2) - 3^(1/2)/2]
[ 0, 3^(1/2)/2 - 3^(1/2)*(3^(1/2)/6 + 1/2) + 1/2, 3^(1/2)/2 + 3^(1/2)*(3^(1/2)/6 + 1/2) + 1/2]

>> simplify(D)
ans =
[ 1,            0,            0]
[ 0, 1 - 3^(1/2),            0]
[ 0,            0, 3^(1/2) + 1]
```

04. 2차 다항식

$$y = a + bx + cx^2$$

에 주어진 네 개의 점 (1, 1), (2, 3), (3, 4), (4, 3)을 대입하면

$$a + b + c = 1, \qquad a + 2b + 4c = 3,$$
$$a + 3b + 9c = 4, \qquad a + 4b + 16c = 3$$

와 같이 세 개의 미지수 a, b, c를 가지는 과결정 선형시스템이 구해진다. 이러한 선형시스템은 다음과 같이 행렬 방정식으로 변경될 수 있다:

(1) $$MX = Y$$

위의 식에서 행렬 M과 열벡터 X, Y는

$$M = \begin{bmatrix} 1 & 1 & 1 \\ 1 & 2 & 4 \\ 1 & 3 & 9 \\ 1 & 4 & 16 \end{bmatrix}, \quad X = \begin{bmatrix} a \\ b \\ c \end{bmatrix}, \quad Y = \begin{bmatrix} 1 \\ 3 \\ 4 \\ 3 \end{bmatrix}$$

이다. 명령어를 이용하여 위의 행렬 방정식 (1)에 대한 최소 자승 해(= X)를 다음과 같이 구한다.

```
>> M = sym([ 1 1 1; 1 2 4; 1 3 9; 1 4 16])
M =
[ 1, 1,  1]
[ 1, 2,  4]
[ 1, 3,  9]
[ 1, 4, 16]

>> Y = sym([1; 3; 4; 3])
Y =
 1
 3
 4
 3

>> X = pinv(M)*Y
X =
 -11/4
 89/20
  -3/4
```

위 X의 출력값으로부터, 주어진 네 점에 대한 최소 자승 2차 다항식은

$$y = -\frac{11}{4} + \frac{89}{20}x - \frac{3}{4}x^2$$

이다.

05. (a) 다음과 같이 주어진, 세 개의 벡터 v_1, v_2, v_3을 행으로 하는 행렬

$$M = \begin{bmatrix} 2 & -1 & 0 \\ 1 & 1 & 1 \\ 3 & 2 & 2 \end{bmatrix}$$

을 생성하고 행렬 M의 계수를 구한다:

```
>> v1 = sym([ 2 -1 0]);
>> v2 = sym([ 1 1 1]);
>> v3 = sym([3 2 2]);
>> M = [v1; v2; v3]
M =
[ 2, -1, 0]
[ 1,  1, 1]
[ 3,  2, 2]

>> rkM = rank(M)
rkM = 3
```

위의 결과로 행렬 M의 계수가 3임을 알 수 있다. 따라서 $B = \{v_1, v_2, v_3\}$은 벡터공간 R^3의 기저가 된다.

(b) 벡터 v_1, v_2, v_3에 (4.8)절의 (3)식을 적용하면

```
>> p1 = v1
p1 = [ 2, -1, 0]

>> p2 = v2 - (sum(v2.*p1)/sum(p1.*p1))*p1
p2 = [ 3/5, 6/5, 1]

>> p3 = v3 - (sum(v3.*p1)/sum(p1.*p1))*p1 - ...
(sum(v3.*p2)/sum(p2.*p2))*p2
p3 = [ 1/14, 1/7, -3/14]
```

와 같이 벡터 p1, p2, p3를 구할 수 있다. (4.8)절 내용에 의하여 구해진 p1, p2, p3은 벡터공간 R^3의 직교기저이다. 참고로, p1, p2, p3의 직교성은 다음과 같이 명령어 sum을 이용하여 확인할 수 있다.

```
>> sum(p1.*p2)
ans = 0
>> sum(p1.*p3)
ans = 0
>> sum(p2.*p3)
ans = 0
```

06. 벡터공간 R^n에서 $B = \{v_1, v_2, ..., v_n\}$에 있는 임의의 두 벡터가 서로 직교한다고 가정하자. 또한, 각 벡터 $v_j \neq O \quad (j = 1, 2, 3, ..., n)$도 가정한다. B가 일차독립이라는 사실은

(1) $$c_1v_1 + c_2v_2 + ... + c_nv_n = O$$

일 때 $c_1 = c_2 = ... = c_n = 0$임을 보이면 된다. 각각의 $j \in \{1, 2, 3, ..., n\}$에 대하여

$$\begin{aligned}
0 &= v_j \cdot O \\
&= v_j \cdot (c_1v_1 + c_2v_2 + ... + c_nv_n) && \text{(식 (1)로부터)} \\
&= v_j \cdot (c_1v_1) + v_j \cdot (c_2v_2) + ... + v_j \cdot (c_nv_n) \\
&= c_1(v_j \cdot v_1) + c_2(v_j \cdot v_2) + ... + c_n(v_j \cdot v_n) \\
&= 0 + 0 + ... + 0 + c_j(v_j \cdot v_j) + 0 + ... + 0 && \text{(직교성질로부터)} \\
&= c_j|v_j|^2
\end{aligned}$$

이다. $v_j \neq O$이므로 $|v_j|^2 \neq 0$이다. 따라서 각각의 $j \in \{1, 2, 3, ..., n\}$에 대하여 $c_j = 0$이다. 즉, $c_1 = c_2 = ... = c_n = 0$이므로 B는 일차독립이다.

5장 연습문제 해답

01. tryft = sym('k!')

02.

```
>> syms r t z
>> x = r*cos(t);
>> y = r*sin(t);
>> z = z;
>> JM = jacobian([x; y; z], [ r t z ])
JM =
[ cos(t), -r*sin(t), 0]
[ sin(t),  r*cos(t), 0]
[      0,         0, 1]
>> detJM = det(JM)
detJM =
r*cos(t)^2 + r*sin(t)^2

>> simplify(detJM)
ans = r
```

03. 명령어 collect 실행 시 변수가 지정되지 않았기 때문에 변수 우선순위 규칙이 적용되어 변수 n의 동류항으로 정리되었다. 결과는 다음과 같다.

```
>> syms m n
>> f = (m+2*n)*(4-3*n)*(n-2*m)^2
f =
-(3*n - 4)*(m + 2*n)*(2*m - n)^2
>> fcol = collect(f)
fcol =
(21*m + 8)*n^3 - 6*n^4 + (4*m - 24*m^2 + 4*m*(3*m - 8))*n^2 +
(- 4*m^2*(3*m - 8) - 16*m^2)*n + 16*m^3
```

04.

```
M1 = [         (x + y)*(x - y),                   (x - y)^2]
     [ (2*x - y)*(x + 3*y), (x + y)*(x^2 - x*y + y^2)]
```

```
M2 = [                x^2 - y^2,      x^2 - 2*x*y + y^2]
     [ 2*x^2 + 5*x*y - 3*y^2,              x^3 + y^3]
```

〈Remark〉 R2014a 버전까지는 아래와 같이 실행하여도 위에서 생성된 M1과 M2를 구할 수 있다.

```
>> syms x y
>> M = [x^2-y^2, x^2-2*x*y+y^2; 2*x^2+5*x*y-3*y^2, x^3+y^3];
>> M1 = factor(M)
M1 = [       (x - y)*(x + y),                    (x - y)^2]
     [ (2*x - y)*(x + 3*y), (x + y)*(x^2 - x*y + y^2)]
>> M2 = expand(M1)
M2 = [                x^2 - y^2, x^2 - 2*x*y + y^2]
     [ 2*x^2 + 5*x*y - 3*y^2,          x^3 + y^3]
```

05.

R2014a 버전까지	R2014b 버전부터
>> factor(sym('4200')) ans = 2^3*3*5^2*7	>> factor(sym('4200')) ans = [2, 2, 2, 3, 5, 5, 7]

소인수(prime factors): 2, 2, 2, 3, 5, 5, 7

06. (i)
```
>> syms x y
>> f1 = tan(x+y)
f1 =
tan(x + y)

>> f1expd = expand(f1)
f1expd =
-(tan(x) + tan(y))/(tan(x)*tan(y) - 1)
```

(ii)
```
>> syms x y
>> f2 = cosh(x+y)
```

```
f2 =
cosh(x + y)

>> f2expd = expand(f2)
f2expd =
cosh(x)*cosh(y) + sinh(x)*sinh(y)
```

07.

```
>> syms x
>> f = 2*x^3 - 7*x^2 + 5*x - 3
f =
2*x^3 - 7*x^2 + 5*x - 3

>> fh = horner(f)
fh =
x*(x*(2*x - 7) + 5) - 3
```

08.

```
>> syms x y
>> f = 4*(sin(x/2)*cos(x/2))^2 + (1+cos(2*x))/2 ...
    + cos(x)*cos(y) + sin(x)*sin(y)
f =
cos(2*x)/2 + cos(x)*cos(y) + sin(x)*sin(y) + 4*cos(x/2)^2*sin(x/2)^2 + 1/2

>> fs = simplify(f)
fs =
cos(x - y) + 1
```

09.

```
>> clear all
>> syms a b x
>> fabx = a*b*x + a^2*x^2 + a*b^2*x^3
fabx =
a^2*x^2 + a*b^2*x^3 + a*b*x
```

```
>> a = 2, b=3
a =      2
b =      3

>> fx = subs(fabx)
fx = 18*x^3 + 4*x^2 + 6*x

>> fxv = subs(fx,x,1)
fxv =     28
```

6장 연습문제 해답

01. 〈정리1〉의 증명

6.2절 (3)식에 의하여 $L_k(x)$의 차수는 n인 것을 쉽게 알 수 있다. 그러므로 $L_k(x)$ $(k=0, 1, \dots, n)$의 일차결합으로 표현된 $R_n(x)$은 n차 (최대) 다항식이다. 6.2절의 (6)식에서 보인 결과에 의하여 $R_n(x)$이 $(n+1)$개의 점

$$(x_0, f(x_0)),\ (x_1, f(x_1)),\ \dots,\ (x_n, f(x_n))$$

을 지난다는 사실도 알 수 있다.

유일성(Uniqueness)은 다음과 같이 증명된다. 만약에 6.2절 (7)식에 주어진 $(n+1)$개의 점을 지나는 어떤 n차(최대) 다항식 $Q_n(x)$가 존재한다고 가정하자. 이 때, 다음과 같이

$$R_n(x) = P_n(x) - Q_n(x)$$

n차 (최대) 다항식 $R_n(x)$을 정의한다. 이렇게 정의된 $R_n(x)$에 대하여

$$R_n(x_j) = P_n(x_j) - Q_n(x_j) = 0,\quad j = 0, 1, \dots, n$$

이므로 $R_n(x)$은 $(n+1)$개의 근을 갖는다. $R_n(x)$은 n차 (최대) 다항식이기 때문에

$$R_n \equiv 0$$

이다. 그러므로 $P_n \equiv Q_n$이다. P_n의 유일성이 증명되었다. □

02. 〈정리2〉의 증명

두 가지 경우로 나누어서 증명한다. $j = 0, 1, ..., n$에 대하여

(a) $x = x_j$일 때

$f(x_j) = P_n(x_j)$이므로 임의의 어떤 수 $\eta(x) \in (a, b)$을 선택하면 6.2절의 (8)식이 만족함을 알 수 있다(이하 내용 중 (8)은 6.2절의 (8)식을 의미한다). 즉, (8)식으로부터 다음과 같은 결과가 얻어진다.

(8)식의 좌변: $f(x_j)$

(8)식의 우변: $P_n(x_j) + \dfrac{f^{(n+1)}(\eta(x))}{(n+1)!}0 = P_n(x_j) + 0 = f(x_j)$

따라서 $x = x_j$일 때 (8)식을 만족한다.

(b) $x \neq x_j$일 때

다음과 같이 함수 $g(t)$를 $[a, b]$에서 정의한다: $t \in [a, b]$에 대하여

$$(*) \quad g(t) = f(t) - P_n(t) - (f(x) - P_n(x))\frac{(t-x_0)(t-x_1)\dots(t-x_n)}{(x-x_0)(x-x_1)\dots(x-x_n)}$$

위와 같이 정의된 $g(t)$에 대하여

(i) $t = x_j \quad (j = 0, 1, ..., n)$에서의 값을 구하면

$$\begin{aligned} g(x_j) &= f(x_j) - P_n(x_j) \\ &\quad - (f(x) - P_n(x))\frac{(x_j-x_0)(x_j-x_1)\dots(x_j-x_j)\dots(x_j-x_n)}{(x-x_0)(x-x_1)\dots(x-x_j)\dots(x-x_n)} \\ &= f(x_j) - f(x_j) - (f(x) - P_n(x)) \cdot 0 = 0 \end{aligned}$$

(ii) $t = x$에서의 값을 구하면

$$g(x) = f(x) - P_n(x) - (f(x) - P_n(x))\frac{(x-x_0)(x-x_1)\dots(x-x_n)}{(x-x_0)(x-x_1)\dots(x-x_n)}$$
$$= f(x) - P_n(x) - (f(x) - P_n(x)) \cdot 1 = 0$$

이다. 위의 (i)과 (ii)의 결과에 의하여 $g(t)$는 서로 다른 $(n+2)$개의 근을 갖는다. 즉, $t = x_0, x_1, \dots, x_n, x$에 대하여 $g(t) = 0$이다.

한편, $f \in C^{n+1}[a, b]$이고 P_n은 다항식이므로 위 (*)에서 정의된 $g \in C^{n+1}[a, b]$이다. Generalized Rolle 정리(Rolle 정리의 내용을 반복 적용)에 의하여

(**) $$g^{(n+1)}(\eta(x)) = 0$$

를 만족하는 $\eta(x) \in (a, b)$가 존재한다(참고로, Rolle 정리와 Generalized Rolle 정리가 증명 이후에 주어진다). P_n의 차수는 최대 n이므로 $(n+1)$번 미분하면 0이 된다. 위의 (*)식 우측에 있는

$$\frac{(t-x_0)(t-x_1)\dots(t-x_n)}{(x-x_0)(x-x_1)\dots(x-x_n)}$$

는 t에 관한 $(n+1)$차 다항식이므로

$$\frac{d^{n+1}}{dt^{n+1}}\left[\frac{(t-x_0)(t-x_1)\dots(t-x_n)}{(x-x_0)(x-x_1)\dots(x-x_n)}\right] = \frac{(n+1)!}{(x-x_0)(x-x_1)\dots(x-x_n)}$$

이다. 이러한 결과를 이용하면 위의 (*)와 (**)로부터

$$0 = g^{(n+1)}(\eta(x))$$
$$= f^{(n+1)}(\eta(x)) - 0 - (f(x) - P_n(x))\frac{(n+1)!}{(x-x_0)(x-x_1)\dots(x-x_n)}$$

이 된다. 위의 식을 정리하면

$$f(x) = P_n(x) + \frac{f^{(n+1)}(\eta(x))}{(n+1)!}(x-x_0)(x-x_1)\dots(x-x_n)$$

이다. 이것으로 〈정리2〉의 내용이 증명되었다. □

〈Rolle 정리〉

정의역 $[a, b]$에서 f가 연속이고 (a, b)에서 f가 미분가능하다고 가정하자. 만약에 $f(a) = f(b)$이면 $f'(\tilde{x}) = 0$을 만족하는 $\tilde{x} \in (a, b)$가 존재한다[LAR].

〈Generalized Rolle 정리〉

정의역 $[a, b]$에서 f가 연속이고 (a, b)에서 f가 미분가능하다고 가정하자. $[a, b]$에 있는 $(n+1)$개의 서로 다른 점 $x_0, x_1, \ldots, x_n$이 f의 근(해)이면 $f^{(n)}(\tilde{x}) = 0$을 만족하는 $\tilde{x} \in (a, b)$가 존재한다.

03. (a) 아래의 내용을 파일명 prob3.m으로 저장 후 실행

```
%------------ Script mode M-file: prob3.m -------------
clear all
N = sym(5); a= sym(-3/2); b=sym(5/2);
c=(a+b)/2; h=(b-a)/2;
syms u
f = 1/(u^2 + 2);
for k=1:double(N)
    x(k) = -1 + 2*(sym(k)-1)/(N-1);
    xv(k)= c+h*x(k);
    fxv(k)=subs(f,u,xv(k));
    dd(k,1) = fxv(k);
end
%
for k=2:double(N)
    for m=2:k
```

```
            dd(k,m) = ( dd(k,m-1)-dd(k-1,m-1) )/(xv(k)-xv(k-m+1));
        end
    end
    %
    syms x
    N = double(N);
    LagrangeVal=(x-xv(N-1))*dd(N,N);
    for icount=1:N-2
        LagrangeVal = (x-xv(N-1-icount))* ...
                      ( dd(N-icount,N-icount) + LagrangeVal);
    end
    P4 = expand(dd(1,1) + LagrangeVal)
    %
    %------------- prob3.m 종료 -----------------
```

〈설명〉 위의 prob3.m을 실행하면 4차 라그랑쥐 보간 다항식 $P_4(x)$에 대응하는 뉴턴의 보간 공식 P4가 구해진다:

```
P4 = (64*x^4)/5049 - (688*x^2)/5049 + 268/561
```

(b) 위의 (a)에서 생성된 prob3.m을 실행 후 계속하여 아래의 내용을 실행하면 〈표1〉의 결과가 출력된다.

```
%
hold on
ezplot(P4,[-2 3]);
ezplot(f,[-2 3]);
hd = get(gca,'children');
set(hd(1),'linestyle','-');
set(hd(2),'linestyle',':');
legend('P_4(x)','1/(x^2+2)',0);
```

```
xlabel('x');
title('Graphs for 1/(x^2+2) and P_4(x)');
%
```

〈표1〉

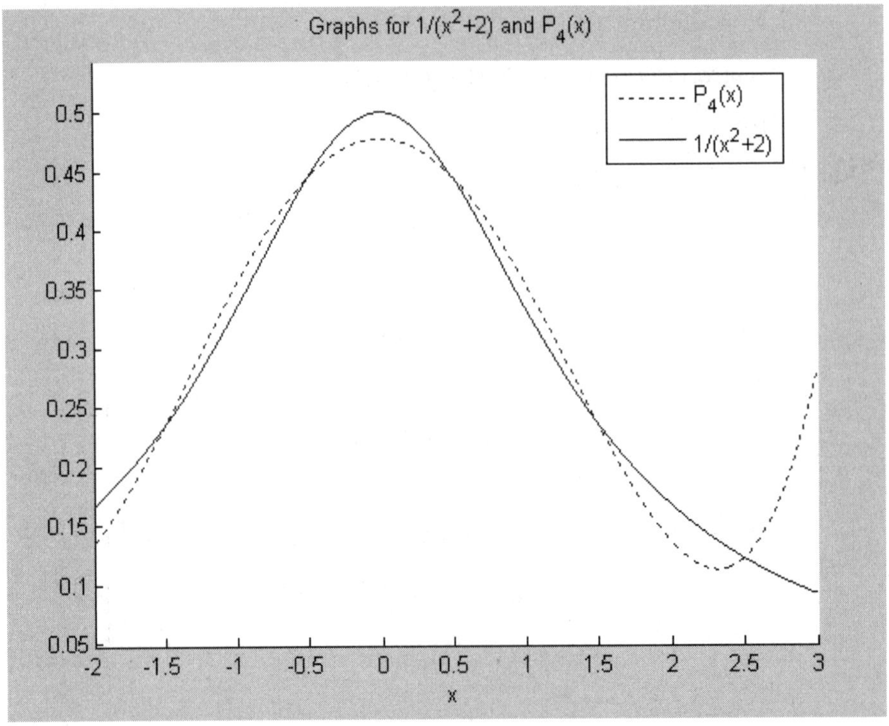

04.
```
%------------- Script mode M-file: prob4.m ----------------
clear all
syms t
Mp = sym([ 1 1 1; 4 1 0 ; 16 1  0])
Yp = [ 1 ; 4*t^2 ; 16*t^4]
Xp = Mp₩Yp
%
Mn = sym( [ -2 -1; -8 -1] )
```

```
Yn = [ 2*t; 8*t^3 ]
Xn = Mn₩Yn
%
am2 = (Xp(1)+Xn(1))/2
ap2 = (Xp(1)-Xn(1))/2
am1 = (Xp(2)+Xn(2))/2
ap1 = (Xp(2)-Xn(2))/2
a0 =  Xp(3)
%
Rulet = 4/17*am2 + 4/9*am1 + 4/9*a0 + 4/17*ap1 + 4/33*ap2
%
syms x
Fx = subs(Rulet,t, x/2 - 1/4 )
simplify(Fx)
% ------------ prob4.m 종료 -------------------------
```

위의 M-파일(prob4.m) 실행 시 출력 내용:

```
Mp =
[  1, 1, 1]
[  4, 1, 0]
[ 16, 1, 0]

Yp =
       1
   4*t^2
  16*t^4

Xp =
           (4*t^4)/3 - t^2/3
  - (16*t^4)/3 + (16*t^2)/3
```

```
        4*t^4 - 5*t^2 + 1

Mn =
[ -2, -1]
[ -8, -1]

Yn =
   2*t
 8*t^3

Xn =
       t/3 - (4*t^3)/3
 (8*t^3)/3 - (8*t)/3

am2 = (2*t^4)/3 - (2*t^3)/3 - t^2/6 + t/6
ap2 = (2*t^4)/3 + (2*t^3)/3 - t^2/6 - t/6
am1 = - (8*t^4)/3 + (4*t^3)/3 + (8*t^2)/3 - (4*t)/3
ap1 =  - (8*t^4)/3 - (4*t^3)/3 + (8*t^2)/3 + (4*t)/3
a0 = 4*t^4 - 5*t^2 + 1

Rulet =
(1024*t^4)/5049 + (1024*t^3)/5049 - (2368*t^2)/5049 - (1312*t)/5049 +
4/9

Fx =
(1024*(x/2 - 1/4)^3)/5049 - (2368*(x/2 - 1/4)^2)/5049 - (656*x)/5049
+ (1024*(x/2 - 1/4)^4)/5049 + 2572/5049

ans = (64*x^4)/5049 - (688*x^2)/5049 + 268/561
```

〈설명〉 공식 $I(t)$가 변수명 Rulet에 의하여 구해졌다. 구해진 Rulet을 x에 의하여 표현하였고 그 결과가 ans에 저장되었다.

05. $L(f(x), h, C)$

$$= \sum_{m=0}^{\infty} c_m L(x^m, h, C)$$

$$= L_0(h, C)(c_0 + c_1 x + c_2 x^2 + \dots) + L_1(h, C)(c_1 + 2c_2 x + 3c_3 x^2 + \dots)$$

$$+ L_2(h, C)(c_2 + 3c_3 x + 6c_4 x^2 + \dots) + \dots$$

$$= L_0(h, C) f(x) + \frac{1}{1!} L_1(h, C) \frac{df(x)}{dx} + \frac{1}{2!} L_2(h, C) \frac{d^2 f(x)}{dx^2} + \dots$$

$$= \sum_{m=0}^{\infty} \frac{1}{m!} L_m(h, C) \frac{d^m f(x)}{dx^m}$$

그러므로 $L(f(x), h, C) = \sum_{m=0}^{\infty} \frac{1}{m!} L_m(h, C) \frac{d^m f(x)}{dx^m}$ 이다.

06. 주어진 조건이

$$f(x_1) = f(-1) = 6, \quad f(x_2) = f(0) = 2, \quad f(x_3) = f(1) = 0$$

이므로 중복도는

$$\alpha_1 = \alpha_2 = \alpha_3 = 1$$

이고 Hermite 보간 다항식 $P_2(f; x)$는

$$\sum_{k=1}^{3} \frac{f(x_k)}{0!} \left(\frac{A(x)}{(x - x_k)} \right)^{1-1-0} \sum_{s=0} G_s^{(k)} (x - x_k)^{0+s}$$

$$= \sum_{k=1}^{3} f(x_k) \left(\frac{A(x)}{(x - x_k)} \right) G_0^{(k)}$$

$$= \sum_{k=1}^{3} f(x_k) \frac{(x - x_1)(x - x_2)(x - x_3)}{(x - x_k)} G_0^{(k)}$$

$$= f(x_1)(x - x_2)(x - x_3) G_0^{(1)} + f(x_2)(x - x_1)(x - x_3) G_0^{(2)}$$

$$+ f(x_3)(x - x_1)(x - x_2) G_0^{(3)}$$

$$= 6(x - 0)(x - 1)\frac{1}{2} + 2(x - (-1))(x - 1)(-1)$$

$$+\ 0(x-(-1))(x-0)\frac{1}{2}$$

$$=\ x^2-3x+2$$

위의 과정에서 다음의 결과가 이용되었다:

$$\frac{1}{(z-x_2)(z-x_3)}=\sum_{s=0}^{\infty}G_s^{(1)}(z-x_1)^s \text{로부터}$$

$$G_0^{(1)}=\frac{1}{(x_1-x_2)(x_1-x_3)}=\frac{1}{2},$$

$$\frac{1}{(z-x_1)(z-x_3)}=\sum_{s=0}^{\infty}G_s^{(2)}(z-x_2)^s \text{로부터}$$

$$G_0^{(2)}=\frac{1}{(x_2-x_1)(x_2-x_3)}=-1,$$

$$\frac{1}{(z-x_1)(z-x_2)}=\sum_{s=0}^{\infty}G_s^{(3)}(z-x_3)^s \text{로부터}$$

$$G_0^{(3)}=\frac{1}{(x_3-x_1)(x_3-x_2)}=\frac{1}{2}$$

따라서 $P_2(f;x)=x^2-3x+2$이다.

찾아보기

P

R

S

T

U~Z

기타

심볼릭 연산을 활용한 MATLAB

2015년 5월 25일 1판 1쇄 인쇄
2015년 5월 30일 1판 1쇄 발행

저 자 ◎ **김경중**
발행자 ◎ **조승식**
발행처 ◎ (주) 도서출판 **북스힐**
서울시 강북구 한천로 153길 17
등 록 ◎ 제 22-457 호

TEL (02) 994-0071(代)
FAX (02) 994-0073
E-MAIL bookswin@unitel.co.kr
www.bookshill.com

값 17,000원

잘못된 책은 교환해 드립니다.

ISBN 978-89-5526-973-4